全国船舶工业职业教育教学指导委员会"十三五"规划教材

船舶技术美学

主　编　杜　娟
副主编　李　莉
主　审　马　宁

哈尔滨工程大学出版社
Harbin Engineering University Press

内 容 简 介

船舶舱室设计与船舶结构设计一样,自始至终贯穿于船舶设计的全过程。船舶舱室设计是功能和环境美的综合设计,而船舶技术美学则是实现这一综合设计理念的基础和行动指南。当前,在船舶设计领域可供参考的书籍与资料十分匮乏,基于这种情况,我们收集、整理并编写了这本《船舶技术美学》。全书由八个项目组成,包括船舶技术美学概述、船舶基本概念、船舶基本形式、船舶外形和舱室的平面规划、船舶舱室的人 – 机 – 环境工程设计、船舶内装设计的程序与基本内容、船舶各类舱室内装设计及船艇设计等内容。

本书可以作为高职院校船舶与海洋工程类专业教材,亦可供从事船舶设计、生产的技术人员参考。

图书在版编目(CIP)数据

船舶技术美学/杜娟主编. —哈尔滨:哈尔滨工
程大学出版社,2021.6
ISBN 978 – 7 – 5661 – 3094 – 5

Ⅰ.①船⋯　Ⅱ.①杜⋯　Ⅲ.①船舶工程 – 技术美学 –
高等职业教育 – 教材　Ⅳ.①U66

中国版本图书馆 CIP 数据核字(2021)第 104985 号

船舶技术美学
CHUANBO JISHU MEIXUE

选题策划　史大伟　薛　力
责任编辑　张　曦
封面设计　李海波

出版发行　哈尔滨工程大学出版社
社　　址　哈尔滨市南岗区南通大街 145 号
邮政编码　150001
发行电话　0451 – 82519328
传　　真　0451 – 82519699
经　　销　新华书店
印　　刷　北京中石油彩色印刷有限责任公司
开　　本　787 mm×1 092 mm　1/16
印　　张　16.5
字　　数　430 千字
版　　次　2021 年 6 月第 1 版
印　　次　2021 年 6 月第 1 次印刷
定　　价　45.00 元

http://www.hrbeupress.com
E-mail:heupress@ hrbeu.edu.cn

船舶行指委"十三五"规划教材编委会

前　言

　　本书从工业设计的角度出发,在理论和实践中比较系统地对实用美术在船舶舱室设计中的应用提出了新的观点,对生产实际和教学具有很好的指导意义。本书可作为高等职业院校船舶设计与制造专业、舱室内装设计等专业教材,也可以作为船舶类院校相关专业的选修教材,同时可供相关专业工程技术人员参考。

　　渤海船舶职业学院杜娟任本书主编,编写项目四、项目五,并完成全书的统稿工作;渤海船舶职业学院李莉任本书副主编,编写项目七、项目八;烟台职业学院王英第编写项目一、项目三;渤海船舶重工有限责任公司毕建斋编写项目二;大连船舶重工集团有限公司庄雨横编写项目六。本书由渤海船舶重工有限责任公司马宁任主审。

　　本书是在2014年版的《船舶美学》基础上,经过渤海船舶职业学院几轮教学实践后进行的修订。我们从工业设计的角度出发,在内容上做了大量的补充和完善,同时借鉴了许多专家学者的研究成果及相关资料,在此一并致谢。由于作者水平有限,时间较紧,经验不足,书中难免有疏漏之处,恳切希望兄弟院校师生和广大读者批评指正,以便再版时改正。

编　者

2020 年 11 月

目　　录

项目一 船舶技术美学概述

【项目导入】

　　船舶技术美学的基本理论是设计船舶外观造型与舱室空间美感形式的基本法则,它实际上是艺术原理在船舶形式设计中的直接应用。船舶技术美学是通过空间、造型、色彩、光线和材质等要素的完美组合表现出来的。原则上说,船舶技术美学对船舶美装设计具有相当可靠的指导作用。

⚙ 知识要求

1. 理解和掌握船舶技术美学概念。
2. 理解和掌握船舶技术美学的产生和发展。
3. 分析船舶实例中船舶技术美学基本原理的应用。
4. 运用船舶技术美学的基本理论进行船舶外观造型和内部空间设计。

◎ 能力要求

1. 具有对船舶技术美学概念的理解能力。
2. 具有参考世界各国在船舶美装研究上的实例进行船舶外观造型设计的能力。
3. 具有参考世界各国在船舶美装研究上的实例进行船舶内部空间设计的能力。
4. 具有运用船舶技术美学的基本理论对船舶外观造型和内部空间进行设计的能力。

☆ 素质要求

1. 具有发现问题、分析问题、解决实际问题的能力。
2. 具有对理论基础知识的熟练掌握能力。
3. 具有对船舶设计的客观认知和理解能力。
4. 具有获取新知识、新技能的学习能力。
5. 具有空间想象力、创造力和创新思维能力。

任务一 船舶技术美学的概念

船舶技术美学是一门综合性的学科,是由实用美学、建筑学和造船学有机结合而派生出来的边缘学科,是从技术领域的角度来探讨和研究有关美的理论及应用,是把实用美学延伸到现代科学技术中去,特别是现代大规模工业生产技术中去的一种实践性较强的学科。

船舶技术美学是美学理论在船舶工程学科领域的应用和拓展,是技术与美学相结合的产物。船舶是运动的水上建筑,它除了应该具备与陆地建筑一样的共性外,还具备其独有的特殊性。

船舶技术美学充分体现在包括船体、机电设备、涂装以及舱室内装在内的整个船舶建造过程中,使船舶建造与现代艺术设计达到高度融合与统一,满足现代人的心理和生理需求,特别是审美方面的需求。随着现代社会文明程度的不断提高,人们对船舶的审美意识也愈来愈强烈,所以船舶设计在满足使用功能的前提下,还要使人们感到愉悦,即满足人们审美的需要。

从船舶技术美学的观点来看,功能是基础,技术是手段,美是目的。

任务二 船舶技术美学的产生与发展

中国造船业经过几代人的艰苦努力,特别是在改革开放以后,已跻身于世界前列。船体、机电设备以及涂装等方面的建造质量堪称世界一流,但是我们的船舶舱室内装却与之相反,仅为"三流",这与我们在世界之林中的地位和作用是不相称的。中华民族应该对世界有更大的贡献,改革开放是我们坚定不移的方针,中国造船业应该与世界同步,与世界造船业接轨。

早在20世纪初,造船业较为发达的英、美、法、意、德等国家便把"船舶技术美学"作为一门学科,对船舶设计、船舶舱室内装进行研究,并有许多专著问世。1930年,英国出版了《船舶室内装饰》一书,谈到了实用美与船舶舱室内装的依存关系,以及船舶技术美学的定义和内涵。同年,日本人板恒鹰穗著书《优秀船的艺术社会分析》,随后日本东京大学、大阪帝国大学开设了"船舶美学"课程。1950年,波兰的格但斯克工业大学也开设了船舶建筑学专业,着力培养这方面的人才。1982年,日本人野间恒编著了《船的美学》一书,对船舶的外观造型美做了原则性的阐述。

如今,世界各国在船舶,特别是在客船美装研究上发展很快。英国1935年建造的大型豪华邮轮"伊丽莎白二世"号(图1-1)就曾集合了当时全英国著名的建筑师和室内设计师参与设计。挪威1987年建造的大型豪华旅游船"海王"号(图1-2)耗时五年进行调研、开发和设计,内装设计由欧洲最大的室内设计公司——英国伦敦迈克尼斯事务所负责。1989年,日本建造的第一艘现代化豪华邮轮"富士丸"号(图1-3)集合了当时日本最有实力的内装设计公司参与设计与施工。

图 1-1 "伊丽莎白二世"号

作为世界知名的邮轮之一,英国"伊丽莎白二世"号豪华邮轮享誉全球。经过几十年的风风雨雨后,该邮轮终于在 2008 年 11 月退休。退休后的邮轮已前往迪拜,成为一家水上豪华酒店,继续发挥余热。

图 1-2 "海王"号

图1-3 "富士丸"号

"富士丸"号是日本著名的豪华邮轮,长167 m,宽24 m,吃水6.56 m,净空高度45 m,总吨位23 235 t,满载客量为603人,共7层,露天游泳池、开放式运动场、酒吧、剧场等一应俱全。

客船的建造愈来愈豪华、大型,其审美与舒适度达到了陆地五星级酒店的标准。例如芬兰渡轮"利扬小夜曲"号(图1-4),1999年投入使用的鹰级远洋客轮"海洋航行者"号(图1-5),2004年在日本长崎建成下水的"钻石公主"号邮轮(图1-6),意大利建造的"大公主"号(图1-7)。

图1-4 "利扬小夜曲"号

图1-5 "海洋航行者"号

图1-6　"钻石公主"号

图1-7　"大公主"号

"海洋航行者"号是皇家加勒比邮轮鹰级远洋客轮中的第一艘,长311.1 m,吃水线处宽38.6 m,从龙骨到烟囱最上端高度为72.3 m,时速为22 n mile,排水量为137 300 t,载客3 840名,船员1 180名,于1999年10月29日交付使用。

2010年,STX公司交付为美国游轮运营商"挪威游轮公司"建造的一艘豪华邮轮"挪威史诗"号(图1-8)。"挪威史诗"号邮轮是世界比较大的邮轮之一,这艘邮轮造价超过8.3亿美元,排水量大约15万吨,长330 m,宽41 m,设有2 100个房间,可容纳大约6 900名乘客和船员。

图1-8　"挪威史诗"号

总部位于挪威奥斯陆的造船业巨头 STX 公司于 2006 年开始建造"海洋绿洲"号巨轮（图 1-9），该船于 2009 年 12 月试航，由美国皇家加勒比邮轮公司订购。"海洋绿洲"号邮轮造价大约 14 亿美元，长 360 m，宽 47 m，吃水线上高 65 m，其大小为"泰坦尼克"号的 5 倍。这艘巨型邮轮共有 16 层，可容纳 2 000 余名船员和 6 000 余名游客。

图 1-9 "海洋绿洲"号

军船的设计与造型则更加威武、雄壮，如图 1-10 至图 1-14 所示。

图 1-10 美国海军"罗纳德-里根"号航母

图 1-11 英国"爱丁堡"号导弹驱逐舰

图 1-12 美国"基德"号导弹驱逐舰

图 1-13 美军气垫船

图 1-14 美国"海幽灵"号双体船

从中国几千年的船舶发展史中可以看出，人们在设计、建造船舶的过程中，不但认真研究它的实用性、可靠性和经济性，而且在力所能及的条件下根据不同历史时期人们对美的理解和需求，以及当时经济、技术、材料与工艺等方面所具备的条件，均不同程度地重视并运用了船舶建筑美的原理。

例如，明朝航海家郑和带领船队下西洋时使用的大船，无论是性能方面，还是建筑风格、艺术观赏方面都已达到很高的水平，这在世界造船史上也是极少见的，如图1-15所示。

图1-15 "郑和宝船"模型

在20世纪50年代后期，大连造船厂自行设计、建造了中国第一艘万吨轮船"跃进"号，开创了中国万吨轮船建造的新纪元。万吨级远洋货轮的建造，给我们提出了船舶内装设计与建造的新课题。这也是我国第一次接触船舶技术美学领域，引起了造船界的广泛关注。

20世纪60年代初，造船界人士开始在《中国造船》《建筑学报》等刊物上发表"船舶技术美学"领域的研究成果。20世纪80年代，国内许多大学，如大连理工大学、哈尔滨工程大学、上海交通大学和华中理工大学等院校相继开设了"船舶技术美学""船舶舱室内装设计"课程，使教学与科研得以及时开展。1989年，原中国船舶工业总公司向全公司所属单位下达了有关"船舶技术美学"的科研课题研究任务，同时成立了"船舶技术美学"小组，开始大范围的、有组织有计划地对"船舶技术美学"进行研究和实践，推动了船舶技术美学的发展。1994年，原中国船舶工业总公司在上海中华造船厂召开了"提高造船舾装质量交流研讨会"，同时组织与会专家参观了已建造完工的游船"东方皇帝"号（图1-16至图1-18）。这艘船无论是建造风格、船体外形，还是内装设计都达到了一个新的高度，这说明"船舶技术美学"已经在游船上得到了广泛应用。随后，"东方皇帝"号的姊妹船"东方皇后"号也建成并投入使用。可以说，"东方皇帝"号是中国旅游船的代表作。此后，原中国船舶总公司内部相继成立了以华艺内装装潢公司为代表的一批船舶内装公司。如今，我国高等院校培养的船舶内装专业人才已经走上工作岗位，成为行业骨干力量。中国船舶舱室内装的发展大有希望。

图 1-16 "东方皇帝"号

图 1-17 "东方皇帝"号局部一

图 1-18 "东方皇帝"号局部二

随着科技的发展,造船材料、种类更加丰富多样,造船新工艺也不断涌现,如玻璃钢船(图 1-19)的问世。我国建造的船舶类型,如图 1-20 至图 1-22 所示。

图 1 - 19 玻璃钢船

图 1 - 20 民用双体船

图 1 - 21 气垫船

图 1 - 22 258 客位双体气垫船"鸿翔"号

随着中国海军的日益壮大,军船的研制和建造也步入了世界先进行列,如图 1 – 23 至图 1 – 26 所示。

图 1 – 23　中国海军补给船"青海湖"号

图 1 – 24　中国海军现代级 139 号导弹驱逐舰

图 1 – 25　中国新型潜艇

图 1 – 26　中国航母

科教兴国是我国的一项基本国策。中国船舶工业的发展、船舶舱室内装的翻身仗,要靠造船人的齐心努力。培养现代造船人才,更是我们责无旁贷的历史责任。全国多所船舶相关院校已率先对"船舶技术美学"这门课程进行了研究探讨,并已将其应用到教学实践中,为培养这方面的中、高级造船人才做出努力,满足我国造船业发展的需要。

在大中专院校,造船专业的学生应该把"船舶技术美学"作为必修课来学习,其他专业也应将其作为选修课来学习。这样必将推动船舶技术美学的普及与发展,给中国造船业带来可喜的变化。

船舶技术美学主要包括船舶美学的基本理论和船舶艺术设计及施工两大部分。大中专学生应掌握如下内容:

(1)船舶技术美学的基础知识及其重要性;

(2)船舶技术美学的基本理论;

(3)船舶技术美学在船舶设计中的应用;

(4)人机工程学在船舶技术美学中的正确运用。

在船舶技术美学中,船舶舱室内装设计应根据不同功能、不同范围和形式进行组合式、模块式的探讨,以及进行规范化、规格化、系列化的可行性研究,使船舶技术美学的应用逐渐步入正确轨道。

船舶造型的赏心悦目,是在满足船舶的实用功能、确保航行安全的基础上,对船舶内部及外部空间进行精心设计和巧妙组合的结果。对于船舶的建筑美而言,应在适用、经济、美观三者辩证统一的前提下,分清主次,合理地使其完美结合。

随着我国船海产业的发展,造船业将面临更多的挑战,让我们一起努力在世界造船史上多谱新篇。

任务三　船舶技术美学的属性与特征

1.3.1　船舶与美学

美学是以研究美的存在、美的认识和美的创造为主要内容的学科,涉及内容很广泛。

美是具体的、形象的,美又是可感的,即可以凭着欣赏者自己的眼睛、耳朵和其他感官而直接感受到。美的形态一般分为自然美、社会美和艺术美三种,其中艺术美最能体现人对于美的追求与创造。

艺术美实际上是认识世界、改造世界的主观能动活动在现实中的体现。作为一个客观对象,美以一个具体可感的形象、形式存在。美是社会的,又是客观的,它一方面是一个合乎规律的存在,体现着自然和社会发展的内在规律;另一方面又是人们能动创造的结果。所以,美是包含和体现了社会生活的本质、规律,能引起人们特定情感的具体形象(包括社会形象、自然形象、艺术形象)。因此,就其本质而言,美并不是事物的某种与人无关的自然属性,也不是意识、精神上虚幻的产物,而是事物的一种客观的社会价值或社会属性,这也是美的客观性。

船舶技术美学是人们在认识世界、改造世界以及创造世界的社会实践活动中诞生的,是在现代多种学科发展到今天的综合结果的基础上建立起来的。它是一种审美标准,也是一个审美对象。要研究船舶造型、船舶建筑以及船舶舱室内装的美,首先要了解什么是美,什么是船舶技术美。要按照船舶技术美学的标准去指导实践活动，在满足使用功能的前提下，去具体体现我们所要追求的现实的美的本质。

我们这里所研究的是具体的、存在的现实美，而不是抽象的、无意义的形式美。从自然存在与社会实践相统一的观点来看，人是通过自己的了解、观察、判断和能动活动来实现美的再创造。船舶技术美学就是将审美对象——船舶、人的主体实践活动——船舶建造与内装等连接在一起，并且相互作用、相互影响、不断优化，从而形成"美"的船舶。船舶美既属于现实美，也属于艺术美。因为船舶以实用功能为主，人们在使用的同时，也获得了精神上的享受和满足。世界造船业经历了长期发展，工艺技术不断改进完善，现在客船已经达到十分完美的形态。如今的豪华邮轮不仅是工业产品，也是精美的艺术品。船舶技术美学必将随着社会物质文明的发展而不断发展。

1.3.2 船舶技术美学的属性

为了探讨表达船舶技术美学的原则和方法，我们有必要了解船舶技术美学的属性，这与美的形态密切相关。

美的本质，存在于各种具体的事物当中，并表现出多姿多彩的生动形态，这是客观存在的，不以人的意志为转移。我们按照对美的本质理解，得出的结论是：美的各种形态，可以按其不同性质分为现实美和艺术美。

现实美包括社会生活、社会事物和自然事物的美。而现实生活中社会事物的美，又称为社会美。

人类社会发展的历史表明，劳动是创造美的先决条件，劳动实践让人类创造了奇迹（中国的长城、埃及的金字塔），同时也给人类留下了巨大财富。劳动创造的美是社会美的基本内容之一，社会生活是多方面的，作为社会主体的人，生活在错综复杂的社会关系当中，要重视现实、面对现实，同时又要不断创造新的现实，即形成社会美。

我们在前面已提到现实美的另一方面是自然事物的美。自然对象可以分为自然形成的对象（如宇宙、星际、海洋等）和人直接加工利用的对象（如土地、园林等）。由于人类不断征服自然，所以自然界中有许多自然物体逐渐转化为人们物质生活中有用的东西。这些具有人类劳动标记的事物，经常作用于人们的感性和理性，从而唤起人们对它的美的感受，如奔驰的骏马、丰收的田野、巧夺天工的园林等。另一种未经过加工改造的自然对象的美，反映的社会内容较曲折和间接，并占有广阔的领域，具有多种多样的形式。它主要以其自身的自然形式（如质料、性质、规律等）取悦于人，并且其规律和形式都是在与人类社会生活发生长期的紧密联系，被人们所熟悉、掌握、运用，对人的生活、生产实践形成有利、有益、有用的结果，形成我们需要的美，如山川、河流等自然形态的风景美，动、植物生长的形态美等。

自然界中这两种对象的形态，不能截然分开，而是相互渗透和相互转化的。

现实生活的社会美和自然美，虽然广阔、生动、丰富，但受到时间和各种条件的制约，不可能表现得那么集中、精粹、典型，因而不能充分地满足人们的审美需要，也不能普遍地为人们所欣赏和广为流传。现实美是美的唯一源泉，但却比较粗糙、分散地处于自然形态，艺术美就是为满足人们对现实美的特殊需要而产生的。

现实美是美的客观存在，艺术美是这种客观存在在人们头脑中的主观反映，是人类精神活动的产物，是艺术家创造性劳动的成果，其本质是客观世界的反映，属于社会意识范畴。我们认为现实美是唯一源泉，是属于社会存在的范畴，是第一性的美，艺术美是第二性的美。与现实生活的美相比,艺术美具有更高层次、更集中、更强烈、更典型、更理想的特点,如音乐、美术、文学、戏剧、雕塑等。

我们可以这样说,船舶技术美学就其性质而言属于现实美的范畴,是第一性的。当人们在考虑船舶技术美的时候往往都是运用自然美中的自然形式的种种规律,在设计和建造船舶时进行能动的再创造,以达到美的效果。

1.3.3　船舶技术美学的基本特征

现代船舶设计与建造是工程与美学相结合的一种现代设计建造方法,具有多种学科(自然学科、社会学科、人文学科、技术学科、艺术学科)互相渗透、汇流、交融在一起的特点。船舶技术美属于建筑艺术中的一种,因此它应具备建筑艺术的基本特征。但它又在水上移动,总处于动静平衡状态,与陆地建筑显然又有区别,这就决定了人们对船舶建造艺术的态度。

船舶航行在海上,人们往往在船上感到十分寂寞,生活枯燥,在天气不好的时候又有一种恐惧感,这些是设计师在进行设计和建造船舶时必须考虑的。

不同国家、民族人们的生活习惯、宗教信仰、文化背景等,也都在影响我们的设计思路。

概括起来,船舶技术美学的特征有如下几个方面。

1. 实用性

我们已经知道,文学、绘画、音乐、戏剧、雕塑等艺术作品首先是作为审美对象用以满足人的精神需要,丰富人的精神生活,给人以振奋、向上的力量。

而对于船舶的设计来说,首先应该考虑的是船舶的总体功能。例如,船舶的种类很多,功能也大不一样,有民用的、有军用的、有工程的、有载客的、有运输的、有旅游的、有科学考察的,对于每一种船舶都必须首先考虑其使用功能。在满足船舶使用功能的前提下,再考虑船舶本身内部的各个功能。如运输船舶上船员的舱室内装,为了使工作人员更好地休息,为了船员的身心健康,为了解除船员长期在水上航行的孤独感,在满足使用功能的前提下应该更加温馨、舒适。实用性是船舶建筑的唯一目的,它的形式完全取决于客观实际的需要,即满足总体功能,让使用者在使用其功能时,感到身心愉悦。我们在理解和掌握船舶技术美学的同时,绝不能脱离它的使用功能,并且在考虑和设计船舶建筑的时候,要与审美结合起来共同考虑,这才是我们所需要的功能与技术美的典型结合。

纯功能主义和只考虑美都是片面的,都是从一个极端走向另一个极端,都是我们要坚决避免的。船舶技术美学的实用性决定了人们在设计船舶建筑的时候,不仅要考虑它给人带来视觉上美的感受,还要有使用中美的感受。

2. 工程技术性

船舶建筑从功能到外形能否达到设计的要求,在很大程度上取决于设计者的设计思想和所处时代的科学技术水平。

在古代,船舶建筑主要使用木材,船舶动力仅限于人力、风力、畜力,船舶建筑的规模不能很大,使用性能和舒适美观程度都受当时的条件所限。

随着时代的进步、科学的发展,新技术、新材料和新工艺不断涌现,船舶建造水平也在不断提高,船舶建造得越来越巨大、快速、舒适、豪华。这就要求造船必须与工程技术紧密结合,采用新技术、新工艺、新的管理办法,以达到设计要求,确保实现船舶的功能要求。

在现代,新的设计思想、设计理论的诞生,再加上新工艺的不断涌现,给造型美开辟了广阔的天地。精巧的现代加工方法为实现船舶建筑的外形美、内装装饰美提供了极大的可能;各种先进的设备和现代化的生活设施,满足了船舶的各种功能、性能,满足了人们使用和对美感的要求。

影响船舶的外形和内装装饰美的因素很多,必须以工程技术为基础,以现代审美意识作为主体设计的主导思想,进行美的创作。在建造中,以相应的物理学、船舶原理、船舶结构、船舶强度、电子学、可靠性技术、价值工程、市场学、心理学、现代美学、创造学和道德学等作为造船工程技术和内装装饰的依据,实现船舶功能及船舶建筑内装的现代感,并通过船舶外形及内装来体现结构美、工艺美、材质美和精确美,从而体现现代科技的新面貌和高水平。

目前,国际流行的先进的"区域造船法"已在中国造船界普及。"区域造船法"即船舶建造按时间、空间顺序,统筹协调组织造船生产的一种现代造船方法,它必须建立在现代科技发展的基础上,否则无法实现。同样,在现代科技发展的今天,现代美和现代审美观点也是指导我们在设计船舶时所必须遵守的设计原则。船舶技术美学的发展只能依赖于当代科技的发展水平,不能随意变化,它们的关系是相互依存、彼此促进、共同发展的。因此,工程技术性是船舶技术美学的又一大特征。

3. 宜人性设计

船舶外形与船舶内装设计中的宜人性设计是一项十分重要的内容。任何工业产品都是为人所用的,不论其自动化程度多高,都需要人来操纵使用、保管维修,只有这样才能发挥其产品的效能。宜人性设计的内容十分广泛,例如船舶内装的功能就是供船员工作、休息和娱乐,首先应该满足其使用功能,使船员工作效率得到有效提升,效率高就意味着所安置的仪器、设备等操作便利,而人付出的劳动减少。人处于船舶内装空间里,周围的布置、色彩、灯光、用具等都令人十分满意,操作使用起来得心应手,高效、安全,给人一种温馨的感觉,愿意留下来,同时也可以起到减少人们在海上航行时的孤独感和寂寞感,使人-机-环境达到高度统一与协调。宜人性设计是探讨人、机和环境三者之间的关系,其构成要素包括动机、宜人性、美学、环境和文化等。

宜人性设计应考虑的需求即动机,主要有生理、心理和智力三个方面。

生理的需求是指借助产品功能来弥补人类本身所无法或很难完成的工作,即把设计看成人类本身系统的延伸。

心理的需求是指为满足人类精神的需要而产生的以人性为主的设计动机。

智力的需求是指可满足人对情报、信息、语言传递的相关需求。

船舶外形及内装设计运用宜人性设计的重点在于追求人与产品之间的合理性,使产品适合人的使用,而不是人去适应产品。其目的在于通过对人的生理和心理的正确认识,使产品能符合使用需要,从而达到有效的人性化目标。

美学观念的传达是设计人员能把自己的心灵感受和对美的理解体现在船舶外形设计和内装装饰中,并能以视觉形式传达给别人。

环境对人的生活有显著的影响,而人生活中的实际环境也是随着时代发展而变化的。

船舶内装的设计除了受生活环境的影响之外,还受社会环境中新时尚、新技术、新材料、新工艺、新结构等影响,这些是进行宜人性设计时必须重视的因素。

文化因素的影响主要是指文化传统、民间习俗、国家地域以及价值观念对设计的影响。

4. 动与静的统一

陆地建筑物为达到美的效果,其总体设计构思要考虑其周围环境、布局和地貌特征,使其与周围环境相协调,因此不能不考虑周围环境因素的影响而随心所欲地设计。可以说,陆地建筑是静止的形式美,是凝固了的音乐篇章。

船舶建筑也是一种形式美,但是与陆地建筑的形式美不一样,它的独特之处就在于它是航行在水上的建筑物。对于船舶内部而言,它与陆地建筑一样,具有静止形式美的一面,而船的周围都是动的水域,船在海上航行是动与静的结合,因此是动与静的协调统一。船舶建筑本身,既有陆地建筑物静止的特点,又有海上建筑物动的特点,这也是船舶的功能所决定的。船舶的功能性决定了其形式美的基础是建立在船舶动态平衡上的,是在运动中给人以美的感受,所以它的形式美中的美感要素包含着许多动的因素。高速运动的船舶,要求外形给人一种强烈的速度感、运动感。航行的客船一方面与陆地宾馆一样住着旅客,另一方面它又要求给人以运动中的平稳感。内装舱室的布置、设备的完善、家具外形及功能的设计、灯光照明等各方面都要考虑到船体的运动过程给船舶舱室布置的形式美带来的影响。

总之,在进行船舶设计时,要充分考虑使船舶内装和船舶外形表现出动与静的特征,以取得动、静的均衡与稳定,确保动与静的统一。

5. 整体效果

船舶建筑在考虑船舶外观形式美时,首先要满足船舶功能的需要,同时也要考虑环境的变化对其带来的影响。一个美的外形和内装装饰对于船舶建筑来讲,只有实用才有实现它的可能,只有与内部的布置、装饰联系起来一起考虑才能取得总体协调统一的效果。因此对于任何一个严格的设计都必须讲究整体效果,要依船舶建筑所处的环境,让外形与内部布置、功能及其他所有因素互相协调一致。

外形与环境、功能协调一致的整体效果在我国古代的造船业中就已经十分重视。人们根据水浅滩多的内河环境,把船建造成平底、方头、方艄、宽大扁浅的样子,以求外形与环境、功能协调一致。同时,根据南方广阔海域水深、多岛的地理环境,将船建造成体长、吃水深、两头上翘的样子,以使船舶耐波抗浪,提升适航性能。

6. 计算机辅助设计

计算机辅助设计技术,从广义讲是融合现代设计方法和计算机技术,对工业产品——船舶外形和内装装饰设计的预想方案,利用计算机系统进行辅助设计、自动绘图灯、全方位显示设计对象并供评判、决策之用的技术活动。它是一种先进高效的产品造型设计手段,可代替手工绘图设计,完成形态结构和工艺的设计,并有机地把设计产品的功能、结构、工艺、材料、人机关系、形态、色彩、灯光等因素与船舶有关的工程技术问题,以及船舶造型的艺术表现自然地融合在一起。

7.客观性

无论是货船还是客船,工程船还是旅游船,甚至军船等都是因其特殊目的而设计建造的。人们在船上工作、生活、休息、娱乐,应该有一个公共区域,这是一个客观存在的需求,体现了船舶建筑艺术的一大特性——客观性。

船舶建筑的技术美具有客观性,应适应现代科技的发展水平,其外形和内部布局的设计还必须符合客观的科学规律。

水上船和水下船除了遵循船舶技术美的规律外,还应遵循水上船和水下船的客观规律,水上船的不沉性、水下船的重力和浮力都说明它们必须要遵循客观的科学规律,只有这样才能有使用价值。

客观性是船在海上航行时必须考虑的,这就要求我们要承认客观事实,实事求是地进行艺术设计,不能主观臆断,不能仅凭个人的主观情感去设计。如果说船舶建筑、船舶技术美有其表现的特征,也只能是表现一种民族的风格,一种代表世界潮流的现代科技水平的风格。

任务四　船舶技术美学的理论基础

船舶技术美学是一门新兴的学科,其理论基础涉及的范围很广,归纳起来涉及哲学、伦理学、艺术学、社会学、经济学、价值工程学、设计理论、信息美学、造型学、材料学、色彩学、人机工程学、法律与文化和环境心理学等许多内容,因此说船舶技术美学是一门综合性的学科。其研究范围是船舶技术美学理论在船舶设计与建造中的应用。船舶技术美学吸收了相关学科的理论知识,并运用于自身的实践发展中,尤其是近代的船舶,其外形与内装装饰设计是在船舶建造基础上建立和发展起来的。由于其发展的时间不长,许多相关的学科还没被发现和归纳进来,这就有必要在今后的实践和发展中进一步提高认识,深入研究,完善其理论,即研究船舶技术美学与相关的社会科学和自然科学的关系,以完善船舶技术美学的理论。

船舶技术美学与以下主要学科相关。

1.4.1　船舶技术美学与船舶工程学

船舶技术美学与船舶工程学各专业都有密切联系。现在世界流行的且正在中国造船业中普及的新的船舶建造工艺,即"区域造船法",涉及了船舶动力、船舶舾装、甲板机械、管系、尘控、喷涂等许多学科。船舶技术美学是在诸多学科基础上得到应用的,是船舶外观设计与内装设计的理论依据。

1.4.2　船舶技术美学与美学

美学是以艺术为中心,研究人与现实审美关系的一门社会学科。船舶技术美学理论是以美学理论为依据,并在此基础上发展起来的自然科学与社会科学相结合的产物。船舶技术美学理论是从艺术和科学结合的角度来研究的,它既有美学理论的普遍性,又有船舶理论的特殊性。我们研究船舶技术美学就是要以美学理论为指导,按照美学理论的规律、特点和发展趋势去研究、探讨船舶技术美学的规律、特点和发展趋势,以及在造船和内装方面的应用,使船舶技术美学得到进一步完善。

1.4.3 船舶技术美学与建筑学

1981 年,国际建筑师协会第十四届世界大会通过的《建筑师华沙宣言》指出:"建筑学是人类建立生活环境的综合艺术和科学。"船舶技术美学是为人类建立水上生活环境的综合艺术和科学。船舶作为水上建筑,与陆地建筑相比,既有着共同性又有差异性。船舶技术美学就是把陆地建筑的优点都吸收过来,同时又要研究船舶技术美学在船舶建造中的特殊性,使人们得到充分享受。

1.4.4 船舶技术美学与环境心理学

环境心理学是现代环境科学的一个分支,同时也是一个新兴的多学科领域。它不仅涉及心理学、社会学、工程学、伦理学、道德学,以及生态学、人类学等,而且和建筑学、建筑环境控制学以及城市规则学都有极为密切的关系。环境心理学是从心理学角度探讨什么样的环境才是符合人们心理预期的环境的科学,而船舶外形与船舶内装装饰艺术设计,就是应用环境心理学的理论进行的室内空间环境设计,因此环境心理学理论成为船舶技术美学基本理论的组成部分。

1.4.5 船舶技术美学与人机工程学

人机工程学是根据人体解剖学、生理学和心理学等特征,了解并掌握人的活动能力与极限,使生产器具、生活用具、工作环境、起居条件等与人体功能相适应的学科。船舶舱室是乘客、船员在海上生活、休息、工作的场所,尤其仪器设备、家具的设计更是与人息息相关。人机工程学的理论也是船舶技术美学基本理论的一个重要组成部分。

一切产品设计的优劣,都要以人的接受程度和使用效率来衡量,可以说"人是衡量一切的尺度"。在科技发展的今天,产品开发和研制的关键在于如何协调人 – 机 – 环境之间的关系。

国际人类工效学学会(IEA)给人机工程学下过定义:"人机工程学是研究人在某种工作环境中的解剖学、生理学和心理学等方面的各种因素;研究人和机器及环境的相互作用;研究工作中,家庭生活中和休闲时怎样统一考虑工作效率、人的健康、安全和舒适等问题的学科。"由此可见,人机工程学的研究范围十分广泛,涉及的学科很多,是一门多学科相互渗透的综合学科。

自有人类以来,人的生活就离不开器具。"人 – 机"的相互作用,必须在特定环境中进行,这样才能最大限度地提高工作效率、减少事故、节约开支。船舶技术美学就是在这种环境中发展起来的,是建立在人机工程学基础之上的。

1.4.6 船舶技术美学与工业设计

工业设计是随着社会的发展、科学的进步、人类进入现代生活而发展起来的一门新兴学科。它是指对一种产品从酝酿设想开始,经过调查研究、构思设计、加工制造,直到产品包装、销售、投放广告等一系列环节的创造性设想与设计。

作为一种新的产品设计观和方法论而兴起的工业设计,是将先进的科学知识和现代化审美观念有机地结合起来,使产品达到科学与艺术的高度统一,在现代工业产品的开发中寻求实现"人－机(产品)－环境"的和谐、统一与协调,是整个"人－机"系统高效的设计思想和设计方法。因此工业设计不是纯工程技术设计,也不是纯艺术设计,它是一种融科学的理性与艺术的感性、技术美与艺术美为一体的创造性的设计活动。船舶技术美学设计属于工业设计的范畴,要遵循工业设计的规范和原则,同时又要考虑船舶是水上大型活动建筑这一特殊产品的特点。

1.4.7　船舶技术美学与形态构成学

形态构成学是遵循形式美的规律法则,创造构成美的式样的学科,也是研究形态构成要素(形、色、光)形式美规律的学科。船舶作为能够在三维立体空间里进行创造与欣赏的对象,只有遵循形态构成学的理论进行设计,才能获得一定的艺术风格和美感效果,才能展现船舶具有的时代性、民族性和地域性的风格。

1.4.8　船舶技术美学与现代色彩学

色彩设计是船舶技术美学的主要内容之一,对船舶外形及内装的外观质量有着直接影响。人们在审视船舶外观质量时,首先感受到的是产品(船舶外形及内装)的色彩。这种首当其冲的色彩感,约占人们对船舶外观评价值的80%。

色彩设计的好坏,直接影响人的工作情绪。色彩处理得当,能使产品更具美感,满足人们的审美需求。美丽的产品色彩,能够美化周围环境,带给人们舒适愉快的感觉,对人们的生理和心理产生良好的影响,使人精神振奋、精力集中,有利于鼓舞士气、降低工作差错率,从而提高工作质量和工作效率,减轻疲劳感。

我们的世界是彩色的世界,人们在其中不仅能享受自然美,而且可以重现自然美,进而创造主观美。

现代社会色彩的影响力愈发重要,设计界认为"今后将是色彩主导天下"。现代色彩学正是运用色彩感觉和配色原理的基本理论,使色彩设计进入定量化,并制订色彩计划以达到预期效果。船舶作为水上建筑和大型工业商品,其外观色彩与室内色彩的设计应该吸收现代色彩学理论,纳入科学和艺术设计的领域。

【项目测试】
　　1.船舶技术美学的概念是什么?
　　2.船舶技术美的特征包括哪些?
　　3.船舶技术美学涉及哪些内容?

项目二　船舶基本概念

【项目导入】
　　船舶建筑与陆地建筑有相同之处,也有不同之处。船舶作为水上交通运输工具,是一个在水上运动的建筑物,其建筑形式、内容有自身的特点和规律,这是由船舶建筑所处的环境场所决定的。因此,只有充分把握船舶的建筑、功能、形象、形式、风格、性格、象征意义等基本概念,才能对船舶有相对客观的审美价值判断,才能将船舶技术美学原理有效应用于船舶的美装设计之中。

⚙ 知识要求

1. 理解和掌握船舶的基本概念。
2. 分析船舶实例中船舶基本概念的体现及应用。
3. 运用船舶基本概念进行船舶设计。

◎ 能力要求

1. 具有对船舶基本概念的理解能力。
2. 具有对船舶基本概念的应用能力。
3. 具有运用船舶基本概念对船舶外观造型进行设计的能力。
4. 具有运用船舶基本概念对船舶内部空间进行设计的能力。
5. 具有运用船舶基本概念对船舶平面、立面布置规划的能力。

★ 素质要求

1. 具有发现问题、分析问题、解决实际问题的能力。
2. 具有对构成设计基础知识的熟练掌握能力。
3. 具有对船舶设计的客观认知和理解能力。
4. 具有获取新知识、新技能的学习能力。
5. 具有空间想象力、创造力和创新思维能力。

任务一　船舶建筑概念

船舶建筑与陆地建筑有相同之处，也有其自身的特点。相同点是二者均为建筑，船舶建筑作为水上建筑，与陆地建筑一样，都为人们提供生活、工作、休息和娱乐的场所；不同点是船舶在水上运动，船舶空间是受海上风浪流影响的摇摆空间，同时船舶又是水上交通运输工具，因此船舶的建筑形式和建筑设计内容又有自身的特点和规律，这是由船舶建筑所处的环境场所决定的。

2.1.1　船舶建筑与陆地建筑内装的相似性

根据 ISO 标准规定，船舶内装材料必须要减震、减噪声、阻燃、不释放有毒气体，且陆地建筑大厅的高大空间中装饰讲究的立柱、浮雕式的壁面，以及大理石装饰材料的使用，已被船舶内装所借鉴，使人很难区分船舶舱室与陆地建筑内装的区别。（图2-1至图2-3）

图2-1　"海洋绿洲"号局部一

图2-2　"海洋绿洲"号局部二

图 2 – 3 "海洋绿洲"号局部三

2.1.2 船舶建筑与陆地建筑内装的差异性

陆地建筑只要地基能够保证其支承强度,设计合理,建筑材料确保质量,就可确保安全。船舶为保证能够在海上航行,在设计中要考虑稳性、浮性、抗沉性,还要确保航行时的安全性、适航性,以及船舶的强度、质量和均衡性,与陆地建筑相比要复杂得多,如图 2 – 4 所示。船舶的空间有限,是一个受到限制的动态空间,且投资大,特别是现代大型豪华客船。表 2 – 1 是世界现代豪华客船造价比较。

图 2 – 4 "海洋绿洲"号局部四

表 2 - 1　世界现代豪华客船造价比较

序号	建造年	船名	总吨（GT）	总造价	每平方米造价
1	1984	假日	45 000	1.26 亿美元	1 960 美元
2	1987	海王	73 192	1.84 亿美元	1 735 美元
3	1989	幻想	71 800	2.25 亿美元	2 193 美元
4	1990	皇冠公主	70 000	2.20 亿美元	2 200 美元
5	1989	富士	23 000	90 亿日元	27 万日元
6	1989	海恩	5 218	50 亿日元	70 万日元
7	1990	品谐	49 000	240 亿日元	37 万日元
8	1992	飞鸟	27 000	100 亿日元	26 万日元

任务二　船舶功能概念

船舶功能是指船舶的实用性，是为人服务的效能。船舶作为水上建筑，具有建筑功能；作为水上交通工具，又有运输功能。除了物质使用功能外，船舶又具有精神审美功能，这是现代船舶建筑艺术功能的时代性。人类越进步，人们对精神享受的要求就越高。世界现代豪华客船就是使用功能与审美功能结合最好的船舶建筑。

2.2.1　总体功能

船舶按照使用功能的不同，可分为运输船、工程船、渔业船和军用船等。

运输船：客船、客货船、货船、驳船、集装箱船、油船和冷藏船等。

工程船：挖泥船、起重船、打桩船、打捞救生船和浮船等。

渔业船：渔轮、鱼加工船和捕鲸船等。

军用船：分水上军船和水下军船。水上军船包括炮艇、快艇、军舰和航空母舰等；水下军船包括潜水艇和深潜救生艇等。

船舶总体功能是按用途进行划分的，船舶的外形也根据船舶总体功能不同而不同。例如，军舰在海上航行时为确保适航性、快速性、操纵性而设计成舰身狭长、船首上翘防浪、甲板干舷尺寸小于民用甲板干舷尺寸。

2.2.2　舱室功能

我们讲的船舶舱室功能是指船舶内装空间的实用效能。船舶总体功能的不同势必影响并决定了船舶舱室功能。例如，大型旅游豪华客船的居住舱、餐厅、舞厅、休息室、阅览室、剧场、健身房等各种舱室构成了船舶建筑的整体空间，同时也决定了旅游船的总体功能。可以这样说，船舶总体功能决定了该船舶与之相适应的舱室功能；反之，各舱室的舱室功能又决定了船舶的总体功能。大型豪华客船功能齐全，犹如一座豪华酒店。超大型客船则相当于一座浮动的海上城市，有住宅、市场、酒店、剧场、舞厅、修养中心、电报信息中心、发电厂等功能区。与普通客船相比，现代旅游船给人们开辟了崭新的海上生活，使人们可以享受到真正的浪漫与满足,获得了美的享受,现代旅游船也因此满足了不同层次游客的精神与物质需求。

任务三　船舶形象概念

船舶形象是船舶具象(船舶形态)的表现,是船舶造型、色彩和装饰的综合,它反映船舶总体特征。经过艺术创作、设计和加工才形成具有形态美的船舶,因此船舶形态美包括造型美、色彩美、材质美和工艺美等诸多方面。

2.3.1　造型美

船舶造型主要是应用形式美法则,对船舶立面、平面及舱室空间环境进行艺术设计,以满足人们精神上的需要。人们对船舶的审美,首先是对船舶外观造型的视觉反映,优美的造型能够体现船舶鲜明的风格,并表达其象征意义。(图2-5)

图2-5　"乾隆"号

2.3.2　色彩美

船舶不但通过造型来展现美的形态,还通过色彩的协调与对比来表达外观形象的意义,创造环境气氛。远观航行中的船舶,色彩效果往往比造型效果更加重要。船舶色彩风格有时代性、民族性和地域性特点,同时由于受周围海洋环境影响,船舶外装色彩具有鲜明、对比性强的色彩效果。而船舶外装色彩、内装色彩与环境的和谐统一,则构成了船舶的色彩美。(图2-6)

2.3.3　材质美

现代船舶是新材料的组合,不同机理的材料有着不同的质感和美感。如金属材料的光泽性、可加工成型的特征;玻璃材料的透明性、玻璃表面的各种装饰贴膜;木材的质朴性;纺织品的柔和性等,诸多要素和谐统一,体现了船舶的材质美。(图2-7、图2-8)

图2-6　芬兰轮渡"TALLINK"号

图2-7　"海洋绿洲"号局部

图2-8　"乾隆"号局部

2.3.4 工艺美

我们讲的工艺美是指在船舶建造中,从下料、加工、装配、焊接到舾装,每一道工序的质量都直接影响到船舶的美观性,包括船舶外形及内装,必须有严格的、科学的工艺质量保障措施。船舶工艺美体现了制造者的审美意识和艺术创作水平。(图2-9)

图2-9 "海洋绿洲"号局部

任务四 船舶形式概念

船舶的建筑形式是从同类船舶形象中提取的共同形象特征,是从各种船舶具象中归纳、提炼而创造的一种式样。如果船舶功能给人们带来物质上的效用,那么船舶形式则给人们带来精神上的审美感受。实用性作为船舶内容,审美性作为船舶形式,二者结合就构成美的船舶建筑。但从船舶形象表现而言,造型以内容为主,色彩以性格为主,装饰以风格为主,各自表现了船舶的艺术形象。广义的船舶形式包括造型、色彩和装饰等方面;狭义的船舶形式仅指船舶造型。船舶造型包括船舶形体、空间的塑造,具体指的是船首、船尾、上层建筑、烟囱和桅杆等外形塑造及船舶区域的空间划分布置,主要体现在船舶立面、平面的造型和布置上,如图2-10至图2-13所示。

图 2 – 10 "太阳公主"号

图 2 – 11 芬兰轮渡

图 2 – 12 中国军舰

上 甲 板
UPPER DECK

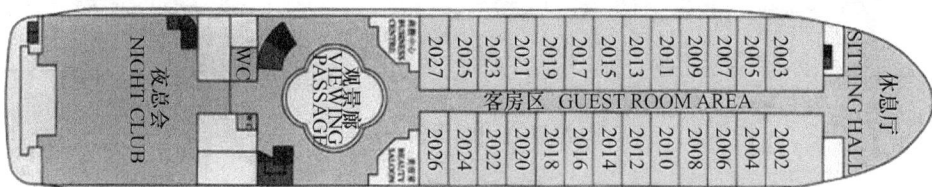

游 步 甲 板
PROMENADE DECK

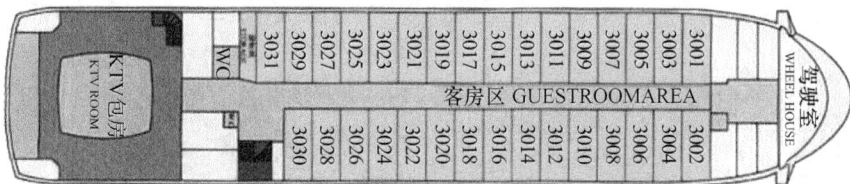

驾 驶 甲 板
WHEEL DECK

娱 乐 甲 板
RECREATION DECK

图 2-13 "东方皇帝"号

任务五 船舶风格概念

船舶风格是船舶形式的抽象概念,表现为气度、作风等含义。风格受意识形态影响,必然要表现出国家性、民族性、地域性和时代性等特点。风格高于形式,但必寓于形式;形式高于形象,但必寓于形象。这就是船舶形象、形式和风格三者之间的关系。

船舶造型风格是传递审美感受的主要载体,受到空间、人和时间因素的影响。不同国家可产生不同的风格,如中国风格、美国风格、德国风格、荷兰风格、挪威风格、日本风格和英国风格等。不同地域也会产生不同风格,如北欧风格、地中海风格、亚洲风格等。不同时代同样会产生不同风格,如古罗马风格、近代文艺复兴风格、巴洛克风格、现代主义风格等。因此,不同民族、不同生活习惯也将影响到船舶造型与内装风格,如图 2-14、图 2-15 所示。

图 2 - 14 中国风格

图 2 - 15 美国风格

任务六 船舶性格概念

船舶性格是船舶性能、船舶功能特征的外在表现。船舶性格可以直接通过船舶外观反映出来,不同的船舶建筑形式会体现出质朴、庄严、威武、活泼等不同的性格特点。直线造型体现简洁明快、果断有力;曲线造型体现庄重典雅、灵活柔美。不同功能的舱室也同样体现不同的性格,如居住舱室的安定依托之感,图书阅览室的明快宁静之感,剧场的典雅别致之风,大厅的雄伟壮观之貌,观察休息室的开阔畅怀之情,健身房的健美阔达之怀……塑造船舶形式时,不能只考虑美观与否,更重要的是要考察其是否符合目的性和规律性。

符合目的性和规律性的船舶形式,才具有鲜明的性格特点,船舶形式特点应满足以下几个方面要求:

(1)具有与船舶用途相适应的功能性;

（2）具有与水上浮体相适应的轻快感；

（3）具有与结构合理性、安全性相适应的稳定感；

（4）具有与运动方向相一致的动态感；

（5）具有与动力相协调的力量感；

（6）具有克服水与空气阻力的快速感。

任务七　船舶象征意义概念

象征意义是指通过一个具体、实在的对象，来喻示一个抽象的精神概念。船舶的象征意义是通过船舶形象的塑造，使人们欣赏、体验、感知和思考，进而转化成一种精神的含义。这是船舶艺术所反映的抽象的精神境界。利用象征手法可以表现船舶建筑的性格。日本第一条现代豪华客船"富士丸"号的烟囱被白色倾斜造型的舷墙所支撑，使人们产生富士山与太阳的联想，进而引申联想到"日本"。再如挪威 20 世纪 70 年代的船型有"北欧白鸟"之称，英国"伊丽莎白二世"号客船有"大西洋公主"之称，日本定期客船"浅间丸"号有"太平洋女王"之称，英国客船"奥里阿娜"号有"白色贵妇人"之称等，这些都是客船优美的形象使人们产生的联想，即象征意义。

【项目测试】

1. 船舶建筑与陆地建筑内装的相似性与差异性有哪些？
2. 船舶的功能有哪些？
3. 船舶形态美包括哪些方面？
4. 船舶的建筑形式是什么？
5. 船舶的风格有哪些？
6. 船舶形式特点的要求包括哪些？

项目三 船舶基本形式

【项目导入】

船舶的美学形式是将空间、造型、色彩、光线和材质等要素完美组织在一起，共同创造出船舶整体。很明显，这个富于表现性的船舶形式必须在满足使用功能的基础上，再来追求审美价值的最高目标。然而，由于审美标准含有主观因素，因此只有充分把握共同的视觉条件和心理因素，才能相对客观的衡量审美价值。原则上说，船舶形式美的基本原理对船舶美装设计具有相当可靠的指导作用。

⚙ 知识要求

1. 理解和掌握船舶形式美的基本原理。
2. 理解和掌握创造船舶外形、舱室美感形式的基本法则。
3. 分析船舶实例中船舶形式美基本原理的应用。
4. 运用船舶形式美的基本原理进行设计。

◎ 能力要求

1. 具有对船舶形式美基本原理的理解能力。
2. 具有对船舶美感形式的观察能力。
3. 具有运用船舶形式美的基本原理对船舶外观造型进行设计的能力。
4. 具有运用船舶形式美的基本原理对船舶内部空间进行设计的能力。
5. 具有运用船舶形式美的基本原理对船舶平面、立面布置规划的能力。

☆ 素质要求

1. 具有发现问题、分析问题、解决实际问题的能力。
2. 具有对构成设计基础知识的熟练掌握能力。
3. 具有对船舶设计的客观认知和理解能力。
4. 具有获取新知识、新技能的学习能力。
5. 具有空间想象力、创造力和创新思维能力。

任务一 统一与变化

统一与变化是自然界中的一个普遍规律,现已成为各种艺术形式的普遍审美原则。统一体现在船舶建筑艺术中就是各个部分之间要有一种恰到好处的协调和适中,同时也必须从中体现出变化。

船舶建筑按其本身功能、实际需要和多种要素进行组合,形成多样的变化。但是船舶建筑艺术并不是一个单纯解决美观与装饰的问题,而是一个如何更有效、更合理地组织利用和分配有限空间,充分提高有限空间的利用率,尽可能地在有限范围内扩大内部空间感的问题。船舶建筑的实用性、技术性及讲究整体效果的特性,要求我们在船舶建筑的设计中不能只考虑外观设计的视觉效果,还要将船舶上层建筑中可能展现在人们眼前的所有结构的外观与内景有机地结合在一起,成为一个统一的艺术创造。除了在实用、功能方面完全满足要求之外,还要在现有的技术条件下充分体现出船舶建筑的平面、立面和剖面统一的原则。也就是说,在设计过程中要精心地安排平面布置,充分地研究内部空间的形状和体积,以高度的空间想象力去设想并详细地描绘出船舶建筑的内外构图,使之成为一个和谐的整体。对船舶设计人员来说,首要任务就是将各部分合理地组成一个和谐的统一体。

3.1.1 外形的统一

1. 简单外形的统一

简单的几何形状是船舶外形统一的最佳表现形式,如球体、长方体、圆锥体等,各种不同的形状都可组成一个统一的整体。

2. 复杂外形的统一

简单的几何形状能够组成复杂的外形,而复杂外形的统一主要体现在局部与局部、局部与整体的关系上,要做到主次分明、层次清晰。一方面可以从主要部位与次要部位的从属关系来考虑;另一方面可以通过船舶上层建筑各部分形状的协调,以及局部与整体的呼应和过渡来完成。恰当地处理好从属关系,便可实现船舶外形的和谐与统一。(图3-1)

图3-1 外形元素的统一

3.1.2　功能与外形的统一

　　所谓功能与外形的统一,是指船舶上层建筑的形式、内部的布置一定要表现出该船舶的使用功能。例如,军船应该体现出威武、雄壮、有力,应该具有快速性、适航性和战斗性;客船则要求其船型特点是平稳、安全、舒适、美观,给旅客留下温馨、快乐的美好回忆。

　　但是,应该注意不得盲目或机械式的追求功能方面的统一,必须把握好不同类型船舶建筑的性格,使其外形与性格相统一,而船舶建筑的性格又是其功能所决定的。(图 3 − 2)

图 3 − 2　游艇功能和外形的协调统一

3.1.3　色彩与功能、外形的统一

　　色彩处理是船舶建筑外形获得统一效果的一个重要手段。为船体选择合适的色彩,用主导色来强调船舶上层建筑的性格,适当选择调节色和重点色,展现统一中的变化是色彩用于船舶建筑的首要原则。

　　船体水线以上的部分,其外观涂饰的色彩一般均为大面积的主导色,多用浅灰色、乳白色、浅蓝色、浅绿色、乳黄色等,可视船舶建筑所反映的特性来进行色彩调配。调节色则可用于船体某些局部位置(以形成视觉错觉,达到某种效果),也可用于烟囱或救生设备上以形成色彩对比,产生统一与变化的戏剧性效果。

合理运用色彩的视觉错觉,可以使船舶建筑的外形在不改变主要尺寸及比例的情况下突出其性格特征,如图3-3至图3-5所示。

图3-3　船舶色彩的运用

图3-4　统一与变化应用之一

图3-5　统一与变化应用之二

任务二　均衡与稳定

均衡与稳定是船舶建筑设计在艺术方面的基础要求。均衡,给外观以魅力和统一;稳定,尤其是动态中的稳定,要避免出现头重脚轻、前重后轻的失稳感觉,这是满足船舶功能要求的重要条件。因此在美学与功能方面,均衡与稳定均是基础。

在视觉艺术中,船舶建筑的稳定有两种概念。其一是指总体外观上是否存在视觉失稳,例如是否有重心过高的头重脚轻感;是否有艏重艉轻或艏轻艉重的倾斜感。其二是指均衡中心的视觉游离。

在船舶建筑中,均衡与稳定是一个重要的特性。在船舶造型的过程中首先要强调均衡,避免立面造型上的视觉失稳,然后强调均衡中心,以防止立面造型中的视觉游离。船体是一个具有三维空间视觉效果的物体,这使均衡与稳定的问题变得更为复杂,我们只有通过对大量立视图的研究才能掌握与运用均衡的原则。均衡分为规则均衡和不规则均衡两类。

3.2.1　规则均衡

规则均衡是最简单的一类均衡,也就是通常所说的对称均衡。在这种均衡中,均衡中心一般是在对称轴线上。在船舶建筑中,规则均衡表现为对称轴线的两边形式完全相同。只要在对称轴线(均衡中心)处采取某种方法给予强调,便会给人一种稳定的均衡感。船舶建筑越复杂,这种强调就要越明确。依据船舶功能的需要,规则均衡多用于船舶的横向布置。由于船舶是运动的,横向不能稳定将会给人以极大的不安全感。因此,对船舶来讲,均衡中心的强调更为必要,这可以保证船舶建筑在运动中平衡、稳定。

对于复杂的船舶建筑,均衡中心的强调则要颇费周折,在通常的设计中有以下几种方案可供参考:

(1)当船舶的上层建筑是一种贯通两舷的整体结构形式时,一般将均衡中心放在轴线后方的要素上,如图3-6所示;

图3-6　游艇均衡中心设计

(2)当有数量较多且复杂的甲板舾装设备需要布置时,可以采用后退式突出中央要素与两旁较小的低矮侧翼的方式来形成均衡,而在中央突出的要素上,再对均衡中心给予强调;

(3)在船舶建筑上,可以在突出的要素前或后的中心轴线上布置一些垂直要素,从横向看去,这些垂直要素与突出要素在上层建筑中所保持的透视关系使均衡中心得以强调,如图3-7所示。

图 3-7　日本高波级导弹驱逐舰

3.2.2　不规则均衡

不规则均衡是指不对称均衡,它比规则均衡更复杂也更为重要。船舶建筑按照其功能的要求进行布置往往会导致不对称,尤其是在纵向布置上,无论是船体的线型还是上层建筑都是绝对不可能做成对称的。然而均衡与稳定不光是在对称的结构中强调,在不对称的结构中也同样需要强调。因此必须对不规则的均衡加深研究。

均衡中心的两边,虽然在形式上并不等同,但是当其在美学意义上具备等同的均衡概念时,就称这种船舶建筑的均衡为不规则均衡。

规则的均衡如果不强调均衡中心,人的视觉往往会游移不定,但在经过一段游移之后其均衡中心因其自身具有的对称点还是可以找到的。而不规则的均衡由于结构的不对称,均衡中心凭眼睛去找是非常困难的,往往不规则均衡的组合比规则均衡的组合更加复杂,所以要求均衡中心要有比规则均衡更为有力的强调,否则便会在布局上产生混乱。

1. 处理不规则均衡的原则

(1)在均衡中心处加上一个比规则均衡结构更加突出的均衡结构。

(2)利用杠杆平衡原理,即一个远离均衡中心的意义上较为次要的小物体,可以用靠近均衡中心的意义上较为重要的大物体来加以平衡,这是获得外形美观的重要手段之一,如图 3-8 所示。

2. 在考虑均衡稳定时要注意以下两点

(1)船舶建筑是一个三维空间艺术物体,应该让人们从各种角度去观察时都能感受到一种均衡,这就要求我们的设计工程师一定要具备超强的空间想象力。

(2)船舶建筑是一个巨大的水上建筑物,可以让人们在其中生活和工作。这就要求从远处观察船舶时,其整体形象是均衡、稳定的,而在靠近它观察时,同样要求组成船体的某一局部构图也是均衡的。均衡不光局限在船舶建筑的外观设计,内部设计中也需要均衡。内部布置的均衡在很大程度上依赖于平面,由它决定了人们穿过船舶建筑内部时先看到什么,后看到什么,以及决定视觉感受的先后次序。因此,在这种视觉的自然进程中,任何景物都必须具有视觉上的均衡性。在这里,规则和不规则的原则同样适用。

图 3 - 8　中油海钻井平台

任务三　比例与尺度

比例与尺度是反映客观世界中物象变化及人 - 机 - 环境三者关系的一种普遍规律。

良好的比例和尺度关系,是船舶外形完整、和谐的基本条件,是船舶造型中形式美的主要因素之一。

3.3.1　比例

比例即整体形式中部分与部分、部分与整体的关系。在整体形式中,一切有关数量的条件,如长短、大小、粗细、厚薄和轻重等在搭配恰当的原则下,即能产生和谐的效果。等差数列、等比数列、调和数列和黄金分割比例等,都是构成优美比例的主要基础。

黄金分割比例是常用的最基本的比例原理。假定一个线段 AB,在其间找一点 C,使 $CB:AC=1:0.618$,拿这个比例去组成长方形,会在视觉上产生独特的韵律与美感。

在自然界中,人们经常会观察到某些现象,如人体的几个基本尺寸:脚趾到脐部的高度与脐部到头顶的高度之比,头部长度与眉心到下巴的长度之比,一般均符合黄金分割原理。某些植物如葫芦的外形包络线就是以黄金分割比例为依据的黄金涡线。这些自然界中具有黄金分割比例的事物长期以来给人们以美的感受。

黄金比例之所以让人感到美,有着心理和生理的缘故。当人们用双眼去观察具有黄金比例的长方形内两条黄金涡线的两个涡眼时,就会产生一种视觉上的舒适感,这是由于人的眼睛在看东西时有重心偏高的视觉习惯,不仅如此,人眼还有一个简化、瞬间把握住物体大致轮廓的本领,而轮廓线是最能诱发视线运动的形体因素。黄金涡线作为外形轮廓线,既可无穷变化,又有比率节奏,完全符合前述的"变化统一""多样均衡"的原则,所以黄金比例常常被用在船舶建筑和其他建筑中,如图3-9所示。

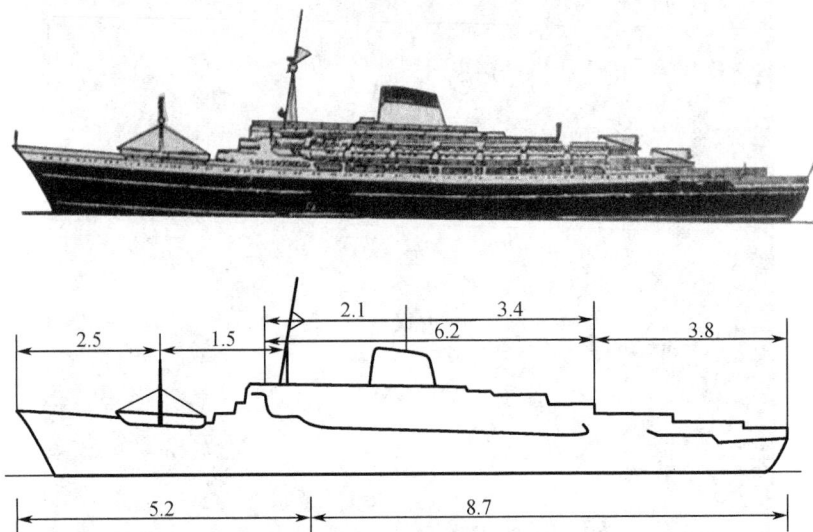

图3-9 客船"哥伦布"号外形比例

比例在船舶造型与舱室设计中的应用,主要体现在以下四个方面:

(1)外形轮廓;

(2)室内空间布局、位置、造型和结构;

(3)制造视觉错觉效果;

(4)将面积或体积不同的造型和各种色彩等进行组织。

从原则上讲,比例问题可以运用理论来解答,但更多的比例问题,是通过感觉来判断的,即所谓"大小相宜"或"长短合度"。船舶舱室的比例尺度主要以人体的基本尺寸为标准来设定。

3.3.2 尺度

尺度和比例有着直接的关系,是船舶建筑的另一个特性,它反映了人与船舶建筑的关系。选择合适的尺度可以给人以美感。巨大的尺度可以让人感受到壮观、威严和力量;较小的尺度可以让人觉得轻快、舒适和亲切。对物体尺度的感受,人类早有体验。由此可见,正确地选择尺度是非常重要的。

1. 尺度产生于表现

尺度是由物理量,如长度单位 m、cm、mm 来度量的,这是要借助米尺等测量工具来进行测量后才可判断的。另一方面,尺度反映人与物之间的关系,人们可以凭借自身的判断标准来进行对比。

我们所说的"尺度",指的是其整体和局部构件与人或人的习惯标准、人的使用相适应的大小关系。简而言之,尺度指的是产品与人二者之间的比例关系。

尺度与产品的功能效用是分不开的。它们的设计必须与人的生理和心理特点相适应，而不能单纯从比例美的角度出发，来确定它们的尺度。单纯考虑比例关系，就有可能使这些产品的尺度设计得过大或过小，以致影响产品功能的发挥。因此，产品——船舶的尺度，应在满足使用功能的前提下进行调整和确定，而不能单纯去追求比例美。当然，良好的比例关系和合理的尺度，对于工业产品来说是很重要的。但首先解决的应是尺度问题。所以在船舶设计中，一般先设计尺度，然后再推敲比例关系，而且当二者矛盾较大时，尺度应在许可的范围内适当调整。

尺度除了形态大小的概念外，还涉及高低、位置、色彩、肌理等的设计，必须注意与人的生理结构和心理特点相结合，使人产生密切、融洽的感觉。

我们还知道，在实际产品设计中还会应用许多比例原则，也都得到很好的效果。但仅从比例关系中是无法得知其美的形式的，因为形态本身亦受其微妙的性格所影响，所以在设计时，形的比例问题与其性格的紧密关系是不可忽视的。另外，造型的比例关系也会随着新材料、新工艺、新结构的不断面世而发生变化。同时，人们的审美观念也随着时代的前进而变化，因此不能仅从数理逻辑层面简单地去寻找形式美的比例规律，还应从使用功能（即尺度）及材料、工艺等方面去全面考虑。

必须提及的一点是，在室内和室外同一物体所表现的尺寸感觉是不同的，一般而言，物体在室内看起来总觉得要比在室外看起来显得大些，这是相对参照物不同的结果。因此，同一物体在室内和室外布置时其尺寸的设计要有所不同。如船上进舱室的大门，因为它是从室外看的，要与整个船体的外观匹配，因而尺寸要适当放大；舱室内各房间的门则必须做得小些，这才符合我们室内设计时的一致性，与其室内的尺度相匹配。

2. 尺度印象与选择

以上所述，只是形成船舶建筑的尺度印象（尺度感）的问题。作为船舶设计人员，不仅要懂得如何形成船舶建筑的尺度印象，还要了解如何去选择尺度印象，因为形成船舶建筑的尺度印象不过是设法使船舶建筑看起来显得大一点或者小一点的问题。但是究竟大点好还是小点好，怎样才能使旅客和工作人员称心如意，这就涉及如何选择尺度印象的问题，也就是如何通过设计人员的主观努力，将船舶建筑的功能与设计人员的丰富想象完美结合在一起的问题。

一般来讲，尺度印象分为三种：自然尺度、超人尺度、亲切尺度。

自然尺度：是指设计者通过设计让船舶建筑表现出其本身的自然尺寸。从人与船舶建筑的关系而言，它可以通过船舶建筑度量出人的正常尺寸。这类尺度在陆地建筑和船舶建筑中都可找到。

超人尺度：是指设计者通过设计尽可能地使建筑物显得十分大。设计者通过对建筑物每一个局部单元尺寸的精心设计，使其既具有由自然尺寸组成的与人眼观赏时最靠近的最小部件，也具备显然是被放大了尺寸的某些部件，超人尺度以简洁的形式和巨大的尺寸形成。但需注意，这种尺度并不是将尺度合适的所有细部单元统统按比例放大，因为这样做的结果只会适得其反。

亲切尺度：是指希望把船舶建筑物的某些局部（譬如房间）做得比它的实际尺寸明显要小，使人们与建筑物之间的关系尽可能紧密（船舶建筑出于功能的要求，通常使用的还是自然尺度印象，即反映出它本来的自然尺寸）。

在某种条件下,也可以通过适当的处理,使船舶建筑产生某种亲切的尺度感。

明确了尺度的表现方法及尺度感的选择,作为船舶设计师,在选定了船舶建筑的基本尺度感以后,在处理全船的尺寸时一定要顾及尺度的协调,将同类型的尺度自始至终地贯彻到全部结构中去,绝不要在小型的舱室、房间和办公室里设置大尺度的东西,而要依据它们各自的合适尺度,使全船的尺度布局形成一种真实的协调感。(图3-10)

图3-10　客船居住舱室

任务四　节奏与韵律

节奏,是客观事物运动的属性之一,是一种有规律的、周期性变化的运动形式。在造型设计中,常将线条的长短、曲直,色彩的浓淡、艳素,形体的高低,光影的明暗等因素有规律地反复、重叠,激发欣赏者的生理感受,进而引发心理活动。在这种节奏中,一旦注入美的韵律,就能给人以美的舒坦之感。

韵律,是一种周期性的律动,是有组织的变化或有规律的重复。韵律是一种节奏美,是指静态形式在视觉上所引起的律动感,即无论是造型、色彩、材质,还是光线等形式要素,在组织上合乎某种规律时,所给予的视觉和心理上的节奏感觉。在本质上,静态空间的韵律效果,主要建立在以比例、反复或渐层为基础的规律上。规律严格而单调,而韵律感平淡而单调;规律有所变化,则韵律感较为丰富,然而变化太多则失去秩序,导致韵律感被破坏。

节奏是韵律的变化,韵律是节奏的深化。现代工业产品的标准化、系列化,就使得产品具有一种有规律的重复性和连续性,从而产生节奏和韵律感。韵律是有情调、有变化的节奏。

船舶建筑艺术就是在这种视觉的艺术中,使组成它的各部分元素有规律地重复,形成节奏,然后在有节奏的重复中,不同组件的变化产生了韵律,产生美感,如图3-11所示。

在船舶建筑中,韵律的形式有以下几种。

第一种韵律形式:是指在外观的排列上,组成整体的各个单元形状重复。它的特点是各单元形状上相同,而排列的间距可相等可不等,即重复韵律。(图3-12)

图 3 - 11　"海洋绿洲"号造型的韵律

图 3 - 12　重复韵律应用

　　第二种韵律形式:是指组成整体的各个单元形状可以不同而尺寸重复。

　　第三种韵律形式:它是更为复杂的一种,即交错韵律,是以不同的重复为基础的,称之为不规则的渐变单韵律。

　　韵律又可分为开放式的(不确定的)韵律和封闭式的(确定的)韵律两种。

　　开放式韵律,是指整体结构中只将形状相同或相似的单元安排成等间距的重复,其效果始终是显得不稳定和动荡不安。为了促使整体结构稳定,往往在开放式的韵律中,用一个确定的标记将其两端封闭起来,使这种动荡的感觉顿时消失。这个确定的标记可以通过开放式韵律两端单元的形状变化来形成,也可以通过两端单元的尺寸变化来形成,或者采用二者相结合的办法。有的甚至在端部加上一个强有力的与之相对立的韵律。这样一来，开放式的韵律就变成了封闭式的韵律,给人以稳定和限定的感觉。(图3-13)

图3-13 开放/封闭式韵律应用

在船舶建筑设计中,好的韵律对于船舶总体的美感是十分重要的。体量和线条的韵律,是产生紧凑感和趣味性的最可靠方式之一,可以将船体上层建筑组成一个系统的有机整体。

任务五 对比与微差

对比与微差是船舶设计师展现船舶艺术表现力的有效手段之一。

巧妙地运用对比和微差,能增强船舶建筑艺术的表现力,使船体给人以宏伟、严整及庄重等印象,也可以在有限的范围内改变视觉印象,并进行必要的矫正,使船舶外形富于变化和合乎规律。

3.5.1 对比与微差的概念和运用条件

在船舶建筑中,对比与微差主要是反映船舶建筑之间性质和特性的相似或相异的程度,可以通过比较对象的尺寸、形状、布置特点、色彩、照明、材料等凸显其差异。

实际上,对比与微差是两种不同的比较方法。

对比,是指相同性质的因素存在明显差异。如比较船舶各组成部分的大与小、重与轻、水平与垂直、颜色的冷与暖等。

微差,是指物体的尺寸、形式、色彩等因素的细微差异。其本身含义就是偏差,是刚刚看得出来的某种变化。它反映了一种性质向另一种性质转变的显著的连续性,如由重转变为次重和较轻,由白色变灰继而变黑。

对于船舶建筑,不能认为只要有了对比和微差,就能符合艺术要求。为了使对比和微差关系有美感的表现力,船舶设计师必须明确地掌握在什么条件下应该显示和强调这种关系,在什么条件下应该缓和或避免这种关系。

首先,对比与微差这两种比较方法只能用于相同种类或相同性质与特性的因素之间,也就是说,不是在任何场合下都可以运用对比与微差来设计船舶的。对于不同的种类、性质和特性的因素,它们之间就不能加以比较。

其次,在运用对比与微差时,还要注意在正常观察的条件下人的感觉如何,也就是说,只有当人们都能够通过视觉鉴别出色彩、大小、材料表面处理的差异时,微差才能作为构图的艺术手段出现。如果实际上差别不大,或者通过测量工具的测量及推测才能判断的话,微差及它的艺术作用也就随之消失了。

最后,作为艺术表现手段,在运用对比与微差时,一定要将其与其他的构图手段紧密相连,一定要注意与形式美的其他原则相配合。比如空间的体量、构造艺术、比例、尺度、节奏和韵律等。这是因为运用对比与微差是为了着重显示船舶建筑的一些客观性质,将最能说明特征的线条、质量、体量等方面表现出来。另外,运用对比与微差,也是为了改变客观存在的对比关系,做视觉上的校正。因此,当我们不能直接改变船舶建筑各构件的大小和形式时,就可以借助对比与微差来避免个别有损于比例和尺度的地方。

对比与微差在各种形式的表现中,没有一定的数量表达公式来进行计算。要注意的是,对比的关系与比例的关系不要相互混淆,以免影响工作效果。

3.5.2　对比与微差的作用

在设计船舶外形时,充分运用对比与微差可以起到如下作用。

1. 能鉴定船舶建筑的尺度

对两个相差很大的构件进行对比时,这种作用非常明显。通过这种比较,可以正确地判断出离我们较远的两个物体谁大谁小。

2. 使船舶建筑的构图主次分明

对比与微差在某些情况下以相互制约、相互补充和相互转化的状态出现。像光线的对比和微差就是这样,如船舶外侧受光面的实部和凹进的阴影虚部,在白天的光照下,构件划分的轮廓线和形状特点能够明确分辨,虚实对比会大大加强。而在夜晚就大不相同,光照的对比将会消失,看不清船体外侧的虚、实部以及各构件的划分情况,虚与实似乎连成一片,而原有微差关系的构件就更不易看出它们的差异了。然而在晴朗的夜空又可以产生新的对比,即船舶的最外轮廓可以清晰地衬在夜空明亮的背景上。

为了达到构图主次分明,在利用对比与微差关系时必须注意:首先是考虑突出或者强调船舶建筑的某方面性质(构图组合、体形轮廓),然后将差异综合起来,让它们很接近,做到差异不显眼,通过对比与微差的艺术作用,使整个构图完整、层次清晰、富于表现力。

3. 可以获得特殊的效果

对比与微差的关系不仅能有上述的艺术表现,运用得好,也将使人们在比较两种不同构件时,产生奇特的效果,得到一些有规律的印象。运用对比能使实际存在的本质差异变得更大,反之用连续布置一些构件让其体现出微差的方法,来缩小两端构件的差异,以便使它们不太明显。

4. 可以造成各种视觉错觉

为了在建筑结构中突出某构件,使其看起来大些,可以在其周围布置形式相同而尺寸较小的构件与之对比,反之亦然。因此,在设计船舶外形时,对这种错觉只要有意识地加以运用,就可以获得赏心悦目的良好效果。

在水平因素和垂直因素的比较中,总会产生垂直因素的构件比水平因素的构件要大些的错觉。在不同方向的成组平行线背景中的直线会显得扭曲,在设计中应该特别注意。

任务六　序　　列

序列是指船舶建筑平面和立面布局设计的一种方法。

船舶建筑的艺术,既是空间艺术,又是时间艺术;它作为一个审美对象,既存在于空间中,又存在于时间中。人们在观察船舶时,不仅要从外部观看,更要从内部审视;不仅是瞬间一望得到的短暂感受,而且是登上船舶后在较长时间内生活、工作、休息与娱乐的感受,因此会对船舶建筑的内部进行浏览、观察,从不同通道、不同方向进行欣赏、回味。一条设计优秀的船舶,其结构、功能和审美上的各种序列都必须是紧凑而有机联系的。作为设计者的任务之一,就是用组织序列的方法去进行布局设计,以此来满足人们观察船舶建筑的心理需求。

组织序列的方法如下。

首先,必须掌握适用于所有艺术的序列的原则,即每个序列必须有一个明确的开始和结尾。一般船舶建筑的序列,多半在上船的入口处自然开始,然后按照人员流通路线或工作流通路线自然展开,再引向某一规定的地点结束。这一结束必须是序列在艺术上和功能上的焦点,或者是十分美观,或者是非常重要。

在布局中,序列不仅要有一个好的开始,还必须在每个自然序列的结尾处有一个明确的参照主体,从而使船舶建筑的布局达到完美的程度。

其次,作为一种完美的序列不一定是在到达主要结构时结束,它可以越过焦点而呈现一个自然的结尾,这种设计就如音乐一样,从开始经过一系列渐强音的安排达到高潮,然后越过,在渐弱音的演奏下平稳而缓和地结束。

焦点的形成不仅应该设置一个与之相称的有分量的构件,还要考虑人们在观察中的心理状态,以便在布局的序列中,埋下适当的美学伏笔。即通过序列的设计,为焦点的出现做好布局的准备,并借此让观察者有个心理准备,在观察者的头脑中建立起期望,通过逐渐增强的刺激让其产生的期待在主要结构中得到实现,由此可以感受到美好的意境。(图3-14)

图 3-14　序列应用

形成主体焦点有以下几种方法。

(1)若有一系列形状大致相同的元素组成连续序列,形成由小到大的渐变韵律,那么在焦点处就应设置一个更大的空间以满足观察者的期望。

　　这种方法在我国的园林设计中经常用到,称之为"先抑后扬""以小衬大"的方法,即先让游客经过一系列逐渐变化的狭小空间,然后再进入一个较大的空间,这样压抑的感觉被释放出来,一种豁然开朗的感觉油然而生。一般在空间较小、难以满足旅游者空旷舒适感的小艇上,通过有限空间的序列布局,可得到舒适、明朗、宽敞之感。

　　(2)也可以用一系列强有力的、显眼的构件做准备,以其开放式的韵律感受来形成立体焦点。对于这种开放式的韵律,不论是有规则的还是渐变的,观察者都希望有个结束以迫使动荡不定之感停顿。在这种情况下焦点就应设置在这个结束区。

　　(3)不同高度的布置面变化也能产生一种期望。当人们乘船进行海上旅行时,经常登高远望,为了满足旅客的这种期望,在船舶上层建筑布置不同高度的观景平台,以满足人们登高远望、观景抒怀的心理需求。

　　也有从大到小的渐变方法或用内部空间所产生的光照效果等方法来为焦点的到来做准备。

　　要注意的是,凡是焦点的地方,人们经常会逗留在那里欣赏、观察、品评,因此要注意在某些地方,如客轮进口处的大厅或主要上下通道的楼梯及转弯处,要求人们迅速通过,以避免阻塞,造成拥挤混乱的局面。

　　序列的设计,可以分为规则的和不规则的两大类。序列设计的不同,将会产生完全不同的效果。

　　规则的序列的基础在于规则式的均衡。规则的序列给人一种庄重、爽直、明确的印象。由于规则序列的布局所产生的简洁流线,有助于实现船舶建筑的功能,故这种序列最适于用来进行船舶上层建筑各舱室的布置,尤其适于客船的各种生活舱室的规划布置。(图3-15)

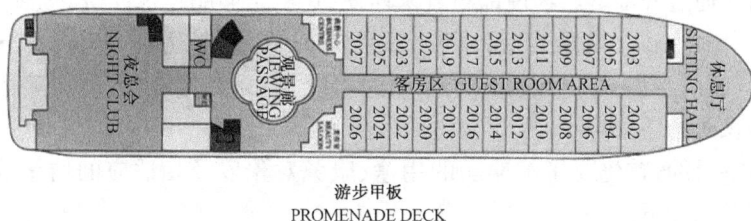

游步甲板
PROMENADE DECK

图3-15　规则序列应用

　　与此相反,不规则的序列则充满了流动和各种运动的感觉,它能形成令人意想不到的感染力,造成外观上让人感到惊异的一些部位,与规则的序列相比,它更具有个性,更富于人情味。因此,这种不规则序列较多适用于船舶上层建筑的公共场所或大型舱室,如休息室、起居间、游乐场、餐厅等布局。(图3-16)

　　因此,在船舶建筑中,内部舱室的布局是选择规则序列还是选择不规则序列,首先要从每种序列所产生的效果来考虑。另外,还应该从构图复杂程度来考虑。对于庞大而复杂的构图,应给予一种有组织的图形以保持其紧凑、均衡、明确和统一的感觉,例如甲板面的总体布置。而涉及单元房间小型尺寸的构图,以及对于呈现个性和富于生活气息的舱室内部布置,就应该首先想到不规则序列的布局,以形成构图的变化,让人感到亲切并能体现构思的个性。但是,我们认为不规则布局也不是无章可循的,应该符合人们对美的变化的认可。大起大落是不可取的,更应该强调的是满足功能并力求简洁,实际上这样的强调就是我们认为不规则布局也是属于规则布局的范畴,只是另一种的规则布局而已,它需要满足形式美的规律,以及形态构成的规范。

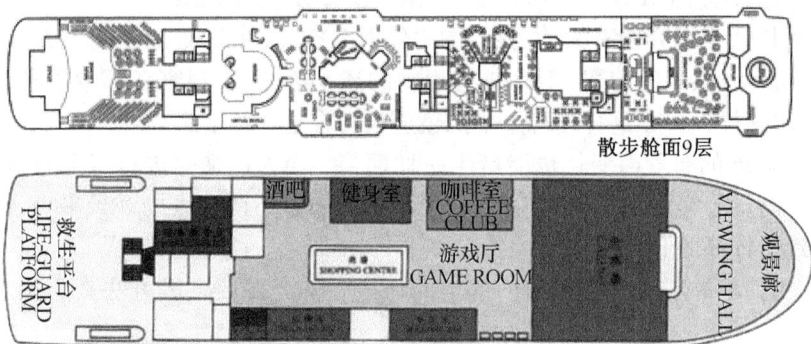

图 3-16 不规则序列应用

任务七 性 格

船舶建筑的性格是由其外表形态和内在功能之间的密切关系所决定的一种特性,它是由船舶建筑艺术设计中那些显而易见的所有特点综合之后形成的。从某种意义上讲,所谓性格就是指船舶建筑与人类之间的密切关系所产生的特性。

船舶建筑性格不仅是外部形态与内部功能的有机结合,还应该是一种特定情绪的反映。特定情绪又通过外部形态与内部布置来体现,这就是船舶建筑性格的基础。

船舶设计师要在满足功能、经济、美观的前提下,在外形以及内部设计上进行创新,要有时代感,要有超前意识,要讲究总体效果的完美统一,只有这样,才能使船舶建筑的性格给人以深刻和长久的印象。

要达到这一目的,首先要了解船舶的用途、服务对象以及相适应的情绪效果。影响情绪效果的因素归纳如下。

1. 体量和容积

船舶建筑的体量和容积对船舶所反映的情绪是壮观、威严,还是亲切、宜人有很大的作用。一艘船以其巨大的主尺度、排水量和巨大的舱容相结合,给人以雄伟、壮观的感受,而小的体量或容积,将给人以一种亲切的感觉。

2. 质量及复杂程度

质量给人以力量,复杂给人以多功能,简洁给人以安稳、高效率的感觉。

3. 线条的运用

线条运用得恰当与否,对情绪效果的产生起到很大的作用。长期以来,由于自然界中物体与线条的关系使人们产生了强烈的线条与情绪的联想。例如水平线的平稳,垂直线的进取,倾斜线的运动及速度,直线的有力、刚强,曲线的柔和、优美等都是船舶设计师用来表现船舶不同性格的重要因素。设计师们为突出客轮平稳、安全和优美,采用了大量的修长的水平线及渐变曲线的连接,使旅客感到更加安全和舒服。把小于或等于45°倾斜角的斜线用在军舰的艏柱上,用以突出高速运动、劈浪向前的速度感。

作为船舶外形,不仅轮廓线(如上层建筑的舱室外轮廓线)、甲板边线、桅杆、舷墙线等能体现线条的作用,还有由许多局部的单元排列组合而形成的隐线(如舷窗、舱室门窗、救生艇等)也可以作为线条来处理,以突出船舶所要表达的情绪与性格。

4. 色彩的效果

表现船舶建筑情绪效果的另一个重要因素是色彩的运用。在长期的生活中,不同的色彩会产生不同的感情体验,从而使色彩具有情绪上的感染力。丰富的色彩,让我们的生活和工作也变得丰富多彩。为突出船舶的某一性格,使不同类型的船舶性格分明,必须在外观涂饰上选择与船舶性格相适应的主导色;为了强调某一舱室的不同情绪效果,也必须在这一舱室内选择与之相适应的色彩,如图3－17、图3－18所示。

图3－17　"热带岛屿天堂"号俯瞰

图3－18　"热带岛屿天堂"号侧面

军舰外观涂饰则多采用浅灰或银灰色,这既可达到隐蔽、出其不意的效果,又给人以严峻、无敌、望而生畏之感。客船外观涂饰多采用浅绿、浅蓝、白、黄色等,色调一般都是以明快、稳健的情绪为主,让人看了感到温暖、舒适、安全、放心。

我们在选择船舶外观的用色时应参照有关规定和规范。

此处还要强调,在突出船舶性格方面,要注意以下三点。

(1)恰当的主从关系。必须始终保持主要目标的鲜明性,其他因素应该居于次要地位,从而使主要的形式更能明确地表达出恰当的性格,以便控制整体。

(2)要正确选择尺度。根据功能需要和实际使用情况决定。

(3)要充分表达船舶建筑的性格。船舶性格要在功能和实际使用上表达得直接、透彻,不能虚设弄假。

【项目测试】

1.船舶形式美的原理是什么?

2.从哪几方面考虑复杂外形的统一?

3.对于复杂的船舶建筑,均衡中心在通常的设计中有几种方案可参考?

4.处理不规则均衡的原则是什么?

5.比例在船舶造型与舱室设计中的应用,主要体现在哪几方面?

6.在船舶建筑中,韵律的形式有哪几种?

7.对比与微差的作用有哪些?

8.船舶影响情绪效果的因素包括哪些?

项目四　船舶外形和舱室的平面规划

【项目导入】

　　现代船舶的发展突飞猛进、日新月异。20世纪40年代，在船舶设计基本原理的指导下船舶外形越来越美观、现代化。船舶外形美、结构美、上层建筑美，以及船舶舱室美都首先要遵循一个原则，那就是满足船舶的使用功能，这是第一位的，设计时必须随时都要考虑。

　　船舶外形由船舶主体、船舶上层建筑、船舶舱面构件三部分组成。船舶舱室的平面规划设计直接关系到船舶的安全性、舒适性、经济性和适用性等问题，同时还关系到船舶舱室的空间环境，这种环境是船舶形成人体感觉美与视觉美的重要组成部分，不仅要满足人们的物质需求，还要满足人们的精神需求。

⚙ 知识要求

1. 理解和掌握船舶外形的主要组成部分。
2. 理解和掌握船舶舱室的平面规划。
3. 分析船舶空间环境与装修装饰的关系。
4. 根据船舶外形特点和舱室平面规划的原则进行船舶设计。

◎ 能力要求

1. 具有对船舶外形特点的观察能力。
2. 具有对船舶舱室平面规划理论知识的理解能力。
3. 具有根据船舶特点对船舶外形进行设计的能力。
4. 具有运用船舶舱室平面规划的原则对船舶建筑平面进行规划的能力。
5. 具有根据船舶舱室的功能进行舱室内部环境设计的能力。

☆ 素质要求

1. 具有发现问题、分析问题、解决实际问题的能力。
2. 具有对船舶舱室平面规划知识的熟练掌握能力。
3. 具有对船舶外形设计的客观认知和理解能力。
4. 具有获取新知识、新技能的学习能力。
5. 具有空间想象力、创造力和创新思维能力。

任务一　船舶外形的主要组成

4.1.1　概述

1. 影响船舶外形的主要因素：功能和材料

船舶的形状从古至今便随着社会生产力的发展、船舶功能的增加而不断发生变化，这种变化又根据科技的发展、造船新材料的涌现，以及新工艺的诞生而不断调整和完善。

中国古代船舶主要由上好的木料建造而成，船首高大上翘，坚固可靠，迎风破浪，造型威武、雄壮。明朝郑和率领远洋船队七下西洋，将木船建造推上了一个新的高度。那时船的动力主要是依靠人力、风帆和畜力，由于动力不足以及木料本身特点的限制，船舶建造的规模不是很大。虽然由于科技的局限性，当时船舶建造完全依靠经验，没有科学的理论指导，但因为考虑到了美学的因素，所以船舶的外形已经很完美了。

近代历史向我们展示了钢铁在船舶建造中的应用。随着蒸汽机的出现，焊接钢板代替了铆接钢板，造船工艺也随之改，新的科学与技术让船的外形更加复杂和实用。这时的船舶被称为铁甲船，战舰称为铁甲舰，其外形越来越讲究。

现代船舶的发展更是突飞猛进、日新月异。20 世纪 40 年代，船舶美学出现。在满足船舶不同用途的原则下，在船舶设计基本原理的指导下，船舶的外形越来越美观、现代化。

需要强调的是，船舶外形美、结构美、上层建筑美，以及船舶舱室美等都首先要遵循一个原则，那就是满足船舶的使用功能，这是第一位的，必须随时都要考虑。

例如，军舰的功能是满足战争的需要，因而其外形应该是船首前倾，长宽比大，船身瘦长，舰上配备有导弹、火炮等装备，以便在战斗中一字排开，充分发挥火力的优势。军舰上层建筑似塔式结构，船体重心降低，充分体现了速度快、装备强的攻击型舰船的特征。

军舰船身狭长，主甲板面积窄小，要确保船员的生存环境，军舰的适航性能就必须提高。这便提出了一个现实的问题，那就是必须提高军舰的稳定性。双体船军舰在 21 世纪初应需出现。为了提高隐蔽性、防雷性，提高反侦察能力，军舰船体除了涂贴干扰电波的银锡箔片外，还将船的外形设计成大平面、大斜面。这一切都是使用功能在起作用。与之相适应的船舶技术美学也应该有所突破，有所探索，不断充实和提高，才能符合现代舰船的需要。

除了功能，材料也影响着船舶技术美学，影响着船舶的外观设计。钢铁造船在历史上已经占据相当长的一段时期，而如今非金属材料已经可以代替金属材料，也就是代替钢铁。据相关资料介绍，一种类似金属合金的非金属材料已经问世，这种材料以非金属如硅、碳等作为母体(基本元素)，利用特殊方法将少量金属元素渗透到母体中去，改变其内部结构，从而改变其性能，代替金属合金。而这种非金属材料的母体随处可见，因此我们的旧观念将被打破，与之相伴的理论也应该改进或补充，出现新的理论。

工程塑料是现代应用在小型船舶船身上的主要材料。这种材料工艺简单、制造方便、无磁性、受气候温度影响较小、密度小、维修简单方便。边防巡逻艇、海关缉私艇、万吨船舶上的全封闭救生艇等均使用这种材料。如果能解决大型构件的建造技术，工程塑料的前景将非常可观。

2. 船舶的外形特点

如果单纯从船舶外形特点来说,我们可以从以下几方面来进一步探讨。

第一,从艏部向后看,应该是船首斧型劈波斩浪,两舷外展,一是增加甲板面积,二是增强压浪效果;船水线处艏龙骨倾斜,以减小兴波阻力,而大型远洋民船在此处设计成球鼻艏,极大地减小了船舶航行时的阻力。从美学观点看,不管是船体还是上层建筑,不管水下或者水上,都呈现出对称、均衡的外形特点。改善船舶造型的措施就是先在船池中进行船模的拖曳试验,找出其阻力小的最佳值,让外形美和功能效果相辅相成、相得益彰。

第二,从侧面看整个船舶外形,一般情况上层建筑的轮廓包络线应该是抛物线形,根据船舶性能、类别的不同,各有其特点。海上旅游客船从舯部偏后开始向艏、艉伸展,成阶梯式,这种包络线为典型的抛物线形,有稳重、轻快、安全之感,其造型华丽、精美,能给人以赏心悦目的美好心情。货船、油船等中间大部分是宽大的货舱,加上高大的桅杆、起货架、吊杆,给人以实用、能干、可靠等充实感;上层建筑在船尾,给人以安全稳定确保航行方向的信任感与依靠感,这是一种典型的船舶造型。现代军舰则展现出一种勇往直前、无往而不胜的战斗姿态。现代化火炮,对空、对舰导弹,导航、雷达、水声等设备一应俱全地布置在舰船主甲板上,艉部还布置有舰载停机坪、机库、布雷设施等,这些都反映了现代军舰的立体作战能力、电子战能力,是现代海战的主角。

第三,从空中俯瞰船舶,更像是一幅美丽动人的图画:浩瀚的大海在阳光的照射下熠熠生辉,船漂浮在海面上,沿着固定航线航行,好似一叶扁舟、一条蛟龙、一栋活动房屋、一座水上城市,给人以希望与无限想象,更给人以力量。这些都是船舶外形设计能够达到的效果。

3. 船舶的外形设计

下面我们仅就船舶的外形设计进行简单叙述,以供设计时参考。

我们已经知道,从工业设计的角度来看,船舶的外形设计要从几个方面来考虑,即在满足使用功能的前提下,从不同形态、尺度、色彩、质地来综合考虑,将这几方面按照一定的原则进行组合。

由于船舶特有的实用功能和特定的使用环境,在外形设计中会受到各种因素的制约。如因为海风的影响,上层建筑外围舱壁要有一定的倾斜度,目的是降低重心、减少摇摆;上层建筑每层的尺寸应该尽量减少,舱室房间面积尽量缩小;横面布局尽量以纵向中心线对称,使船舶受外力干扰作用后,能够尽快扶正。

在进行船舶外形设计时,应该先从三方面考虑:船舶主体;船舶上层建筑;船舶舱面构件。

船舶外形由以上三部分组成,这些也是构成船舶外形的关键所在,它们设计的好坏将直接影响船舶的外观和性格。如果处理和构思得好,将会对船舶本身产生极大的影响。

(1)船舶主体

船舶主体的水上部分由船首、船尾及甲板线三部分组成。

(2)船舶上层建筑

船舶上层建筑是船舶甲板室与船楼的统称,全部位于主甲板之上,内部设置船员的工作舱室与旅客的生活舱室等。

上层建筑设在甲板上的艏部或艉部,分别称为艏楼或艉楼。艏楼的设置有利于船舶安全航行,设在中部的称为桥楼,桥楼与艉楼一般均设置驾驶、观通或指挥舱室等。

船舶主体部分和不同形式的上层建筑相组合,构成了船舶建筑的不同形式。

(3)船舶舱面构件

舱面构件是指船舶甲板以上外露的桅杆、烟囱、起货杆、门窗以及装备等。这些构件的布置及线条勾画得好,对船舶整体建筑造型都将起到均衡协调的作用,极大地增强船舶造型艺术美的感染力。

船舶舱面构件主要起到细部装饰、整体过渡、填补空白的作用。它可以弥补船舶主体部分造型设计的不足,从而使船舶外形轮廓线形成韵律与节奏感,达到全船均衡和协调。

4.1.2 总体布局

设计船舶总体布局时,首先应该满足"变化统一""均衡稳定"的原则。这种均衡稳定是运动中的均衡与稳定,在平衡中体现动感。

1. 外形轮廓线及其要素(图 4 - 1)

船舶外形轮廓线是指把船体外形包含在内的一条轮廓线。在满足功能的需求下,将甲板面上的舱室结构和舱面构件的布置均包含到这条光顺曲线中去。但一般船舶不可能用甲板面上的结构和构件将轮廓线填满。我们引入一个等效面积的概念。

如图 4 - 2 所示,其阴影部分表示它所能控制的范围或所影响的面积。这个阴影部分所包含的面积即为等效面积。

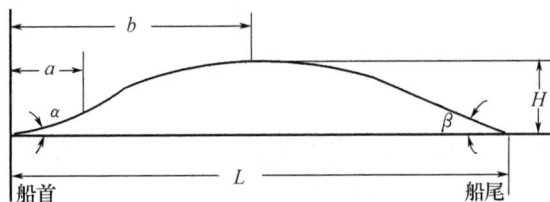

图 4 - 1　外形轮廓线要素

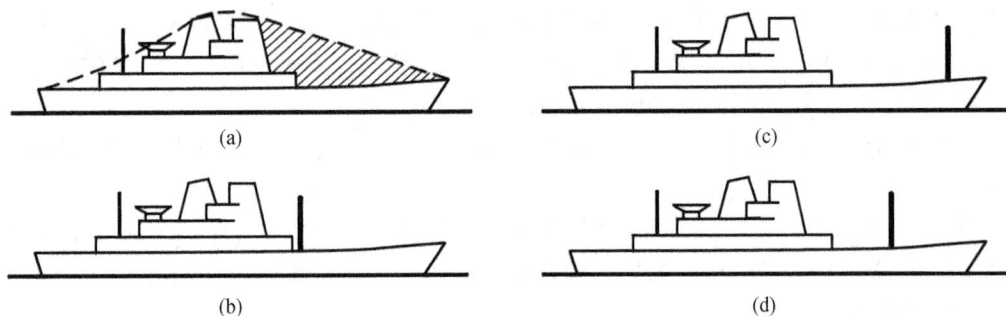

图 4 - 2　等效面积概念图

表 4 - 1 中所列的为部分船舶外形轮廓线要素的统计资料,仅供参考。

表4-1　部分有特色的客船外形轮廓线要素值

船名	H/L	a/b	b/L	α/(°)	β/(°)
Antilles	0.129	0.381	0.508	0	15
Maros	0.116	0.275	0.421	3	8
Queen Mary	0.108	0.321	0.368	5	10
Ocean Monarch	0.129	0.425	0.381	4	10
Gialio Cesare	0.116	0.376	0.481	0	9
Cristo foro Colombo	0.125	0.453	0.457	3	9
Asia	0.119	0.413	0.438	0	3
Bergensfjord	0.131	0.438	0.421	2	13
Vera Cruz	0.125	0.353	0.411	2	14
Kungsholm	0.100	0.334	0.280	3	11
Gripaholm	0.117	0.310	0.403	5	12
Independence	0.129	0.379	0.417	3	8

2. 外形轮廓线与布置

在前面的图示中,我们如果在阴影中设置吊杆,将使主体外形布局趋于和谐,当然这是理想的布局。在布置中还应考虑到其功能,满足使用功能是前提。

3. 外形轮廓的分类

(1)壮观型

与常规的船舶相比,壮观型船舶突出的特点是有巨大尺寸的构件,简洁而明了的构图,无过多细小装饰,给人以宏伟、壮观、充实和力量之感,如图4-3所示。

图4-3　壮观型船舶

（2）威武型

威武型船舶多用于大型军舰，其外形特点是充分利用垂线和斜直线，以表现其向上、坚毅、刚强的性格。笔直向上前倾船首，有股强大而压倒一切冲向前的气势，上层建筑呈塔式布置，加上火炮的分布，这一切都给人以威武、雄壮之势的感觉，如图4-4所示。

图4-4　威武型船舶

（3）平稳型

平稳型船舶多应用于大中型客船，全船通过大量明显的水平直线以及门窗、救生艇等，水平布置成多层甲板、阶梯形上层建筑的箱式结构。在构件布置上，考虑均衡、比例、韵律等方式，给人以统一、平稳、舒适和安全之感，如图4-5所示。

图4-5　平稳型船舶

（4）庄重型

庄重型船舶尺寸不大，但构图简洁有力，部件规划整齐，整体强调的是力量、经济和效率，如图4-6所示。

（5）高速型

高速型船舶以高速著称，适于高速小艇、高速旅游船和某些特种船舶。全船造型体现一个"快"字，无论是外形轮廓采用的斜直线倾向，还是虚实面的配合，色彩的涂饰，都有冲击向前的运动感和使船身显长的视觉效果。这种船的外形轮廓线都以流线型为基础，如图4-7所示。

图 4 - 6　庄重型船舶

图 4 - 7　高速型船舶

(6)明快型

小巧、轻快、舒适、亲切是明快型船舶的主要特征,它们的外形轮廓不拘泥于所谓的统一曲线格调,而是因地制宜地采用多样化的风格和形式,如图 4 -8 所示。

图 4 -8　明快型船舶

4.1.3　船舶上层建筑的形状

1. 开放式上层建筑

开放式上层建筑的结构形式是在主甲板或游步甲板上设置外走道,在走道里边设置居住舱。外走道的舷墙上设置的手扶横栏是垂直的栅栏形式或斜撑形式。

2. 全封闭式上层建筑

船舶上层建筑的外板部分做成全封闭形式,安上方窗。在封闭的上层建筑最上层的甲板上布置公共舱室,在下层甲板上配备各种舱室。在全封闭的船上,没有一般的游步甲板,仅有艇甲板的露天甲板。

3. 混合型上层建筑

在实际应用中,船舶上层建筑多采用的是混合型。这种混合型是将上层甲板做成开放式的游步甲板并设有外部通道,适于散步,而将下层甲板封闭起来,适于布置舱室,这种形式具有一种独特韵味的美。

4. 箱形轮廓——直线与矩形的构图

在现代运输船舶的设计中,上层建筑外观轮廓受到高速交通工具的影响多做成流线型,即上层建筑的四周采用曲线和圆形。到了 20 世纪 20 年代后期,开始布置成直线和矩形。这种直线和矩形的上层建筑,给人一种在甲板上面放了一个大箱子的感觉,故称为箱形轮廓。这种矩形的上层建筑,配合直线的船首,直立的桅杆和吊柱,使整个船体构成横竖线交错的画面,给人一种乘风破浪的力量感。

5. 曲线轮廓

船舶航行时,水上部分和水下部分因所处的介质(空气和水两种介质)不同,因而受到的阻力不同。水面以上部分受阻力很小,一般情况下可以不考虑。但是在风浪时,在船舶高速航行中,所受到的阻力是不能被忽视的。为了减少船舶水线以上部分,特别是上层建筑部分的空气阻力,而将受风力最强的船桥和上层建筑做成曲线或圆弧的形状,这既有利于美化整个外形,又有利于提高船舶高速航行时的性能。

6. 阶梯式的流线型

从上层建筑的形状和船首与船尾的形式配合来看,直艏与直线箱形的上层建筑组合演变成斜艏和圆形及曲线形的上层建筑配合,然后再将各层甲板艏艉收进成阶梯状。而从侧面轮廓来看,船的外观则由箱形演变为流线型。

4.1.4　造型配合

船舶建筑的立面造型除了总体布局以外,各部件造型的合理配合,会使船舶形态更为美观,给人以整体美的感受。

1. 船首

船首能强烈地显示出船体的形态和性格。船首的类型大致可分为飞剪形、直立形、倾斜形和破冰形四种。

2. 船尾

船尾有如人的背影，有其独特的美的效果，人们从前面、侧面、后面观察船舶都应该是美好的。船尾的类型大致分为椭圆形艉、巡洋舰形艉、圆锥形艉和方形艉。

常见的船首、船尾线形如表 4-2 所示。

表 4-2　常见船首、船尾线形

	圆锥形	抛物线形	水滴形	半圆形	尖锅底形	锅底形	视屏形
曲线							
直线							

	曲线	曲直结合	直线
曲线			
直线			

3. 桅杆

（1）桅杆的形式及象征意义

随着科技的发展，桅杆的形式发展很快，种类也很多，如单桅、三角桅、倒下桅、伸缩式顶桅、人字桅、门型桅及起吊作业的起货用桅；军船上多用三脚桅、四脚桅、塔桅、角锥形桅等形式。

桅杆在帆船上作为帆的支柱；在蒸汽机时代，桅杆作用是悬挂信号灯与旗，安置观通、导航和无线电天线体。桅杆的作用在演变，形式也在改变，大都有向后倾斜之势，并由下至上逐渐变细，而桅杆作为安全行进的主要标志已非常明显了。

在现代货船上，桅杆作为起重装卸货物的重要组成部分。

（2）桅杆的造型

桅杆无论是作为安全前进的标志，还是作为力量的象征，本身的造型以及它与船舶上层建筑之间的协调配合，都将对船舶的外观形象有微妙的影响。桅杆的形状纤细使人感到清爽，桅杆形状粗壮则给人强健感。桅杆的布置应考虑它与船首、船尾、前后舱壁之间距离的比例关系，以保证全船外貌协调一致。

4. 烟囱

烟囱的形状随着船上主机燃料的变化而发生巨大的变化，其作用已由侧重功能演变成功能加装饰了。烟囱成为船舶外形多角形顶点的视觉焦点之一，烟囱的数量、形态、色彩对船舶建筑的外观美起到十分重要的作用。

烟囱对整个船体的造型美所起的作用，概括起来有以下两个方面。

（1）以其布置的高度和位置，构成船体多角形的视觉焦点，对全船外形起到统一、协调的作用，达到匀称美。

（2）以其独特的形状与装饰，表现船舶的个性。

设计烟囱时，要从布置上考虑全船的统一、协调，使船舶显得均衡、匀称，而且要注意烟囱本身形状的设计与装饰，以丰富的外形和涂饰突出船舶的个性，以求统一中见变化的巨大效果。

烟囱的外形设计除必须适应外形整流作用的功能外，还必须与船舶整体形状和桅杆形状相协调。布置烟囱时，如有多个则要照顾主次、从属关系。

任务二　船舶舱室的平面规划

船舶建筑平面规划的设计直接关系到船舶的舒适、安全、经济和适用等问题，也就是在满足使用功能的前提下，合乎人－机－环境的总体要求。船舶建筑艺术既是一门空间艺术，又是一门时间艺术。在视觉上，不仅要有外观的立面造型美，还需要内部的规划、布置美。这就要求设计人员要在符合船舶技术美学的原则下，对内部的布置在满足功能的前提下考虑布局的序列、部件构成的和谐及色彩装饰的协调。我们在这里仅对船舶布置的一般原则做以说明。

4.2.1　区域舱室的规划

各区域舱室的内容和规划是随着船舶的大小、性质和航线的不同而有所不同的,一般可以分为工作区、居住区、公共活动区、辅助区四大部分。由于每艘船舶的功能要求不同,船舶所处的具体环境及船体结构本身的具体条件不同,区域规划的形式也多种多样,但总的原则应该一致。那就是因地制宜、取长补短、变死为活、变小为大、变不利因素为有利因素,尽可能地满足各类舱室的使用要求,同时还要充分运用美学原则,使布置和划分经得起人们的推敲和回味,从而得到空间美和时间美的享受。

1. 工作区域

工作区域主要用于布置工作舱室。这类舱室包括驾驶室、海图室、报务室、理货室、广播室、雷达室、电罗经室、各小型车间、变流机和应急发电机室等。

这些舱室的布置特点是要将它们安排在能最佳地发挥其使用功能的位置上,以满足人机工程学要求。

譬如,驾驶室的位置应放在视线最清晰的地方,一般均设在舯部上层建筑最高一层甲板(驾驶甲板)上。在小型船舶上也有设在艉楼上的,其高度要保证驾驶人员能看见船首,当看海面上最近一点时,该点距船首距离要小于两倍的船长。在驾驶室的两翼还要能看到船尾。

海图室与驾驶室密切相关,往往布置在驾驶室后面,有门相通。

报务室内设有各种通信设备,以便船与船、船与岸相互联系,故也设置在驾驶甲板上。另外如雷达室、变流机室等都与通信导航有关,均应设置在驾驶甲板上。各种车间则可设在机舱内或邻近机舱的位置,便于修理。

2. 居住区域

本区域主要用于布置船员舱、旅客舱。

这类舱室的布置特点是要考虑人员生活舒适安全,因而希望自然采光与通风条件较好,床位尽可能纵向排列以保证睡眠和休息。

根据这些特点,居住区尽量先布置在各层甲板的外侧地带,船员与旅客舱室应该分开。

船员舱依工作方便可邻近工作舱室布置;旅客舱按舱室等级和船舶大小的不同可集中布置在游步甲板、遮阳甲板、主甲板、第一甲板和第二甲板上。

3. 公共活动区域

公共活动区域包括甲板舱面自由活动的区域,也包括公共娱乐、休息、进餐等舱室。

公共活动区域应该布置在拥有充足的阳光、新鲜的空气,具有广阔视野和宽敞活动空间的上层甲板上,主要是在游步甲板、艇甲板的全部或端部及上层甲板的端部。这些地方无论是内部舱室还是露天甲板均可自由、灵活地布局,也容易将露天甲板和公共活动的舱室内部有机地结合起来,这样能扩大内部的空间感、丰富立面造型。

在某些船上,由于上层甲板位置的限制,在不影响使用功能和保持与其他公共活动区域相联系的前提条件下,可以将餐厅或船员的公共活动舱室设置在下层甲板的中线地带。

4.辅助区域

这部分区域主要用来布置有关服务、福利的辅助舱室,诸如医务室、小卖部、理发室、厨房、食品库等。这类舱室布置较分散,一般设置在低层或自然采光不好以及一些不规则的死角地带。借助于它们的布局,一方面能够加强各区域之间的联系;另一方面可以起到"填补"作用,使死角变活,暗面生辉,从而让某些单调的平面布局增加一些趣味。

总之,区域规划的要求是希望规划布局要明确、清楚、完整、集中,形成每一层甲板面的整齐、美观,保证全船各层甲板之间的畅通,既能满足船舶建筑在航行时各种功能上的要求,又能满足航行时人们的生理和心理状态。

4.2.2　人流路线的确定

船舶上层建筑有了区域舱室的规划,接下来的问题是如何通过通道、楼梯等将它们有机地组合起来,这里不能简单地将它们看成是一个划分内、外走道和平均分配主、次楼梯的问题,而是要将其理解成一个布局的序列。即通过这种不同的序列设计,让船上的各区域舱室发挥出最大的功能效用,并使人们在流通的过程中得到美的享受。

船舶建筑布局的序列往往从入口开始。对大型客船或客货船来说,在入口处均设置有进厅;对小型的客船来说,则往往会将进厅压缩成较宽敞的过道厅或主楼梯口,然后沿着两条流动路线将人流分散到全船各处。一条路线是水平路线,另一条是垂直路线。对于序列的设计方法及设置原则,在项目三中已作详细阐明,这里只对船舶建筑的具体情况进行简要介绍。

1.进厅的设计

作为旅客船的交通枢纽,进厅的设计十分重要,往往因为它是全船布局序列的入口,而影响到人们对该船印象的好坏。

进厅的位置一般设在全船的中心,大型船舶可以按不同旅客居住舱室的等级而分设几个厅,但其中总有一个为主要进厅。

进厅的作用及设计原则如下。

(1)进厅是人流上下船时的主要疏导处,因此它的大小应依据船舶功能和载客量多少来满足人流量的需要。它的形状及组成大厅的各部件的布局应能十分明显地引导不同去向的人流,以便使人流均衡而方便地到达全船各处。进厅内部的设置应能使旅客感到愉快,起到热情迎送旅客的作用。

(2)旅客由陆地到水上旅行,有一系列问题有待解决,所以进厅还要布置一些辅助舱室,专门解决上下船旅客的问题,如客运办公室、电话间、客运服务室等。

(3)在进厅,由于上下船旅客流量大而集中,故相应要求进厅有较大的空间。但在船舶航行期间,这种流量大而集中的现象就不存在了,为了充分利用这一空间,有的船就将其设计成福利和服务中心,如增设商店、理发室、整容室、小餐厅等。但必须注意,这些福利和服务中心不能设计得引人注目,要仅限在航行期间适用,上下旅客时停止开放。如果把它设计成序列中的焦点那样引人入胜,则人流在这里通过时必然会延缓甚至停顿下来,这将会造成人员滞留,影响上下船旅客通行速度。(图4-9)

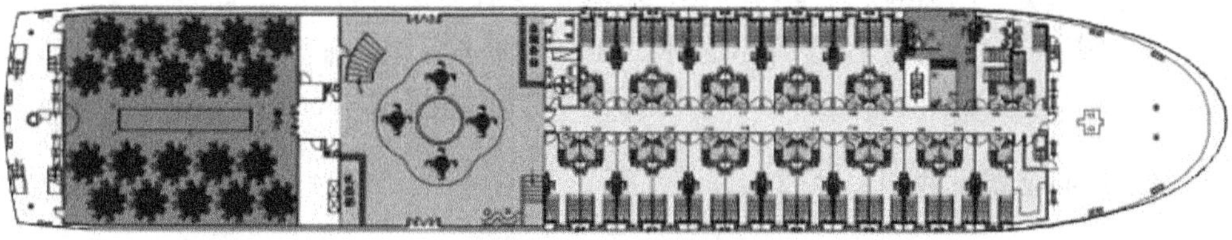

主甲板 MAIN DECK

图 4-9 客船主甲板布置图

2. 水平方向路线设计

在船舶的不同甲板上,可以根据具体的需要设计出形式和趣味不同的各种人流路线。其布局的序列是选择规则式的还是不规则式的、如何形成焦点、在哪里形成焦点等都可以因船而异、因功能需求而异。实际上,人流路线的设计也就是布局序列的设计。

(1)布局规则的序列

这种序列的整个形式端庄、大方、整齐、统一、紧凑,一般用于船上甲板面的总体平面布局和居住舱、工作舱的规划区域布置。依据船舶的大小、内河及海运的不同,其布局形式有以下几种。

①双列式

这种形式全船是封闭型的,有两条内通道,舱室并列排在两舷侧或中轴线上。这种形式多用在大型海洋客货轮上。

②中轴式

这种形式舱室布局的序列也是采用封闭型,中间只有一条内通道,且在中轴线上。作为居住和工作的舱室,则均衡分布在船的两侧。中轴式的布局往往用在小型海洋客船或大型海洋客船的高层甲板上。(图 4-10)

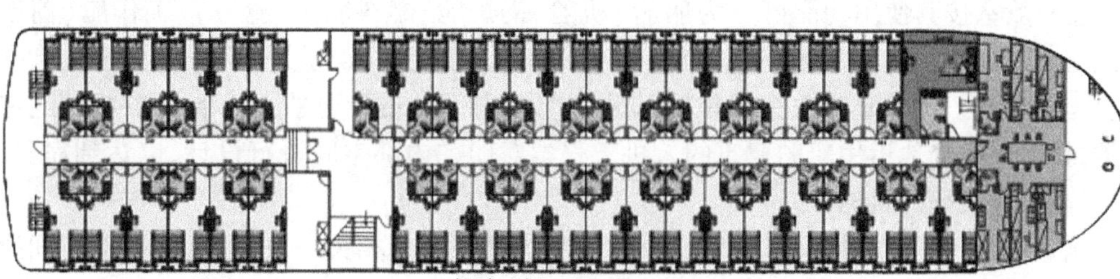

驾驶甲板 BRIDGE DECK

图 4-10 客船驾驶甲板布置图

③周边式

这是一种开放式的上层建筑平面布局方式。这种方式大量地运用外部通道和遮阳甲板,上层建筑的舱壁并不能到达舷侧,沿舷侧布置有全船通道,可供旅客在船舶航行时散步和通行。由于在内河船舶及游览船上的旅客需要欣赏航线两侧的风景,而内河和港口的风浪又小,故这种布局较多用在内河客船及游艇上。

(2)布局不规则的序列

甲板面的不对称布局是一种布局不规则的序列。在这种不对称的布局中,整个甲板表面可以依功能和美感的需要布置得灵活多变,其中既有简短直接方便的,也有灵活变化有趣的、热闹大街式的、清静花径式的。这种序列一改那种千篇一律的、单调生硬的布置方式,多用于公共舱室规划区的布置,在全甲板或半甲板上都可使用。

3. 垂直方向路线设计

垂直方向路线的设计,主要是指不同性质、不同用途的楼梯或电梯的布置与设计。楼梯布置的原则如下。

(1)路线必须均衡地分布于每一个防火区域内。

(2)路线相互之间必须有紧密和直接的联系。

(3)旅客与船员的两个垂向交通系统不要交叉干扰,但又能够相连合作。

(4)楼梯形式除个别外一般不宜太不规则,以避免结构上的不稳和制造的困难。

(5)甲板楼梯最好分设多处,有主有次,主次分明。在大型的统舱内还要考虑应急式的简梯,或经过上层建筑能顺利地达到露天甲板。

上述仅是功能上的要求。而从美观的角度看,则有两个原则要考虑:一是扶梯本身的造型美;二是逐层登高的布局序列应协调。

任务三　船舶舱室的空间环境

船舶舱室是船舶建筑的内部空间,在这种内部空间里,人们通过不同的感官,能看到、听到和感觉到由色彩、光线、声音、材料所构成的物质环境。这种环境不仅要满足人的物质需求,还要满足人的精神需求,是船舶形成人体感受美与视觉美的重要组成部分。

对船舶舱室内部环境的要求与舱室的类别、舱室所体现的主题思想有很大的关系。因此在进行船舶舱室的内部设计之前,必须先明确船舶舱室的分类及其所要体现的主题思想。

船舶舱室按其使用功能可分为船舱(机舱、锅炉舱、燃料舱、货舱等)、工作舱(前已述及)、居住舱(船员舱、旅客舱)、公共舱(卫生处所、饮食处所、娱乐处所等)、战斗舱(指挥中心、弹药库等)。本节重点放在居住舱和公共舱室内部的设计分析上。明确了船舶舱室的分类,就可以充分地运用船舶建筑的人机工程学对船舶内部空间进行设计,以达到完美、紧凑、提高工作效率的目的。

舱室内部环境的设计又与舱室所反应的主题思想密切相关。也就是说,内部空间通过环境的设计,应该表达明确的主题思想,以突出该舱室存在的与功能相符的鲜明性格。实际上这种主题思想和性格是根据各舱室的功能需求,运用正确的审美观点和丰富的物质材料以及各种形式知识来体现的。

就其整体而言,船舶的各类舱室应与全船的外形协调、统一,从内部布置上要体现朴实大方。但在整体风格协调的同时,又有其个性和各自不同的特点,这就是舱室内部环境设计的明确主题。如会议室应该力求庄重、质朴和大方;餐厅要求宽敞、明亮、轻快、整洁;俱乐部或其他娱乐场所必须健康、轻松、热烈、活泼、愉快;居住舱则应安静、舒适、亲切;阅览室、休息室要安静、素雅。总之,在舱室的总体设计中,无论是家具布置、色彩运用、灯光照明、装饰工艺各方面都要围绕不同舱室的不同主题思想和性格综合考虑、妥善布置。下面就几个问题加以讨论。

4.3.1　船舶建筑空间的概念类别

船舶建筑的空间是通过甲板、舱壁、顶棚、家具、隔断、设备等各种空间构成要素所限定的有明确范围的具体空间。在这些空间中,一般均以底舱和地板为底界面,以舱壁和各种隔断为侧界面,以天花板或顶棚为顶界面。

建筑的空间一般从有无顶棚可分为内部空间和外部空间。对于船舶建筑,由空间构成要素所形成的空间几乎都是内部空间。它包括了各种舱室的内部、内外走道、凉棚、过厅。因此,将着重分析内部空间类型。

(1)依空间范围是否明确,是否有确定的空间界限,可以将内部空间分为虚实两种类型。

实体空间——界限明确,私密性强,由舱壁、天花板、甲板围成的空间属于此类。

虚拟空间——在实体空间内,由不到顶的隔断和家具、绿化等围成的部分属于此类。只具备相对独立性,界限不明确,私密性较差,只能为人们所感觉到,又称"心理空间"。

(2)依空间形成过程可将内部空间分为固定空间和可变空间。

固定空间——在一般情况下,形成空间的构成要素已经建造,很难再加以改变的空间。因为它在船体建造时就已经形成,故称为"一次空间"。

可变空间——在固定空间内,用隔断、家具、设备、绿化等对空间进行再划分,而这些构成要素在形成空间后还可以再次改变,由此构成的空间称为可变空间或"二次空间"。

(3)由内部空间是否与外部空间联系,可将内部空间分为相对封闭和相对敞开式两大类。

相对封闭式空间——组成空间的围壁结构能阻挡人们视线的延伸,因而与外部空间联系较少(仅通过门、窗形成对外联系)的内部空间。

相对敞开式空间——组成空间的围壁结构不能全部阻挡人们视线的延伸,因而与外部空间联系较多(如没有侧面外墙的外走道、装有大型落地玻璃窗的休息室等)的内部空间。

(4)通过空间给予人的感觉的不同,可以将内部空间划分为静态空间和动态空间。

静态空间——仅由静止的空间构成要素所形成的内部空间。

动态空间——通过活动的构成要素和富有动感的设计要素(如明确的方向性、有规律的线条、色带导向、借助声光的变幻、采用引人联想的形式等)使内部环境具有运动感的内部空间。

因此,空间环境设计的第一步,就是按照船舶舱室的功能和主题思想,依据空间形式与性格的内在联系,选择合适的空间类型和形状,以满足人们的使用和精神要求。(图4-11)

4.3.2　空间环境与装饰、装修的关系

船舶建筑的舱室室内装饰、装修应当从空间出发,并服从于空间。装饰、装修不仅能美化舱内空间环境,还能起到调整空间比例、修正空间尺度的作用。这就是空间环境与装饰、装修之间的关系。

对于一个完整的空间环境,不能光局限于考虑平面的布置,还应该考虑立体的环境。它不只是一个面的孤立设想,而是六个面的有机组合。众多的构成要素,如墙面的位置和虚实、隔断的种类和高矮、天花板的升降、地板的起伏以及它们采用的材料质感和色彩,都是各有差异的,因舱室的不同而不同。所以,舱室空间环境设计中的装饰、装修应当从空间出发。就是说不要一个面一个面地去孤立进行,而是要以该空间作为设计的整体来进行装饰和装修。

图4-11　船舶内部空间

分隔空间、组织空间、诱导空间及形成虚拟空间是通过各种隔断的安排、采光和照明的设计、灯具的造型与选择、家具的摆设和布置、绿化和小品的处理来完成的。所谓装饰、装修应当服从空间，就是指在设计空间环境时，要以此作为构思的依据，不要盲目、零乱地摆设，显得杂乱无章毫无内在联系。

通过装饰、装修来调整舱室空间比例、空间尺度的也不乏其例。例如在较大的敞开式空间内，由于甲板之间的高度限制会给人一种压抑感，这时通过家具的摆设及屏风的隔断，可以在不减弱开阔气势的情况下增加亲切感，又可以形成小的分隔区来调整空间的比例以消除压抑的感觉。

4.3.3　空间感及其制约条件

所谓空间感是指空间环境一旦设计确定以后，其体量与人体感觉之间的一种关系。它不是用尺寸去度量，而是靠人体的视觉感官去衡量、比较而得。因此，对舱室空间大小的感觉应该说是相对的。也就是说，空间大小在设计确定后是不变的，而空间大小的感觉对于相同尺寸的空间，可因不同的处理方法而有不同的变化。

船舶舱室不同于陆地建筑，由于它受到船体的限制，空间非常有限。如何在小的空间中获得大的空间感觉，是船舶建筑空间环境设计中十分重要的一个问题。一般来说，空间感的建立将受到以下条件的制约。

1. 空间感与相邻空间的体量有关

当人们到达一个空间的时候,对这个空间体量的估计与人们到达该空间以前所经过的一系列空间的大小密切相关。这是舱室空间体量上的对比作用。如果人们是经过一系列相对狭小的空间后进入一个较大空间,则会感觉到这个空间是相当的大;倘若是先经过一系列相对宽大的空间而后来到小空间,则会越发感觉到这个小空间特别的小。两个空间的体量上相差越大,所经过的对比空间的时间越长,这种感觉越强烈。

这种对比作用,是船舶总体空间布局中广泛运用的"以小衬大"手法。关于这点,已在前面布局的序列中做过充分介绍。

2. 空间感与空间类型有关

内部空间的类型分为相对封闭与相对敞开式空间。当人们置身于相对封闭的空间时,由于视野被围壁所阻,视线所及范围受到限制,所得到的空间感觉也将受到局限,其大小感觉只有这个空间的实有体量。而相对敞开式空间则不同,其可借助组成围壁的玻璃窗、壁画使视线实际或虚幻地向外延伸达到增加景深的效果。当人们置身在这类空间时,因视野延伸所得到的空间感相应增强。

3. 空间感与空间层次有关

一般来说,层次较多而又组织得恰当的空间环境均显得较大。合理地通过不同方法增加舱室空间层次,巧妙利用空间使其在有限的容积内创造出丰富多变的空间,是大型客船和小型游艇的公共舱室设计手法之一。

增加空间层次的方法有以下几种。

(1)在较大的舱室内设置各种隔断(如屏风、半墙、博古架、漏窗),它们既可以保证较大的舱室的完整统一,又可增加空间层次,形成小尺度空间。如在餐厅、大厅、阅览室中就常常用某些隔断围成这种小尺度的空间,供旅客休息。

(2)利用家具的组合与分隔,形成虚拟空间增加空间层次。家具的组合在船上最常见的是沙发的围合,形成了许多虚拟空间。在某些特等客舱内按不同的功能组合家具(如床、床头柜为一组形成居住角落,沙发、茶几、办公桌为一组又形成会客角落),也可增加空间层次,扩大空间感。

(3)在船上借助绿化增加空间层次的方法多采用较窄的花墙与隔断配合。在大厅内,运用花格式的隔断和花墙组合,将空间一分为二。另外在旅游船上,将顶棚甲板面用塑料草坪、花卉盆景组成屋顶公园或绿化带,并设置游泳池等。布置休息躺椅也可起到分隔空间的作用。

(4)利用顶棚和地板高度的改变,形成虚拟空间,增加空间层次。通常,船舶的甲板间距变化不大,因受结构强度影响,很少有随意改变顶棚高度的做法。但在特殊条件下,也不排斥用改变顶棚高度的办法来增加空间层次。如按一般甲板间高度设计大型餐厅及酒吧间的舱室,则必然会给人一种压抑感。为避免这一点,设计者在餐厅与酒吧舱内可将顶棚升高,并在酒吧间升高的顶棚四周设置局部下降,而在高低顶棚空间内,嵌入各种彩色光源灯具,通过顶棚和灯光扩大空间感。

另外,利用光和色彩的合理设计,同样可以达到创造虚拟空间、增加空间层次的目的。这部分内容在光照环境与色彩环境设计中介绍。

4. 空间感与装修方法及家具尺寸有关

同样一个空间,由于装修方法不同,家具尺寸及摆设方案不同,给人的空间感觉也不同。利用材料的质感,也可以改变对空间的感觉。装修材料的表面如果质地粗糙,会使人有向前靠拢的感觉,因而感到空间相应变小;如果质地光滑,似乎离人较远,从而感到空间扩大。

灯具的装修方法也十分讲究,装修方法的不同将直接影响到人们的空间感觉。譬如吸顶灯、嵌入式顶灯能使顶棚往上提,有增加空间高度的作用,可增加空间感。吊灯,尤其是枝形吊灯,会感觉顶棚向下降,降低空间高度而减弱空间感。

在船舶的居住舱室内,空间一般都较小。为了使旅客及船员在空间上不至于太压抑和太局限,室内家具包括电器设施的尺寸往往采用比陆地建筑的室内家具要小的尺寸(但必须满足人体活动范围),以求达到舱室上部空间和周围空间相对宽阔,增强空间感。

4.3.4 空间的组织与利用

合理地组织空间,充分利用空间,并使空间符合构图原则,创造出美的意境,是船舶建筑空间环境设计需要解决的另一个重要问题。

首先,舱室空间的组合一定要满足使用的功能,以便形成集中的单元和区域。以居住舱室为例,单元可以分为两类:第一类是由许多卧舱和公用卫生间、贮藏间所形成的大组;第二类是由个别或单个卧室舱与卫生间、贮藏间所形成的小单元。前者多用于船员舱或内河客船上的低等客舱;后者多用于内河客船上的高等客舱及海洋客船、旅游船上的旅客舱。

其次,船舶建筑空间的组合要注意不同空间之间的衔接与过渡。在同一层甲板上,有的舱室(如阅览室、休息室)给人以安静、典雅的环境,有的给人以庄重、肃穆的感觉(如会议室),有的则给人欢乐、愉快、热闹的环境氛围(如娱乐室、舞厅),在组合中由静到动、由典雅到活泼必须逐渐过渡,中间应有相应衔接的空间,如走廊、过厅或其他舱室。

在空间利用上,船舶建筑比陆地建筑更需要精打细算。由于甲板层高有限,舱室内各种电缆、管路系统较复杂,因此更需要设计者巧用匠心,合理安排。

空间利用的方法如下:

第一,充分利用舱室面积,选择合适的门窗比例与位置,尽可能使室内家具布置得紧凑有序,避免出现无法利用的闲散空间;

第二,充分利用内部空间布置区的死角,使死角活用,暗处生辉,如楼梯下、舱壁角、机舱口围壁、过道尽头等处,都可以设立小型服务处、卫生间、展览陈列壁柜、三角陈列架等;

第三,改单纯平面布置为立面布置,形成空间层次"占天不占地",这也是充分利用空间的一个好方法,居住舱内可在上空设置吊柜用来存放救生衣等物品。

【项目测试】

1. 船舶上层建筑的形状有哪些?
2. 桅杆的形式及象征意义是什么?
3. 烟囱对整个船体的造型美起到哪些作用?
4. 船舶建筑空间的概念类别是什么?
5. 进厅的作用及设计原则是什么?
6. 空间感的建立受到哪些条件的制约?
7. 增加空间层次的方法有哪些?
8. 船舶舱室空间利用方法有哪些?

项目五　船舶舱室的
人－机－环境工程设计

【项目导入】

　　人类在同自然界的斗争中必须使用各种机具,人类的存在和生活都处于某种环境中。人与机具、环境空间的密切关系,决定了机具设计的方向,而环境空间的创造必须符合人的特点。在机具设计、环境系统中忽视了人的因素,则效率降低,可靠性下降,人的生理、心理将产生不适。因此提出如何按照人的生理、心理特点,设计、制造出适合于人的最佳机具、作业方法、工作或生活环境等问题。因此人－机－环境研究是一门建立在工程学、医学、心理学、生理学、生物工程学、劳动科学、社会学、人类学等学科基础上的新兴学科,即人机工程学(Human Engineering)。根据国际专业学会的定义,人机工程学是研究人在某种工作环境中的解剖学、生理学和心理学等方面的各种因素;研究人和机器及环境的相互作用;研究在工作中、家庭生活中和休闲时怎样统一考虑工作效率、人的健康、安全和舒适等问题的学科。

　　现代船舶既是一部巨型机器,同时又是一个水上工厂、水上城市。船舶处在海洋、江河等宏观的大环境之中,自身又构成许多微观环境。船舶能泊、能航、能浮、能潜(潜水器)、能飞(水翼艇)、能两栖(气垫船);它具备作为交通运输、旅游、渔捞、海上作战等机器的特点,又是装载和运输各种机器、仪表、装置的工具和容器。船既能为人所操纵,又可作为人的工作与生活空间。因此,船是个典型的、庞大的、复杂的人－机－环境系统。

　　我们知道,船舶工程技术发展到今天,依托许多现代科学技术、现代材料、现代科学管理方法,特别是电子、自动化和计算机技术在船舶上的广泛应用。但这些主要解决的还仅仅是工程技术问题,即主要解决"物与物"之间的问题,而很少考虑"人－机－环境"这种"人与物"之间的关系问题。

　　现实的工程实践结果表明,在解决"人与物"即"人－机－环境"关系上存在的问题仍很严重,在解决噪声、振动、易燃、材料受热时不释放有毒气体及湿度大等问题的研究上还处于初级阶段。20世纪60年代,美国海军的《美国海军舰船环境控制标准》中就明确指出"环境控制是一项战术技术性能,与舰船其他战术技术性能同等重要",可见其重视程度。

　　在船舶结构、船舶主机、辅机、电气等设备的设计过程中,多解决"物与物"之间的可靠性、可维修性及效率、自动化程度等问题;而船舶舱室舾装设备及其设计过程,多解决物与人的关系。如驾驶室中的设备、救生设备、舱室家具、门窗、梯、栏杆、舱室内装等诸多方面都与人有着更直接、更密切的关系。把人机工程学的理论应用于舾装设计中,将使我们从主观设计变为科学的客观设计,使设计更合理,使用更方便。

船舶舱室形式要素由空间、色彩、材料、灯光、家具(设备)、陈设(绿化)等构成。它们都是有机组合在一起,形成环境,为人所利用,因此它们有一个共同的标准,即满足人机工程所需。我们归纳船舶舱室形式设计要素的内容,包括船舶空间设计、船舶色彩设计、船舶舱室材料与结构设计、船舶舱室灯光照明设计、船舶舱室家具设计、船舶舱室陈设设计以及船舶环境和船舶舱室人机工程。此外还有防火、绝缘等许多问题也必须考虑。

⚙ 知识要求

1.理解和掌握船舶舱室材料与结构设计。
2.理解和掌握船舶家具设计的意义。
3.理解船舶舱室内装材料的应用及发展。
4.运用船舶舱室色彩特点进行设计。

◎ 能力要求

1.具有对船舶舱室家具进行设计的能力。
2.具有对船舶舱室陈设进行设计的能力。
3.具有对船舶环境进行设计的能力。
4.具有运用人机工程学原理对船舶舱室进行设计的能力。

★ 素质要求

1.具有发现问题、分析问题、解决实际问题的能力。
2.具有对船舶舱室空间进行设计的能力。
3.具有对船舶设计的客观认知和理解能力。
4.具有获取新知识、新技能的学习能力。
5.具有空间想象力、创造力和创新思维能力。

任务一 船舶舱室空间设计

5.1.1 设计特点

由于船舶的特殊构造,船体舱室空间设计限定在特定范围内,因此舱室的特点是紧凑性、曲面性和均衡性。

船舶舱室集中、低矮和狭窄,在设计中要采用一定的艺术手法进行处理,让人们在舱室空间中有集中里见分散、灵活,低矮中显高大,狭窄中有开阔的感觉。

由于舱室集中紧凑地排列,在设计中容易产生单调、雷同、无味等感觉,因此可以使用对比让人们视觉产成错觉,感到快乐而充满生机。色彩、灯光的对比,色彩由深到浅,灯光由暗至明,同样会产生豁然开朗的明快艺术效果。当然,对比也适用于家具的设计,在低矮和狭窄的空间里,合理选择家具及设备的尺寸,同样可以进行空间调整。家具选择应以线条简洁,色彩明快为宜。

5.1.2 空间体量

空间体量即空间的大小和容量。船舶舱室体量主要指舱室定员和使用面积。舱室面积是指有效使用面积,舱室面积等于单位面积乘以定员人数。舱室面积的大小取决于其使用功能,同时也要满足人们的审美需求。(表5-1)

表5-1 旅游渡船、旅游客船舱室对比表

船名	北阳	芬兰迪亚	斯维	玛丽埃拉	皇家公主	美国之歌	海恩
航线	荷—英	芬—瑞	芬—瑞	芬—瑞	环球	加勒比海	太平洋
总长/m	179.4	166.1	168	177	231	214.5	103
总吨/GT	31 598	25 680	33 830	37 800	44 348	37 600	5 318
乘客/人	1 250	1 666	1 625	2 372	1 200	1 575	120
乘客舱室/间	452	647	566	566	600	707	60
船员/人	107	178	174	131	518	536	74
船员舱室/间	107	111	118	97	326	278	48
居室总面积/m²	12 200	20 900	20 100	23 100	35 400	25 200	—
公共舱室面积/m²	1 700	4 000	4 400	5 500	5 400	4 700	—
总吨/乘客数	25.3	15.4	20.8	15.9	37	23.9	42
乘客居室面积/m²	9.8	12.5	12.4	9.7	29.5	16	9.3
船员居室面积/m²	9	8	9	10	15	11	17.4
公室面积/乘客	1.4	2.4	2.7	2.3	5.5	3	7
乘客数/船员数	11.7	9.4	9.3	18.1	2.3	2.9	1.6

5.1.3　空间形态

空间形态指的是几何形状。由于船舶外形的复杂性,决定了船舶舱室空间形态的多样化。不同形态的空间,将带给人们不同的感受。

1. 矩形室内空间

四个立体面围成的空间,无方向感,但却是一种较安定的停留空间,这种舱室较常见。

2. 狭长室内空间

这种狭长空间有方向性,且按长度水平方向有动感,属于常见的一种。

3. 斜面式室内空间

即空间的一个或几个面呈倾斜状态,而其他立面为垂直立面的室内空间。这种空间给人以压抑、不稳和上升提高之感。(图5-1)

图5-1　斜面式空间(客船休息室)

4. 圆柱式室内空间

这种空间呈立式圆柱形态,会产生内聚向心感,且中心处有上升提高感,而周围有环形流动感。(图5-2)

5. 穹形室内空间

这种空间形式呈水平设置的半圆环。水平方向有向前流动感,同时又有向心感。(图5-3)

图 5 - 2　圆柱式空间（客船餐厅）

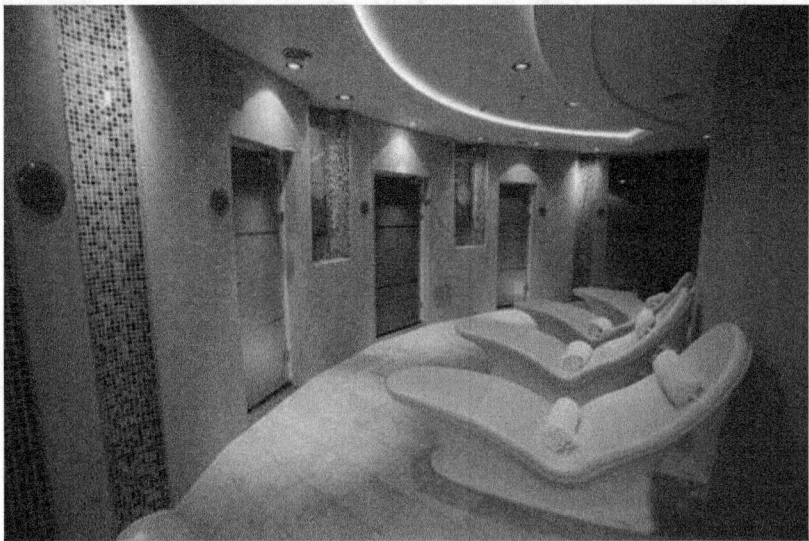

图 5 - 3　穹形空间

6. 球形室内空间

这种空间指的是顶棚呈半球状，它有一种向心感、宇宙感。

7. 自由曲面室内空间

这是由于船舷部分舱室自由曲面较多而形成的室内空间，这种空间方向多变，且有不稳定感。

5.1.4　空间围透

空间围透包括空间围处理和空间透处理两部分。空间围处理与空间透处理是一对相互矛盾的处理方式,但在一定程度上又相辅相成,互相补充。空间围处理给人以安全、私密和宁静之感,但同时又给人以阻塞、窒息之感;空间透处理给人以辽阔、开朗和舒展之感,但同时又给人以空旷、冷漠之感,要根据不同情况处理得当。

1. 四面围空间

这种空间隔离性强,有私密和安全宁静之感,可排除干扰。(图5－4)

图5－4　集控室

2. 三面围一面透空间

这种空间既有开放性,又有封闭性,有安全、舒服之感,是居住舱室常采用的空间形式。(图5－5)

3. 两面围两面透空间

这种空间通风、采光好,给人以通畅感。一般是通透面对称设置,围面中点易形成视觉中心。船上公共场所如表演厅、社交厅等多采用这种形式。(图5－6)

4. 一面围三面透空间

这种空间视野很开阔、明快,易于眺望室外景观,使室内外融合在一起,让人置于自然之中,多设在船尾各层甲板。(图5－7)

图 5 – 5 "辉煌"号客舱

图 5 – 6 三峡游轮会议厅

图 5 – 7 豪华游艇餐厅

5.四面透空间

这种空间几乎与外界融为一体,通透性好,视野广阔。通透空间的设计要考虑舱室所处位置和其功能分配。

船舶空间序列计划的设计还应该考虑空间环境的动态组织,按功能给予各个舱室以合理的安排与组合,且能反映其流动路线的方向和顺序,包括垂直方向和水平方向。在组织序列计划中应有节奏感,要有变化,不能平铺直叙。

5.1.5 空间分隔

空间分割要满足功能需求,同时又要有层次感,创造视觉美的效果。舱室空间分割有以下几种类型。

1.隔断分隔

隔断分隔可体现不同功能、不同层次、不同活动区域。隔断通常又分为硬质、软质、通透和活动四种形式。(图5-8)

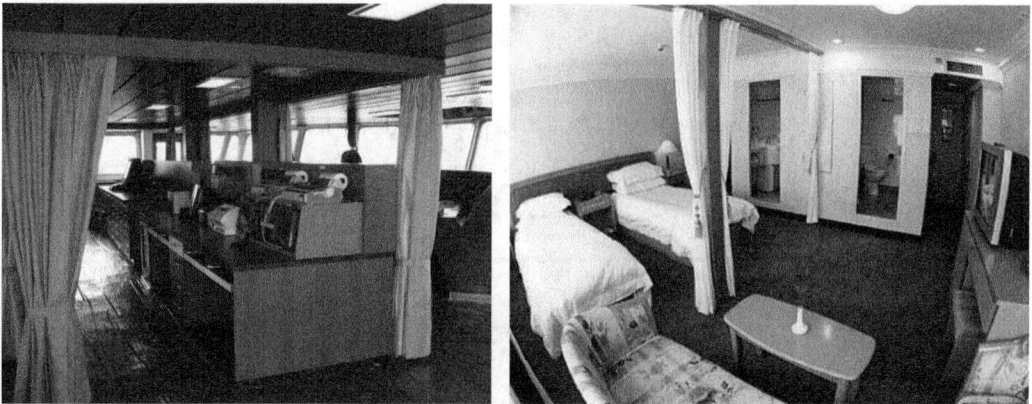

图5-8 软质分隔

2.陈设分隔

这种分隔指的是用绿化、灯具、艺术品、家具、地毯等进行分隔,是一种垂直方向分隔。(图5-9)

3.夹层分隔

夹层分隔是一种水平方向的分层分隔,可以丰富空间层次。(图5-10)

图 5 – 9　陈设分隔

图 5 – 10　"海洋领航者"号夹层分隔

4. 立柱分隔

立柱分隔首先要从结构的合理性出发,要克服呆板、单调,要注意主从关系,要注意立柱的装饰性。

5. 扶手栏分隔

扶手栏分隔是一种多功能分隔形式,有扶手、隔断、引导和保护作用。设计中要注意样式和实用性。

6. 楼梯分隔

楼梯分隔有斜式和旋转式。斜式楼梯分隔将空间分成上下两段,注意斜梯下空间的充分利用,使之活泼和自然。(图 5 – 11)

图 5 – 11 "伊丽莎白二世"号楼梯分隔

5.1.6 界面处理

舱室空间由六个界面组成,即天棚、地面和四周围壁。

1. 天棚

天棚可分为平面式、井格式、凹凸式等。

不管采用什么样式的天棚结构,其目的都是为了改变原来的不变化而带来的平淡,低矮而带来的压抑,单调而带来的乏味,使天棚在视觉上有深远之感、节奏之感,再配以灯光、彩绘和装饰,可大大增强视觉效果,增加天棚的深远之感。(图 5 – 12 至图 5 – 15)

2. 地面

地面的形式有平面式和凹凸式两种。

平面式地面,一般铺设一定图案的地毯或一定图案的装饰面。这种图案式的地面可以丰富地面的内容,使平淡的、无变化的地面具有丰富的内涵,供人们享用和遐想。凹凸式的地面,不管是凹进还是凸出基面的区域,都自然地成为室内地面的一个视觉焦点、视觉的重心。同时凹凸于基面的空间又成为一个新空间,以丰富人们的感受。

图 5 – 12　平面式天棚

图 5 – 13　井格式天棚

图 5 - 14　凹凸式天棚

图 5 - 15　大型邮轮餐厅天棚

3. 围壁

围壁在人眼中占据的视域面积最大,要谨慎处理,马虎不得。围壁处理又可分透墙处理和围墙处理两种。

透墙处理应从透口处理着手。例如将舷窗调至适当位置,引入外界的景色,常被当成室内墙上的一幅动态图画。而舱室很大的透墙按照一定间距排列的窗户极易让室内充满节奏和韵律感。

围墙有时为避免墙面的过分单调和呆板,需在墙上做些方框式的凸起和凹进的层面来丰富墙面的层次,从而减少单调的感觉,也可以采用墙面装饰的方法来改变其单调和呆板。(图5-16)

图5-16 船舱围壁

任务二 船舶舱室色彩设计

5.2.1 色彩体系

1. 色彩体系

色彩属性是指色彩构成三要素,即色相、明度和彩度。

(1)色相

色相指色彩的本来相貌,不做任何解释就可区别色彩的名称,如红、黄、蓝等。在色相中,红、黄、蓝三个基本色可以任意组合调成其他色彩,而本身不能由其他色彩调成,因此我们称之为原色。

（2）明度

明度是指色彩的明暗深浅程度。色彩明度与光线反射率有关,同样与热反射作用也有关。明度越高,热反射作用越强。热反射率在50%以上的,光亮浅明,此时称之明度较高,为明调;热反射率仅为10%以下的,灰蒙深暗,此时称之明度较低,为暗调。在无色彩中,明度最高的是白色,明度最低的是黑色。

（3）彩度

彩度是指色彩饱和程度或色彩的纯度。不管其明度和色相如何,在单一色相中,纯色彩度最高。其中黑、白、灰无彩度。但是,纯色中一旦掺进白色或黑色,则彩度相应降低。

如果某色相掺入白色,则明度高,彩度低;若掺入黑色,则明度低,彩度也低。

（4）色立体

色立体是以色彩三要素为坐标,对颜色总体分类,并进行排列组合,组成颜色立体结构,以表达颜色体系。这种颜色体系又称为表色体系。

2. 表色体系

目前,世界主要表色体系有美国的孟塞尔表色系、德国的奥斯华德表色系和日本的色彩研究所(PCCS)表色系。其中孟塞尔表色系为国际通用的色彩体系,广泛应用于工业、建筑业。

孟塞尔表色系因其明度、彩度均有准确的容量标准而被广泛应用,同样它也完全符合船舶色彩体系的要求标准。

孟塞尔表色系的色相以红(R)、黄(Y)、绿(G)、蓝(B)、紫(P)五种色相为基础,再加上黄红(YR)、黄绿(GY)、蓝绿(BG)、蓝紫(PB)、红紫(RP)五种间色,成为10种色相,其中各色相的第五格为该色相的代表色。(表5-2、表5-3)

表5-2　孟塞尔表色系色相

色相	红	黄	绿	蓝	紫	黄红	黄绿	蓝绿	蓝紫	红紫
符号	R	Y	G	B	P	YR	GY	BG	PB	RP

表5-3　孟塞尔表色系色彩度表

色名	5R	5YR	5Y	5GY	5G	5BG	5B	5PB	5P	5RP
明度	4	6	8	7	5	3,4,5,6	4	3	4	4
彩度	14	12	12	10	8	6	8	12	12	12

孟塞尔表色系表色法:以 H 表示色相,以 V 表示明度,以 C 表示彩度,而以 HV/C 的形式表示色彩。例如5R4/14,其中5R 表示红色,明度 V=4,彩度 C=14。

5.2.2　色彩情感

色彩对感觉的影响主要来自心理感觉和生理感觉,每一种色彩都有自己的个性,组合在一起可产生完全不同的情感效果。

色彩对比就是色彩本身受其他色彩影响,而产生与原来单独观看时不一样的感觉。色彩对比是配色效果好坏的关键,可分为同时对比、继续对比、色相对比、明度对比、彩度对比、铺色对比、冷暖对比和面积对比等。

1. 心理感觉

色彩具有各种影响感觉的因素,我们必须了解各种色彩对心理感觉的影响,进而在色彩设计时,利用色彩感觉,创造所需的视觉效果。

(1)冷暖感

暖色(红、橙、黄)让人产生激动、奋发和温馨感,是积极的外向型,密度高有质量感,波长较长有前进感;冷色(绿、蓝绿、蓝)能产生松弛、优柔、冷静感,是消极的内向型,密度低质量小,波长较短有后退感。

(2)软硬感

柔和色有暖色、灰色以及明度高、彩度轻的色彩;坚硬色有冷色、黑色、白色以及明度低、彩度重的色彩。

(3)华丽与朴素感

彩度高产生鲜艳、华丽的感觉。就色调而言,高明度、对比强烈的色彩组合在一起,具有鲜艳、华丽的感觉,反之则有朴素的感觉。

(4)积极与消极感

暖色为积极色,其中红色、橙色为最。冷色为消极色,以蓝色为最。积极色也称兴奋色,消极色也称沉静色。明度高、彩度高富于积极性,反之则富于消极性。

2. 生理感觉

色彩除了心理感觉外,对生理感官也能产生不同的感觉现象,即视、听、嗅等不同感觉。

(1)色彩明视度

图形与背景色彩,会因二者的色相差、彩度差、面积及距离的关系,而产生观看清晰程度的差别,称为明视度。色彩属性差越大,明视度越高。(表5-4)

表5-4　色彩明视度顺序

高明视度	顺序	1	2	3	4	5	6	7	8	9	10
	图色	黄	黑	白	黄	白	白	白	黑	绿	蓝
	背景色	黑	黄	黑	紫	紫	蓝	绿	白	黄	黄
低明视度	顺序	1	2	3	4	5	6	7	8	9	10
	图色	白	黄	绿	蓝	紫	黑	绿	紫	红	蓝
	背景色	黄	白	红	红	黑	紫	灰	红	绿	黑

(2)色彩注目性

有些色彩并非明视度高,但却能引人注目、脱颖而出,此即色彩注目性。图形与背景区为互补色,明度差大则注目性也高。各纯色在黑、白背景上的注目性顺序,如表5-5所示。

表 5－5　色彩注目性顺序

顺序	1	2	3	4	5	6	7	8	9	10	11
黑底	黄	黄橙	黄绿	橙	红	绿	红紫	蓝绿	蓝	蓝紫	紫
白底	紫	蓝紫	蓝	蓝绿	绿	红紫	红	橙	黄绿	黄橙	黄

（3）色彩味觉感（表 5－6）

表 5－6　色彩味觉感

序号	味觉	主色	其他色
1	酸	绿	橙黄、黄蓝
2	甜	暖色	
3	苦	灰、黑、黑褐	
4	辣	红黄	对比性绿、灰蓝
5	涩	灰绿、蓝绿、橙黄	

（4）色彩音乐感（表 5－7）

表 5－7　色彩音乐感

序号	色彩	音乐感	乐器
1	红	热情声音	鼓
2	黄	快乐声音	喇叭
3	浅蓝	忧郁	长笛
4	深蓝	哀伤	大提琴

（5）色彩形状感（表 5－8）

表 5－8　色彩形状感

序号	色彩	形状	图形	色形同感
1	红	正方		强烈感 安定感
2	橙	长方		次强烈感 次锐利感

表 5-8(续)

序号	色彩	形状	图形	色形同感
3	黄	等腰三角		锐利感 扩张感
4	绿	六角		自然感 冷静感
5	蓝	圆		轻快感 流动感
6	紫	椭圆		柔和感 女性感

3. 色彩喜好性

色彩喜好性受环境、教育、习惯、民族和时代等因素影响而变化,其中受环境和时代影响最大。世界各民族都有传统喜好色。(表 5-9)

表 5-9 世界各民族传统色彩

民族	中国各民族	印度各民族	拉丁民族	日耳曼民族	斯拉夫民族	非洲各民族
传统色彩	红黄蓝白	红黑黄金	橙黄红黑灰	蓝绿红白	红褐	红黄蓝

4. 色彩联想

当我们看到某种色彩时,常会将和我们生活环境有关的事物回忆起来,称为具体联想。如进一步联想到抽象意义,则称为抽象联想,即色彩的象征意义。这种联想,虽然受各种因素影响,但也有其普遍规律。(表 5-10)

表 5 – 10　色彩联想

色相	积极性	具体联想	抽象联想	
红	↑	太阳、火焰、红旗、血液	喜悦、热情、活泼、爆发	危险、反抗
橙	↑	晚霞、秋叶、橘子、柳橙	快乐、温情、炽热、明朗	卑俗、枯燥
黄	↑	香蕉、黄金、黄菊、信誉	明快、注意、高贵、泼辣	不安、轻佻
绿	(中性)	树叶、草坪、邮筒、信号	和平、希望、成长、新鲜	
蓝	↑	海洋、天空、湖泊、远山	幽静、凉爽、无限、自由	忧郁、冷淡
紫	(中性)	葡萄、茄子、紫菜、紫罗兰	高贵、优雅、古朴	神秘、消极
白	↑	白雪、白云、白纸、护士	纯洁、朴素、神圣	空虚、神秘
黑	↓	夜晚、头发、煤炭、墨汁	严肃、沉默、坚实、刚健	孤独、恐怖
灰	(中性)	阴天、灰尘、灰砖	温和、谦虚、平凡	中庸、暧昧

5.2.3　船舶色彩功能与特点

造型与色彩是构成船舶建筑艺术的两大要素,二者相互依存。造型即空间形式塑造,它构成船舶船体、舱室界面。色彩则是外衣,装饰其表面。就现代船舶设计而言,所有造型设计要素,均被其功能所左右。造型逐渐趋向简单、朴素、大方,而色彩则由单一趋向丰富。船舶美装设计也从造型为主导转变成以色彩为主导的设计。许多设计者把色彩称为最经济的奢侈品,即通过最佳色彩计划,也可以用普通材料,创造出装饰豪华的环境气氛。

1. 船舶色彩功能

船舶色彩包括外装色彩与内装色彩。船舶色彩功能是船舶外装色彩与内装色彩的综合表现。船舶色彩具有美学和实用双重功能,一方面可以表现美感效果,另一方面可以加强环境效用。船舶色彩的主要功能有如下几点。

(1)表现性格

色彩是一种富于象征性的形式媒介。如被人们誉为"白色贵夫人"的英国豪华客船"奥里阿娜"号,被誉为"北欧的白鸟"的挪威现代客船"皇家海盗天空"号,全船呈现洁白的船容,在蔚蓝色天空与大海衬托之下,确有高贵、轻盈之感,唤起人们的联想。白色表现了现代客船轻快、潇洒的性格。现代旅游客船外装色彩大多选择高明度、低彩度色彩,上层建筑选择白色作为主体色,因为船舶航行在海上,从远处观望,白色的船与蓝色背景的海洋和天空形成对比效果,既有协调性,又有注目性。

从内装色彩来看,根据不同舱室功能,应用不同色彩,塑造不同舱室形象,表现不同性格。原则上,我们把色彩划分为积极色彩、中性色彩和消极色彩三部分。

明度高的色彩坦率而活泼;明度低的色彩深沉而神秘。彩度强的色彩绚丽而奢华;彩度弱的色彩含蓄而朴实。舱室色彩必须根据这些心理因素,最低限度地满足人们对色彩的偏爱,并反映船东的性格特点。

对于不同舱室,可应用色彩表现、塑造其性格,尤其是公共活动舱室,多采用积极色彩塑造性格鲜明的活动环境。当然,色彩的象征并无理论上的绝对性和必然性。除了必须根据概念、情感和想象力等因素以及性别、年龄、职业和教育等实际因素外,同时必须注意时代、地域、民族的差异性等综合条件,这样才能在环境性格的表现上获得正面积极的效果。

（2）调节气氛

色彩对于调节气氛、活跃情绪具有直接而强烈的影响。原则上,动态环境(公共娱乐场所)选择积极色彩;静态环境(居住舱室)选择消极色彩。其中积极色彩的表现以暖色、高明度和高彩度为主。暖色具有兴奋作用,高明度具有开朗性质,高彩度具有刺激效能。消极色彩的表现以冷色、低明度和低彩度为主。冷色具有镇定作用,低明度具有安定性质,低彩度具有沉静效能。从色彩搭配上,单纯统一的色彩用于静态私密空间,表现为温柔、抒情;鲜明对比色彩用于动态群体空间,表现为强烈、主动。（表5-11）

表5-11　气氛调节色彩选择

活动性质		色相	明度	彩度
个体活动	静态	GY,G,BG,B,BP	7~8	1.5~2
	动态	R,YR,Y	7~8	2~3
公共活动	娱乐	R,YR,Y	7~8	2~4
	办公	GY,G,BG	7~8	1.5~2
	工作	BG,B,PB	7~8	1~1.5

（3）调节光照

船舶舱室窗口朝向有内外之分,舱室光线强弱不同,由于色彩明度不同对光线反射率也不同,所以可以通过色彩明度选择来调节光照效果。孟塞尔表色系中无彩色反射率,如表5-12所示。

表5-12　孟塞尔表色系无彩色反射率

符号	N10（白）	N9	N8	N7	N6	N5	N4	N3	N2	N1	N0（黑）
明度值	10	9	8	7	6	5	4	3	2	1	0
反射率	100	72.8	53.6	38.9	27.3	18	11	5.9	2.9	1.1	0

为加强舱室明视性,必须注意室内光线调节,可参考舱室合格反射率数值,如表5-13所示。

表5-13　舱室合格反射率表

舱室	部位	照度	反射率
居住舱室	天棚	N9	78.7
	墙壁	N8	59.1
	壁腰	N6	30.0
	地面	N6	30.0

表 5 – 13（续）

舱室	部位	照度	反射率
公共舱室	天棚	> N9	78.71
	墙壁	N8 ~ N9	69.1 ~ 78.7
	壁腰	N5 – N7	19.8 ~ 40
	地面	N4 ~ N6	12.0 ~ 30.1

通过色相调节光照，按反射率从大到小的顺序是：黄、黄绿、黄红、红、绿、紫、红紫、蓝、蓝绿、蓝紫，但调节能力较弱。

通过彩度调节光照，原则上彩度越高，反射率越大，但必须与明度相配合，才能决定其反射性能。而且，由于彩度的刺激性强，居室多数采用 4 以下彩度为宜。

对于自然采光来说，由于各舱室光线射入量、射入方向不同，光线调节的主要原则是调节色彩反色率，以调节光线对视觉和心理进行刺激。一般来说，窗口内向型舱室，趋向沉闷与阴暗，采用暖色可以使光线转为明快。相反，窗口外向型舱室，以采用明调中性色或冷色为宜。

（4）调整空间

色彩由于本身性质及其易引起错觉的作用，对室内空间具有面积或体积的调整作用。舱室空间的特点是狭小，调整时多采用后退性色彩，家具设备宜用收缩性色彩或单纯统一色彩。同时色彩又具有质量感的特性，所以天棚板应采用较轻的上浮色，地板应用较重的下沉色，同时必须使天棚板与地板色彩单纯，而不应富于变化。

（5）调节温度感觉

色彩具有调节温度感觉的效能，因而必须使舱室色彩适应地域性不同气候的特点。原则上，寒冷地区舱室色彩以暖调为主，明度宜略低，彩度应偏高；温暖地区船舶舱室应以冷调为主，明度较高，彩度宜偏低。另一方面，亦可将背景色处理成中性色调，变换不同的强调色，以适应季节性转变的需要。（表 5 – 14）

表 5 – 14　温度环境与色彩选择

气候环境	色相			明度	彩度
寒冷区域	R	YR	Y	6 ~ 7	3 ~ 4
温暖区域	BG	B	PB	8 ~ 9	1 ~ 2

2. 船舶色彩特点

（1）船舶外装色彩特点

注目性：船舶作为水上运输工具，必须有鲜明的对比，引人注目。

协调性：船舶色彩与海洋、天空色彩应保持协调，形成美感。

轻快性：船舶是浮动在水上的建筑，明度高能产生质量小的感觉。

快速性：船舶处于运动之中，船舶色彩条纹应采用水平，以体现速度感。

时代性：船舶风格具有鲜明的时代性，色彩占据主导地位，现代船舶多采用明快色调。

标志性：船舶是国家、公司能力与水平的表征，因此通过色彩与文字涂写，就可以知道该船国别及所属航运公司。

（2）船舶内装色彩特点

功能性：内装色彩与舱室功能密切相关。

民族性：不同民族有不同的喜好色。

时代性：不同时代有不同的风格，也有不同的流行色。

5.2.4　船舶舱室色彩设计

1. 舱室色彩设计的基本原则

色彩是舱室形式设计的基本要素，舱室色彩具有美学和实用双重目标，一方面可以表现美感效果，另一方面可以加强环境效果。

（1）舱室色彩环境构成

①背景色

固定构件（天棚、地面、舱壁、门窗）占有较大的色彩面积，对人与物起到衬托作用，其色彩称为背景色。

②主体色

可移设施（家具、设备及纺织品、地毯、台布、床罩、帷帘）这部分可移动，又相对稳定，占有中等面积，称为主体色。

③强调色

装饰品（书画、盆景、灯具、工艺品等）这部分随着时间而更换，占有较小的色彩面积，称为强调色。

（2）舱室色彩配置依据

色彩配置即配色，是对舱室各要素色彩的选择与搭配，是舱室色彩的核心。舱室色彩配置依据如下：根据舱室功能所体现的舱室概念选择不同性格的色调，如居室应选用暖色，给人以温馨感；公共活动舱室应该选择欢快、活泼色。

舱室背景色起衬托人与物的背景作用，应选用彩度弱的色彩，主体色应比背景色强烈些，而强调色可选用高彩度或高明度的色彩，但面积不应过大。舱室内部基本色调是低彩度暖色占主要比例，人长时间看不厌倦，符合人们的习惯。

舱室色彩应从属空间形式与所用材料。因为舱室色彩设计是在舱室空间设计之后才要确定其材料，只有充分满足空间形式与材料要求，才能体现和谐的效果。从舱室色彩材料角度看，有人工色和自然色，实际上舱室设计多采用综合的表现方式，还要处理好材料与形式相和谐的问题。

2. 船舶舱室色彩设计内容

舱室美装概念设计明确了舱室色彩概念（色彩性格、色彩风格、色彩感情），我们通过色彩形象尺度图，可以把各类舱室进行色彩倾向定位（冷色与暖色、调和与对比）。（图5－17）

（1）色彩构成计划

为进一步明确舱室色彩构成，我们需要掌握舱室色彩计划。按色调特征可以分为关系色计划和对比色计划两类。

（调和色）

稚气	甜美	柔和	明朗	纤细
活泼	温和	优雅	清新	新鲜
温暖	华丽	（中性色）	简练	凉爽
成熟	乡土	古典	新潮	冷静
粗旷	深暗	强烈	严肃	理智

←（暖色）　　　　　　　　　　　　　　　　　　　　　　（冷色）→

（对比色）

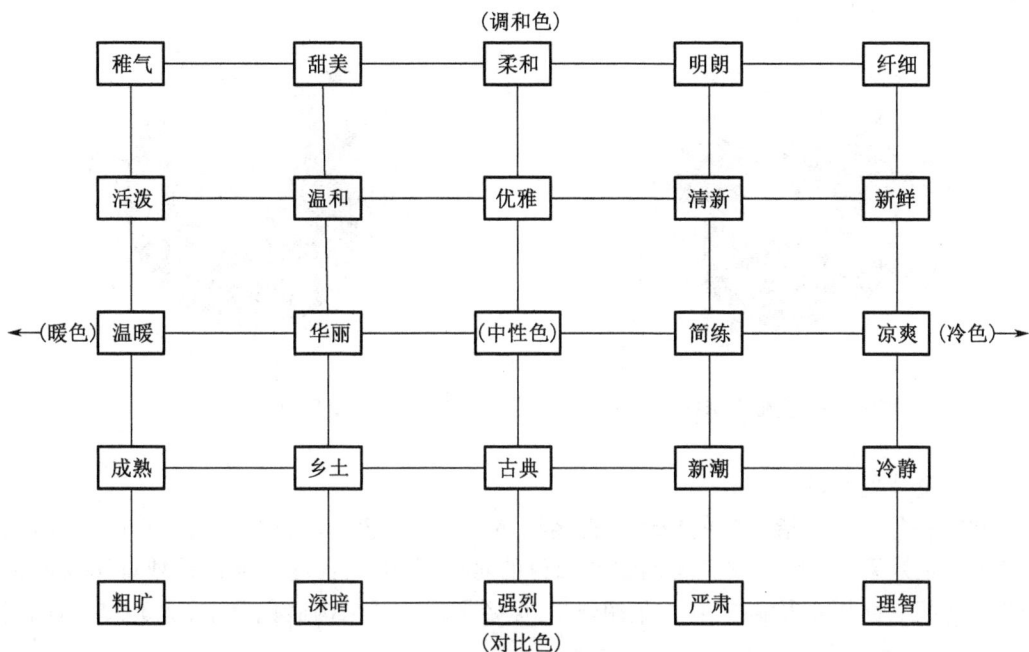

图 5 – 17　船舶色彩形象尺度

①关系色计划

关系色计划包括单色相计划和类似色计划两种基本类型。它产生统一和谐的色彩效果。

●单色相计划

即选择一个适宜的色相,统一整个室内色彩效果;同时充分发挥明度与彩度的变化,获得节奏感。必要时加入无彩(白、灰、黑)使色调产生较为明快柔和或较有深度的感觉,其特色是易于创造鲜明的色彩感情,适于小型静态的室内空间。

●类似色计划

类似色计划即选择一组类似色,并配合彩度、明度变化,或加入无彩色。类似色是在色相环中成 30°~60°的色相,一般由 2~4 个色相组成。色相之间差异太大,则近于对比,差异太小,则近于单色相,此时可用明度、彩度或面积来调节。在理论上,两个原色之间为协调类似色。类似色善于创造较为丰富华丽的视觉效果,适用于动态空间。(图 5 – 18)

②对比色计划

对比色计划包括补色计划、分裂补色计划、双重补色计划、三角色计划和四角色计划等类别,它产生对比和谐的色彩效果。

●补色计划

补色计划即选择色相环上一组对应的补色(两色相距 180°),灵活运用彩度、明度、面积、无色彩的调节作用,以取得对比鲜明并且和谐的色彩效果,适用于动态空间。(图 5 – 19)

●分裂补色计划

分裂补色计划即选择色相环上一个色相与其对应补色的两个分裂色所形成的组合,并运用彩度、面积、无彩色进行调节。其具有强烈而丰富的视觉效果,适于大型动态活动空间

应用。(图 5 – 20)

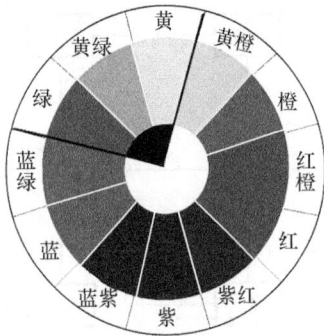

图 5 – 18　类似色选择

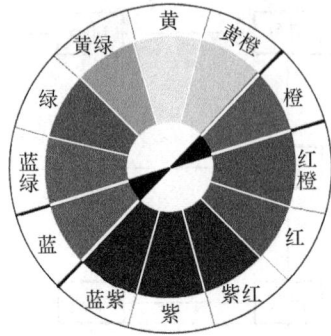

图 5 – 19　补色选择

●双重补色计划

双重补色计划是指选择色相环上直接相邻的两组补色,并通过上述调节,以取得双重对比的和谐效果。实际上它又是两组类似色的对比,其强烈程度比补色计划对比效果弱,变化性与统一性却大为增加,富于华丽效果,但要把握色彩结构避免繁杂,适于大型动态空间应用。(图 5 – 21)

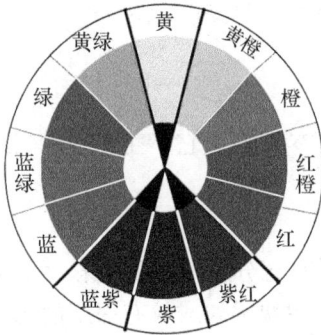

图 5 – 20　分裂补色选择

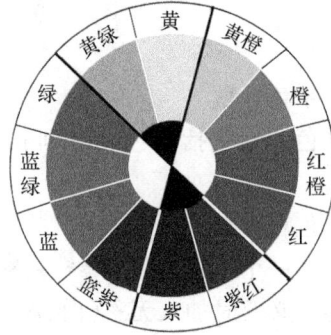

图 5 – 21　双重补色选择

●三角色计划

即在色相环上选择成三角关系的三个色相组合,并通过上述调节,以取得三重对比的统一效果。三角色计划富于华丽而喧闹,适用于娱乐性场所。(图 5 – 22)。

●四角色计划

四角色计划即在色相环上选择成正方形关系的四个色相组合,并通过上述调节,以取得多重对比的统一效果。其有华丽多彩的特征,较适于大型动态空间或娱乐场所应用。(图 5 – 23)

(2)舱室要素色彩配置规律

舱室要素色彩配置是对舱室组成各部分的色彩选择,根据大量设计经验,可以总结出通用的色彩规律。

①舱壁——对创造舱室气氛起支配作用,舱壁暗时,即使照度高,也会让人感到较暗。一般采用明亮的中间色,而不用白色或纯色,往往加入无彩色(白色、灰色),形成彩度很低(8~8.5)、明度较高(<2)的浅色为佳。同时从冷暖性考虑,选择暖色系可以产生快活温暖

的感觉;冷色系可产生凉爽的感觉,明快的中间性色彩可以让人有明朗沉着之感。

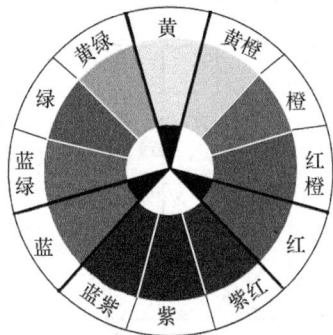

图 5 - 22　三角色选择

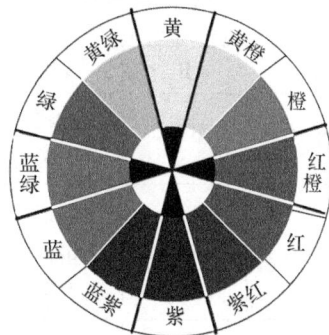

图 5 - 23　四角色选择

②踢脚板——应采用比舱壁明度低的深色。明度可采用 4 ~ 7,彩度 <3。

③天棚—— 一般采用明亮色,应比舱壁色彩明度高,明度 >9 为宜。

④地面——选择低明度色彩。明度采用 5 ~ 6,彩度 <4 为宜。与高明度天棚色形成对比,以扩大空间高度感,可形成与舱壁同色系明度对比效果。

⑤门框、窗框、门扇——不应形成与舱壁色彩过分对比,一般也选用明亮色。并与舱壁取同一色相体系,明度比舱壁低 1 ~ 2 倍。但门扇是室内空间的一个重点,彩度应比舱壁高 1 ~ 2 倍,色彩也可与门框相同。

⑥窗帘——透光窗帘采用明度 >8,彩度 <2;避光窗帘采用明度 ≥4,彩度 ≥6。

⑦百叶窗——可采用明度 >9 的白色,或明度 ≥8.5 的浅色。

⑧地毯——是桌椅等家具的背景,应选择家具色相的对比色。如家具采用冷色系,则地毯应采用暖色系,反之亦然。地毯的色相、明度和彩度关系如 5 - 15 所示。

表 5 - 15　地毯的色相、明度和彩度关系

		彩度				
明度		7	6	5	4	3
色相	R			5 ~ 7	5 ~ 7	5 ~ 7
	TR		5 ~ 6.5	4 ~ 6	4 ~ 6	
	Y	5 ~ 7	5 ~ 6.5	4 ~ 6		
	GY	3.5 ~ 5	3.5 ~ 4	3.5 ~ 4.5	3.5 ~ 4.5	
	G		3.5 ~ 5	3.5 ~ 5	3.5 ~ 4.5	
	BG		3.5 ~ 5	3.5 ~ 4	3 ~ 4	
	B		3 ~ 4.5	3.5 ~ 4.5	3.5 ~ 5	3.5 ~ 4.5
	PB		3.5 ~ 5	4 ~ 5.5	4 ~ 5.5	4 ~ 5.5

⑨灯具——是室内装饰的主要组成部分。灯具与光源光色的结合是选择色彩时应注意的问题。表 5 - 16 给出各种灯具色彩选择参考值。

表 5 – 16　各种灯具的色彩

色相	明度/彩度						
	R	YR	Y	GY	G	BG	B
吸顶灯框		8/2.5	9/3.5	8/2	8/1.5	8/1.5	8/1.5
		7/3	8/3.5	7/2.5	7/2	7/1.5	7/2
壁灯框	9/1	9/1.5	9/3.5	9/1.5	9/1	9/1	9/1
	6/3	6/3	8/3.5	6/2.5	6/2.5	6/2	6/2
	5/3.5	5/3	7/3.5	5/2	5/2.5	5/5	5/2.5
桌灯	8/2	8/2.5	9/3.5	8/2	8/1.5	8/1	8/1.5
	7/2.5	7/3	8/3.5	7/2.5	7/2	7/1.5	7/2
地灯	6/3	6/3	7/3.5	6/2.5	6/2.5	6/2	5/2
	5/3.5	5/3.5	6/3	5/2	5/2.5	5/2	5/2.5
着色灯罩	8/5	8/6	9/9	8/8.5	8/4	8/3	8/3.5
	7/7	7/7.5	8/9	7/6	7/5	7/4	7/4.5
	6/8	6/8	7/8.5	6/6	6/6	6/4.5	6/5.5

⑩家具桌椅——桌椅的色彩在室内色彩中占很大比重。按用途不同,桌子色彩也不同,可按表 5 – 17 进行选择。

表 5 – 17　桌子的色彩

用途	色相	明度	彩度
书写	YR,Y,GY,B,PB	6～7	1～2
操作	BG,B,G	5～7	1～2
接待	YR,Y,R,GY	7～8	3～4
进餐	YR,R,GY,G	6～7	2～4
烹调	GY,G,BG	6～7	1～2
缝纫	N,B,BG,G	7～8	1～2

　　椅子色彩应结合舱壁、地面、桌子、地毯一起考虑,椅背面积小,又很少进入视觉中心,可以采用显著色彩,通常采用2.5Y～5Y以外各种色相体系,明度为4～6,彩度为3～6,若采用2.5～5Y体系色相,则明度 >7,彩度也可以高些。如果色相采用无彩色系,则明度可以 >7,或者与之相反,接近于黑色。

　　船舶舱室内各种标志、管路系统都需要用颜色来识别,这些颜色为安全色。通常使用的安全色,如表 5 – 18 所示。

表5-18 安全色

色相	意义	色彩	使用处所
红	防火、停止、禁止、危险	7.5R4.5/14	消防设施箱、报警器、危险品存储处
黄红	危险、救生	2.5YR6.5/13	室内裸露开关、救生艇
黄	注意	2.5Y8/13	碰头、绊脚处所
绿	安全、卫生、进行	5G5.5/6	太平门标志
白	通行、整理	N9.5	方向标志、文字
黑	方向注意	N1.5	方向标志、文字

各类舱室色彩选择,是由舱室功能决定的,将在舱室内装设计中说明。

任务三 船舶舱室材料与结构设计

船舶舱室内装材料与陆地建筑内装材料有相似之处。如船舶舱室内装地面、卫生间所用的铺面用料以及大部分洁具都是以陆地建筑用料为依据,这样就为我们选用材料提供了可以遵照执行的相应标准和规范。

船体是由钢板围成的空间组合,在航行时不可避免地产生振动和噪声,为确保乘员的安全,必须严加防范,特别要避免火灾的发生。国际造船界一致认定在选用船舶舱室内装材料时,必须按照减震、减噪声、阻燃、不释放有毒气体的规定指标,所用材料要充分考虑绝缘和绝热。

船舶在海上航行,不可避免地左右摇摆、颠簸,遇有风浪时更让人难以忍受,为减少人们在航行时所产生的孤独、寂寞和恐惧感,设计者必须加以认真研究。舱室的整体环境布置,包括用料、色彩、灯光等都可以影响人的情绪。

海上气候多变、温差大、湿度大、盐度大,这就要求船舶舱室内装材料不褪色、不变质、不变形、不老化、安装工艺简单、维修方便等,并在此基础上,给人以美感、温馨和安全之感。

所选用材料应符合现代美。不同机理的材料有不同的美感,要和谐统一,又要确保工艺质量、确保工艺美,从而达到设计要求,给人以美的享受。

5.3.1 船舶舱室内装选用材料的性质与特点

船舶舱室内装设计的实质是选择材料并在舱室间设计运用。首先要满足我们前面讨论的设计规范和标准,同时又要达到我们理想的臻于完善的艺术效果。在选择各种材料之前还要了解所选材料的性质和特点、规格尺寸,以及施工工艺、安装方法、维修等,这是选用材料的前提和基础。要塑造不同性格、不同风格的舱室空间,必须充分利用材料的特点,通过对材料的加工、组装方能实现。船用内装材料的性质与特点如下。

1. 耐火性

《1974年国际海上人命安全公约》(以下简称《安全公约》)及历年来其他议定书规定了船舶结构的防火等级和形式,把不同船舶类型、不同船舶区域划分为A、B、C三级耐火分隔,A级划分四等,B级划分二等,C级不分等。在《安全公约》和行业标准《钢质海船入级与建造规范》中,对耐火分隔级别分别给出了定义。

(1)A级分隔

其结构应在一小时标准耐火试验至结束时,能防止烟及火焰通过,并且应用不燃材料隔热,使在下列时间内,其背火一面温度较原温度增高不超过139 ℃,且在任何一点,包括任何接头在内的温度较原温度不超过180 ℃。

A-60级	60 min
A-30级	30 min
A-15级	15 min
A-0级	0 min

(2)B级分隔

其结构应在最初半小时耐火试验至结束时,能防止火焰通过,并且应具有这样的隔热等级,使在下列时间内,其背火面的平均温度较原温度增高不超过139℃,且在任何一点,包括任何接头在内温度较原温度不超过225℃。

| B-15级 | 15 min |
| B-0级 | 0 min |

(3)C级分隔

采用认可的不燃材料,即材料通过规定的试验程序,加热至约750 ℃时,既不燃烧,也不散发出足量的能造成自燃的易燃气体的材料,并且不需要满足防止烟火通过及限制升温的要求。

A级分隔耐火程度最高。采用A级分隔区段称为主竖区(平均长度不超过40 m),应用于居住舱室与机器处、控制站、储存室、楼道之间的舱壁板。

B级分隔应用在居住区舱室之间、舱内走廊的舱壁板。

C级耐火程度最低,一般用在餐厅等处。

2. 减振、吸声、绝缘

由于船舶主机、辅机在航行中工作所致,不可避免地产生振动和噪声,因此在选择舱室内装材料时,必须首先考虑减振和吸声材料,同时要考虑其安装方式,让减振和吸声达到环保规定指标和造船关于减振、降噪的标准。

我们知道,振动频率与人的固有频率相一致,将使人产生各种不舒服的感觉,严重影响人的操作效率、视觉效率和生活质量。

噪声的干扰会引起人们的语言障碍、听力损失、耳鸣失眠,严重影响人的心理和生理健康,从而影响工作正常进行,降低效率。

振动和噪声总是同时存在的,只不过在表现形式上有所不同,都是对人有害的,我们必须认真考虑,严肃对待。

确保减振和降噪吸声,要采取减振结构的划分与布置、设置隔振垫、弹性结构、减噪衬层等。吸声的方法很多,如铺地毯、甲板敷料(如穿孔橡胶垫)等进行减振吸声。

绝缘材料是必须采用的,它应该具有导热系数低、吸湿率小、质量小、有一定的机械强度、受热后不裂、不软化、不被虫咬、不霉变、不放出可燃或有毒气体以及施工简单等特性。

3.标准化、系列化

船舶舱室内装材料均由专业厂家按标准进行生产。如船舶内装常用材料复合岩棉板,其壁板厚度一般为 50 mm,衬板及天花板厚度一般为 30 mm 或 25 mm。长宽尺寸一般设计成 50 倍数的模数系列。各种配件也逐步实现标准化、系列化。标准化材料有利于设计标准化、施工标准化。现在国内船舶舱室内装专用工具和连接构件、加强件、塞配件等配套构件的生产也在逐步实现标准化、系列化。

4.耐用性、可拆性

船用舱室内装材料要坚固耐用。因为船舶天棚、围壁不仅要与钢围壁、甲板固定,还要在这些板材上固定各种物件。例如天棚要固定天棚灯、空调器;围壁要固定家具、框架;地面要固定防爆钩等。船舱内物品在船舶航行中动荡摇摆,因此防水、坚固、耐用就是船用内装材料的基本要求。同时,船用材料及组合件还应该具有方便的可拆性,以便修复时及时拆解。如各种管道、风道、电缆都是通过夹层或隐蔽在复合岩棉板与钢板之间,只有组装式、可拆式结构才有利于修复工作的进行。

5.加工性、组装性

船舶舱室内装材料应按设计要求,进行钻、压、裁、剪多种加工,并通过构架、连接件组成多种空间和造型。如乳胶水泥与塑料方块地板组合成地面;木材与五金件组合成家具;纺织品与五金件组成窗帘等。

6.时代性

用复合岩棉板设计的舱室,由于表面本身有各种色彩和花纹的装饰贴面,就使舱室具有装饰美:用铜制成的门窗,用柚木制成的扶手,用不锈钢制成的热水瓶架、水杯架子以及用纺织品制成的各种帘类、遮盖物都体现着材料的装饰美,同时也体现了内装设计的时代性。因为材料是时代的产物,舱室内装材料由木材结构、塑面板结构、硅酸钙板结构到复合岩棉板结构的演变,正说明船舶舱室内装材料的时代性特点。

5.3.2 船舶舱室内装材料应用及发展

船舶舱室内装材料包括结构材料、绝缘材料、装饰材料和家具材料。随着我国造船工业的发展、改革开放步伐的加大,以及现代科技的发展,船舶舱室内装材料也在不断地发展。

1.结构材料

结构材料的应用和发展可分为木材结构时期、塑面材料结构时期、硅酸钙板结构时期和复合岩棉板结构时期这四个时期。

(1)木材结构时期

我国造船业在 20 世纪 60 年代中期以前,一直以木材和木质加工材料为主要的内装材料。

木质材料内装结构的特点是结构简单、加工方便、组装容易、造价低等,但不坚固、不防火、耐腐性较差,不符合船舶设计规范要求。现在已基本取消了木质作为舱室结构材料。

(2)塑面材料结构时期

塑面材料应用于我国船舶舱室内装是从 20 世纪 60 年代中期开始的,即采用三聚氰胺塑面装饰板作舱室和家具面材。装饰板分为有光、柔光两大类。结构形式仍以木档结构为主,后期改为金属型材料作衬档,表面用压条、插条等连接。压条的采用改变了木螺钉外露的缺陷,插条又是在压条连接方式的基础上发展起来的连接方式。

(3)硅酸钙板结构时期

硅酸钙结构材料是美国研制成功的一种高强度不燃材料,我国造船业是 20 世纪 70 年代末开始应用其作为船舶舱室内装材料的。该材料以硅酸钙作为芯材,以三聚氰胺装饰板作为面材,具有隔音、隔热、防火等特点,是绝缘性能较好的船用内装材料,满足《安全公约》防火分隔要求。

其主要结构框架同胶合板结构。围壁固定形式是下部有型钢底槽、上部有 25 mm × 3 mm 或 25 mm×5 mm 扁钢衬档为金属镀锌板弯制,并通过连接材、自攻螺钉固定。连接形式有插入式(同贴塑板结构)和欧米卡件式(将镀锌板制成的欧米卡件用螺钉固定于围壁槽型材上,然后将硅酸钙板插入欧米卡件内,盖上压条)。

硅酸钙板相对密度大,与其他家具、设备固定比较困难,应用范围很受限制。

(4)复合岩棉板结构时期

复合岩棉板是 20 世纪 60 年代由欧洲国家研制成功的新型内装材料。20 世纪 70 年代初国外船舶开始应用,20 世纪 80 年代初我国出口船及国内客船开始应用。复合岩棉板舱室是以复合岩棉板为主体,配置连接型材、部件以及防火门等构件组成。其主要部件复合岩棉板由贴塑薄膜、镀锌钢板、岩棉、黏合剂加压组合而成。

复合岩棉板的舱室结构将在后面详细阐述。

由于复合岩棉板具有良好的防火、隔音、隔热、绝缘性能,质量小,装饰色彩及图案美观大方,提高了舱室的居住性、安全性和美观性,很受人们欢迎,现已广泛地应用于国内外各类船舶舱室内装设计中。

2.绝缘材料

船用绝缘材料应具有防火、隔热、隔音性能。

我国船舶使用绝缘材料是逐步发展起来的。我国 20 世纪 50 年代采用软木绝缘材料;20 世纪 60 年代开始采用聚乙烯泡沫塑料作绝缘材料,此材料有一定的自燃性,属易燃品,在燃烧时产生有毒气体;1962 年采用聚苯乙烯泡沫塑料;1966 年曾采用聚氨酯塑料喷涂,但因其易燃性而未被广泛采用。此外,我国还曾采用过酚醛泡沫,虽然无毒但强度不如聚氯乙烯。20 世纪 80 年代初,北京新型建筑材料厂引进瑞典全套设备生产出岩棉绝缘材料,经德国 SBG 认可为不燃材料并开始应用在我国出口船、石油钻井平台上。船用绝缘材料比较表,如表 5 - 19 所示。

我国耐火材料生产厂家研制成功并投入生产的硅酸铝纤维填补了我国空白。硅酸铝纤维又称陶瓷棉,通过并办理了 A - 60 级防火认可证书。船用防潮型陶瓷棉制品物理性能,如表 5 - 20 所示。

表5-19　船用绝缘材料比较表

项目	名称						
	软木	超细玻璃棉	聚氯乙烯泡沫板	聚氨酯泡沫喷涂	聚苯乙烯泡沫板	岩棉制品	陶瓷棉制品
密度 kg/m³	140	40	40	30	30	100~120	80~220
导热系数 kcal/m·h·℃	0.05	0.03	0.035	0.03	0.035	0.03	0.056 密度 22 kg/m³ 平均温度 421 ℃ 0.029 密度 103 kg/m³ 平均温度 15 ℃
防火性	可燃	不燃	自熄	易燃	自熄	不燃	不燃
使用温度/℃	120	450	85	130	70	830	
毒性	无毒	无毒	烧时产生有毒气体	烧时产生有毒气体	烧时产生有毒气体	无毒	无毒
价格比	1.25	0.75	2.7	2	1.25	1	3.5

表5-20　船用防潮型陶瓷棉制品物理性能表

名称	单位	指标	备注
密度	kg/m³	8~220	可根据需要制作
纤维品均直径	μ	<5	
导热系数	kcal/m·h·℃	0.056 0.029	密度 220 kg/m³，平均温度 421 ℃ 密度 103 kg/m³，平均温度 15 ℃
渣球含量	%	<8	60 目筛上残留量
加热线收缩	%	<4	1 150 ℃×6 h
憎水率	%	>98	按 JISA9512-79 测定
不燃性		合格	按海协 A270(Ⅶ届)决议测定

陶瓷棉已被广泛应用于船舶绝缘工程,其安装采用碰钉法固定,即用电焊将 ϕ3 mm 的碰钉点焊在钢板围壁或甲板上,钉距不大于 300 mm,然后插贴硅酸铝,A-60 级要铺设 35 mm 厚(第一层 20 mm,第二层 15 mm),再用开孔 ϕ2 mm 的碰片套入卡紧。硅酸铝毯接头处应断在型材处,并用加厚 10 mm 的硅酸铝毯包覆型材。

甲板绝缘材料称为甲板敷料,其种类有乳胶系、环氧系、聚氨酯系三大类。国外甲板敷料品种很多,我国 1982 年首次研制成功 A 级甲板敷料,其防火级别为 A-60、A-30、A-15 三种。

A-60 级敷料有多种结构形式,早期的一种是钢甲板 + 胶黏剂 + 无机轻体板(200×300×20) + 胶粘剂 + 罩面层(3~5 层),总厚度约为 55 mm 又有一定弹性。无机轻体板采用膨胀珍珠岩为基料,加入云母为增强材料,加入硅藻等填料配以水玻璃为黏结剂压制而成。罩面材料有氯丁乳胶型和无机乳胶型;既有一定的抗压强度,又有一定的弹性。此外尚有浮动型及耐潮型 A－60 甲板敷料等。

3.装饰材料

装饰材料包括纺织品材料、木材、塑料、金属和玻璃等。其中纺织品材料有窗帘、幔帘、床铺帘、床罩、沙发、椅子套;塑料有压条、地板块、扶手、楼梯止滑条及地毯等;金属制品有各类小五金等;玻璃有装饰性玻璃、窗户用玻璃等。在选择纺织品时应该要求不燃性或低可燃性,一般多采用化纤品,制造时加入阻燃剂,而且保证在受热时不释放有毒气体,要达到船用规范要求。

4.家具材料

船用家具常用材料有木质材料表面油漆、人造板表面贴三聚氯胺或 PVC 装饰面、钢质材料表面油漆、铝合金和不锈钢等。

5.3.3　复合岩棉板舱室设计与安装

1.复合岩棉板舱室

复合岩棉板舱室发展至今,有预制舱室和散装舱室两种总体装配方式。预制舱室是将舱室整体(含舾装件)在车间预先装配好,吊上船安装定位,接通室外接头(电缆、风道、水管)后即可使用。散装舱室是将预先按图下料、加工好的舱室元件(构件)直接上船组装定位。预制舱室广泛应用于客船居住舱室。各国厂家复合岩棉板舱室结构形式很多,复合岩棉板舱室结构形式特点如下。

(1)舱室基本构件复合岩棉板是由岩棉(160 kg/m^3, 80 ~ 120 kg/m^3)、镀锌钢板(0.7 mm)、PVC 薄膜(0.2 mm)黏合而成,并且组成舱室各部分构件——围壁板(衬板、间隔板)系列、天棚板系列、构架系列(连接、装饰、支撑)、门窗系列、灯挂系列和浮动地板系列等。

(2)按防火等级要求,复合岩棉板舱室结构布置形式各厂家都是相同的,如图 5－24 所示。

(3)各国厂家因工厂标准的不同,复合岩棉板的连接形式、连接构件、吊挂构件和装饰构件也有所区别。

(4)由于连接形式的区别,设计舱室结构时,必须以复合岩棉板生产厂家的工厂标准"节点图册"作为依据。(图 5－25、图 5－26)

(5)舱室设计已经制定了一些国家标准,如《船舶起居舱室的尺度协调(GB/T 7386－2008)》,可供绘制复合岩棉板舱室设计图时参考。

2.复合岩棉板舱室设计

(1)设计准备

需提供的图纸有船舶主要技术规格书、甲板总布置图、船体结构图、电气系统图、管系图、空调系统图、甲板复层要领图、材料样本和门窗样图等。

防火等级	布置形式	防火等级	布置形式
A-60	钢枪壁 50 复合岩棉板（衬板）30 mm	A-15	钢枪壁 30 复合岩棉板（衬板）50 mm
A-60	钢枪壁 100 复合岩棉板（衬板）70 mm	B-15	复合岩棉板（图壁）50 mm
A-60	钢枪壁 150 复合岩棉板（天花板）30 mm	B-0	复合岩棉板（图壁）25 mm

图 5－24　复合岩棉板舱室结构布置形式

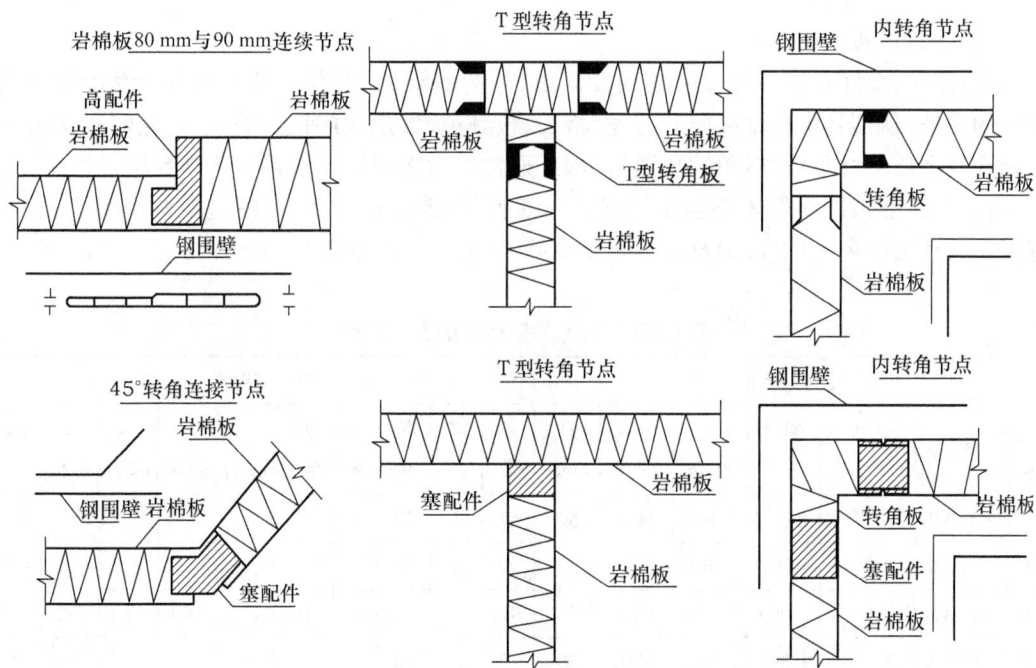

图 5－25　复合岩棉板主要连接形式

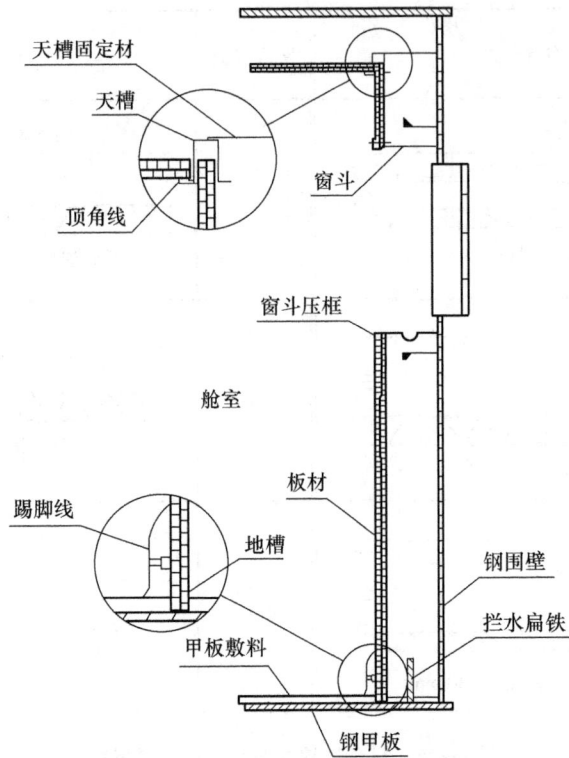

图 5 - 26　复合岩棉板典型节点

(2)设计图纸文件

设计图纸文件有复合岩棉板排列设计图,包括围壁板、天花板排列图等。设计图应明确板的型号(从型号中可知板厚)、板宽、板长、板颜色、数量次序以及节点号;同时表达天花板开孔及吊顶型材布置(或单独出图)。国外通常以六面图形式清楚表达排版与布置设计。

其次,还要编制复合岩棉板系统配套明细表,即围壁板明细表、围壁型材用明细表、天棚板及型材明细表,以供订货及施工配套参考。(表 5 - 21 至表 5 - 23)

表 5 - 21　TNF 围壁板明细表(部分)

		大连 PT690					TNF 围壁板								
图号	板型号	表面 X	颜色 Y Z	板长 /mm	板宽 /mm	板厚 /mm	总数	备品	数量	驾驶	四起居	三起居	二起居	一起居	主甲板	梯道
1	A6CAB	G	1 093	3 100	600	50	42	2	40							40
2	A6BAB	G	1 093	2 760	600	50	99	3	96							96
3	A6BAB	G	1 093	2 135	600	50	788	0	788		31	105	120	190	292	
4	A6CBB	1 093	1 093	3 100	600	50	12	2	10							
5	A6BBB	1 093	1 093	2 760	600	50	12	3	9							
6	A6ABB	1 093	1 093	2 135	600	50	10	72	72		8	3	3	11	47	

表 5 - 21（续）

图号	板型号	大连 PT690					TNF 围壁板									
		表面 X	颜色 Y Z	板长 /mm	板宽 /mm	板厚 /mm	总数	备品	数量	驾驶	四起居	三起居	二起居	一起居	主甲板	梯道
7	A6AAC	G	1 338	2 135	600	50	0	39	39	39						
8	A6ABA	1 093	1 338	2 135	600	50	1	20	20	20						
9	A6ACC	1 339	1 338	2 135	600	50	2	26	26	26						
10	A6AAD	G	1 339	2 135	600	50	0	267	267		66	58	58	85		

表 5 - 22　TNF 围壁型材明细表（部分）

大连 PT690 TNF 围壁型材		型材规格			总数	最多 3% 最少 1 根 食品	数量	驾驶 甲板	四起居甲板	三起居甲板	二起居甲板	一起居甲板	主甲板
型材号	表面颜色	长 /mm	宽 /mm	折边高 /mm									
290	133	2 090	50	21	9	1	8	0	2	2	2	2	0
290	1 340	2 090	50	21	25	1	24	0	4	8	10	2	0
290	1 342	2 090	50	21	2	1	1	0	0	0	0	1	0
290	1 342	2 715	50	21	25	1	24	24	0	0	0	0	0
290	1 342	3 055	50	21	5	1	4	0	4	0	0	0	0
230/25	1 342	2 090	47	47	13	1	12	12	0	0	0	0	0

表 5 - 23　TNF 天棚板及型材明细表（部分）

TNF 天棚板及型材					大连 PT690				一起居甲板					
房间号	表面颜色	板长 /mm	板宽 300 mm /件	板宽 270 mm /件	板宽 200 mm /件	220 1:2 300 件	620 1:300 件	621 1:320 件	622 Clip 件	623 1:300 件	625 Clip 件	626 1:300 件	629 1:300 件	630 1:600 件	631 1:150 件
501	1 072	2 215	34	—		4	2	5	17	2	4	1	6	4	4
502	1 072	2 020	48	—		4	2	5	24	2	—	—	7	5	5
503	1 072	2 020	48	—		3	3	5	24	2	—	—	7	5	5
504	1 072	1 440	5			7	4	10	40	4	3	1	16	6	8

（3）设计时应注意的问题

优先采用标准版（因标准版尺度是按最小模数 $M = 50$ 的倍数确定的），以减小现场过多切割，提高安装质量、安装进度、排板次序。通常以舱室一角开始分别向纵向、横向扩展至门框处，门框两侧壁板应取雌口形式。天花板由门向窗方向排列，门框处板材应取雄口形式。天棚灯、布风口等设备布置时应尽量在板材中间，壁板布置电器及设备开孔应离板缝 25 ~ 30 mm。

3. 复合岩棉板舱室安装

虽然复合岩棉板舱室结构形式和安装方法有些差异,但各国厂家仍有许多基本安装程序是相同的。

(1)准备工作:钢围壁油漆绝缘处理,完成系统(空调、管系、电缆)开孔。

(2)画线确定衬壁板、间隔板位置,固定底槽、顶槽,铺设甲板敷料基层。

(3)按次序号安装衬壁板。

(4)安装防火门。先插入上端,门下端定位后推向衬壁板靠紧。

(5)安装吊顶型材,调整吊挂件使支撑槽型材处于同一水平面。

(6)依次安装天棚板和装饰构件。

(7)安装天棚灯、空调布风口。

(8)安装窗盒。

(9)安装甲板敷料面层、地板块或地毯。

(10)安装家具。

(11)安装踏脚板。

(12)交船前揭去复合岩棉板热塑面保护膜。

任务四　船舶舱室照明设计

5.4.1　舱室照明功能

舱室照明不仅是船上生活、工作、娱乐活动的基本条件,同时也是舱室进行艺术设计的表现形式。因此,舱室照明具有实用与美学双重功能。

1. 实用功能

(1)活动需要

乘客和船员在船上的一切活动,都必须在合理的照明下才能顺利进行。现推荐美国照明工程学会(IES)制定的建筑室内照度标准,供船舶舱室设计时参考。(表5-24)

表5-24　美国照明工程学会(IES)的室内照度标准

	场所	美国标准(lx)	英国标准(lx)
居住 场所	1.卧室	110	110
	2.浴室	110	110
	3.出入处	320	160
	4.走廊	215	75
	5.楼梯	215	110
办公 场所	1.办公室	1 100	320
	2.会议室	320	320
	3.门厅	215	110
	4.电梯、走廊	215	75

表 5 - 24(续)

	场所	美国标准(lx)	英国标准(lx)
用餐	1. 餐厅 2. 厨房	320 320	215 215
商店	1. 购物处 2. 通道	1 100 ~ 2 150 320	 110 ~ 320

(2)健康维护

合理的照明可以达到减轻疲劳、保护视力、安定和鼓舞情绪的作用,而眩光却能使人身心受到干扰或损伤。眩光是光线落在视网膜上造成观看物体时感觉不舒服的光线,在设计舱室照明时必须防止眩光的产生。

(3)安全保障

船上楼梯、走廊以及逃生通道、安全标志都离不开人工照明用以确保人员安全,不发生意外事故。

在功能上,舱室照明应满足照明亮度、光质、视觉和效率要求,还要使室内空间合理、使用方便、光彩适度,创造良好的视觉条件。利用灯具造型及光色协调营造舱室气氛和意境,体现装饰风格,增加艺术美感。

2. 美学功能

(1)丰富空间内容

可运用人工光的扬抑、隐现、虚实、动静及投光角度、范围控制、渲染空间变幻效果、强调趣味中心、增加空间层次、明确空间向导,从而丰富空间内容。

(2)装饰空间艺术

通过灯光造型质感及灯具排列组合,对舱室起到点缀和强化艺术效果的作用。在大厅设计中,照明艺术处理往往是装饰重点,起到控制整个大厅空间景观的作用,将灯光与造型、色彩相结合就会产生美的韵律效果。(图 5 - 27、图 5 - 28)

图 5 - 27 三峡豪华游船"总统一号"

图5-28　五星级豪华游轮"长江贰号"餐厅效果图

（3）渲染空间气氛

舱室照明光线与舱室装饰色彩的结合，会给空间增加气氛效果。暖色调光线与暖色调色彩重叠后，气氛更加欢快；冷色调光线与冷色调色彩重叠后，气氛更加宁静，从而可以表现舱室的特点与气氛。（图5-29、图5-30）

图5-29　三峡豪华游船"总统一号"

图 5－30　"乾隆号"餐厅

5.4.2　照明参数

1. 光源

　　从照明角度来看,可以区分自然光源与人工光源。船上采用的人工光源为电光源。电光源有白炽灯(即电灯泡)、荧光灯(即日光灯)、水银灯(即弧光灯)等,其特征、用途如表 5－25 至表 5－27 所示。

表 5－25　电光源特征比较

特征	白炽灯	荧光灯	水银灯
启动时间	立即起动	略慢	慢(5~10 min)
发光面积	小,适宜聚光	大,光量均匀	小,可以聚光
发光效率	低	高,为白炽灯 4 倍	高,为白炽灯 3 倍
发热量	辐射热量高,灯丝约为 2 000 ℃	低温,无辐射热	低温,无辐射热
眩光	大	较小	较大
光线色彩	微橙、暖色	白光、冷色	冷光,除绿色外被照物均失去色彩
使用时间	约 1 000 h	约 7 000 h	长
耗电量	大	小,为白炽灯 1/4	小
费用	安装费用低,维持费用高	安装费较高,维持费用较低	安装费较高,维持费较低

表 5 − 26　常用电光源的性能

灯的类别		主要性能						
		光通量/lm	功率/W	光数/(lm/W)	显色性 Ra	色温/K	寿命/h	耐震性
白炽灯	钨丝白炽灯	220 ~ 2 920	25 ~ 200	9 ~ 15	ⅠA	1	1 000	较差
	卤钨灯	9 750 ~ 42 000	500 ~ 2 000	约20	ⅠA	1	1 500	差
	冷光束卤钨灯	600,1 500,2 550	20,50,75	约30	ⅠA	1	2 000 ~ 3 500	较好
荧光灯	宽带标准型	880 ~ 2 250	20 ~ 40	44 ~ 57	Ⅱ/Ⅲ	1/2/3	3 000	较好
	三基色窄带光谱	1 450 ~ 3 450	18 ~ 36	95	ⅠB	1/2/3	3 000	较好
	高频窄带光谱	3 250,5 200	32,50	104	Ⅰ	1/2/3	3 000	较好
	高显色型	800 ~ 1 900	20 ~ 40	40 ~ 70	ⅠA	3	5 000	较好
	环形管	1 000,1 700,2 300	22,32,40	45 ~ 47	Ⅱ/Ⅲ	1/2/3		较好
小型荧光灯	SL 灯(双U管)	425 ~ 1 200	9 ~ 25	47	ⅠB	1/2/3	5 000	较好
	PL 灯(H管)	400,600,900	7,9,11	57,67,82	ⅠB	1/2/3	5000	较好
	Dulux 灯(Ⅱ管)	250 ~ 900	5 ~ 11	50 ~ 82	ⅠB	1	5 000	较好
	ZD 灯	980,1 845	16,28	61 ~ 66	ⅠB	1/2	5 000	较好
高强度气体放电灯	金属卤化物灯	1 500 ~ 52 500	150 ~ 1 500	60 ~ 80	Ⅱ	2	10 000	好
	高压汞灯	1 500 ~ 52 500	50 ~ 1 000	30 ~ 50	Ⅲ	3	3 500 ~ 6 000	好
	高压钠灯	1 400 ~ 40 000	150 ~ 400	90 ~ 100	Ⅳ	1	20 000	较好
	高显色型钠灯	7 800 ~ 23 000	150 ~ 400	55	ⅠB	1	20 000	较好

注:1. 灯的显色性分级标准　ⅠA:Ra≤90;ⅠB:80≤Ra≤90;Ⅱ:60≤Ra<80;Ⅲ:40≤Ra<60;Ⅳ:Ra<40。
2. 灯的色温分类　1:<3 300 K;2:3 300 ~ 5 300 K;3:>5 300 K。

表 5 − 27　各类舱室灯种选择

各类舱室、场所	推荐的灯:优先选用★可用灯○											
	白炽灯				荧光灯			小型荧光灯			金属卤钨灯	高压钠灯	高压汞灯
	普通	反射罩	卤钨灯	冷光束	S	H.C	3	双U	H	2D	高显色型		
机炉舱、集控室等工作舱		○泛光灯			★		★	○			★泛光灯	○泛光灯	

表 5 - 27（续）

各类舱室、场所	推荐的灯:优先选用★可用灯○												
	白炽灯				荧光灯			小型荧光灯			金属卤钨灯	高压钠灯	高压汞灯
	普通	反射罩	卤钨灯	冷光束	S	H.C	3	双U	H	2D	高显色型		
驾驶、海图、无线电室	○				○		★	○	○	★			
办公室	○				○		★						
客厅、休息室、居住舱	★			★	○		★	○	★	★			
餐厅、酒吧	★	○	○	★		○	★	★		★			
商场		○	★	★	○	★	★	○					
影剧场		○	★	★				○			★		○
医疗室 诊断	★			★		★		○	○				
医疗室 一般	○				○		★	○					
厨房、配菜间					○		★	○		★	★泛光灯		
厕浴室、洗衣间	○				★			○	○	★			
健身房		○			★					★	○泛光灯	★泛光灯	
室外游泳池	★L30W				反射型★			○			★泛光灯		
露天甲板、上层建筑外貌	○		★泛光灯	★							★泛光灯	★泛光灯	○泛光灯

注:各种灯的符号,S 标准型,H.C 高显色型,3 三基色窄带光谱,双 U、H、2D 均指节能灯管型号。

2. 光量

（1）光通量（f）　光源发光总量,单位流明（lm）。

（2）照度（E）　射到一个表面光通量密度,单位勒克斯 lx（lm/m^2）。

（3）强度（I）　一定方向单位立体角的光通量,单位坎德拉（cd）。

（4）亮度（L）　从表面上的一个定点,在一定方向发出的单位立体角、单位投影面积的光通量,单位为 cd/m^2。

3. 光质

光质决定光色与配光方式,原则上光色可以营造舱室气氛,白炽灯呈暖色,荧光灯呈冷色,亦可采用滤光片改变光色。配光方式中的直接照明光量强而眩光大,间接照明光质柔和。原则上光源隐置、光线均匀、无眩光为最佳光质。

5.4.3 舱室照明灯具类型

灯具的分类通常按灯光传播形式、灯具固定位置和灯具结构特点进行划分。(表5-28)

表5-28 照明灯具的分类

灯具类型	直接	半直接	全漫射	半间接	间接
光强分布					
光通分配/% 上	0~10	10~40	40~60	60~90	90~100
下	100~90	90~60	60~40	40~10	10~0

1. 按灯光传播形式分类

(1)直接照明型

有反光罩,光线集中,方向性强,工作面上可获得足够照度,也容易形成眩光。(图5-31)

图5-31 直接照明

（2）半直接照明型

能将较多光线照射到工作面上，又可使空间环境得到适当亮度。灯罩用半透明材料制成，下面开口，有舒适的视觉感。（图5－32）

图5－32　半直接照明型

（3）漫射照明型

多采用白色封闭半透明灯罩，光线分布均匀、无眩光，但光效低。（图5－33）

图5－33　漫射照明

（4）间接照明型

采用不透光灯罩，开口朝向天棚，光线经天棚折射到室内，扩散性好、光线柔和均匀，无眩光，但光利用率低。（图5－34）

图5－34　间接照明

（5）半间接照明型

上面开口或透明,下面为半透明的灯具,体现了反射光与透光的综合效果,光线均匀柔和。（图5－35）

图5－35　半间接照明

2. 按灯具固定位置分类

（1）吸顶灯

吸顶灯是固定在天棚上的灯光,有灯罩或无灯罩,灯罩有方形、矩形、圆形等。灯罩材质有玻璃、塑料等,颜色丰富。光源有白炽灯、荧光灯等。（图5－36）

图 5 – 36　吸顶灯

（2）镶嵌灯

镶嵌灯的灯具嵌入天棚内，有聚光、散光之分。（图 5 – 37）

图 5 – 37　镶嵌灯

（3）吊灯

吊灯是用导线、钢管将灯具固定在天棚上，一般用于整体照明，并作为装饰用灯。（图 5 – 38）

图 5 – 38　吊灯

（4）壁灯

壁灯是安装在墙壁上的灯具，大多数情况下它与其他灯具配合使用，有照明与装饰双

重功能。（图 5 - 39）

图 5 - 39　壁灯与台灯

（5）台灯

台灯主要用于局部照明，常用于桌面、床头柜、茶几上。

（6）落地灯

落地灯是局部照明灯具，常摆在沙发、茶几附近。

（7）轨道灯

轨道灯由射灯与轨道组成。轨道固定在天棚上，灯具可以改变投射位置与角度，用于局部照明，常用于舞台布置、商品和工艺展示。

3. 按灯具结构分类

（1）开启式灯具

光源与外界环境直接相通。

（2）保护式灯具

具有闭合透光罩，但内外仍能自由透气。

（3）密闭式灯具

透光罩将灯具内外密封，防火防尘。

（4）防爆式灯具

任何条件下灯具都不会爆炸。

5.4.4　舱室照明设计

舱室照明计划可分为自然照明与人工照明。

1. 自然照明

自然照明主要取决于窗户面积、位置、结构等综合因素。主体船舷窗尺度包括面积和位置都由造船规范决定，但上层建筑开窗应满足：一般室内窗户面积不得小于全室地面面积的五分之一。现代舱室设计提倡观赏休息室，采用落地窗、天窗以接近自然环境，增加心理空间。（图 5 - 40）

图 5 - 40　自然照明

2. 人工照明

　　人工照明包括功能性照明和装饰照明。功能性照明又分普通照明和局部照明两种方式。装饰照明是以创造视觉美感效果为目标的采光设施。一方面光线本身所造成的和谐、平衡、韵律等效果,充分具备了动人的美感;另一方面,借助于光线的强调作用,能够使室内可活动物品(字画、图片、雕塑、花卉、喷水池)更加具有视觉效果。室内照明计划内容一方面包括光源、照度及灯光传播形式的确定,另一方面包括灯具、照明装置和照明范围的确定,即灯具的选择与布置。(图 5 - 41)

图 5 - 41　人工照明

3. 人工照明设计程序

(1)明确设计目标:舱室用途、适用对象、舱室概念(气氛意境)。

(2)确定适当照度:选择照度标准。

(3)确定光线质量:明确舱室亮度分布比例(最亮面:工作面:最暗面=10:3:1)及光线的聚散性。

(4)选择光源类型:依据色彩效果、使用寿命、发光效果、灯泡温度等因素综合考虑。

(5)确定照明方式:直接、半直接、漫射、间射、半间接照明。

(6)选择灯具:包括灯具形式、色彩、效率、配光、亮度以及与舱室整体设计的协调。

(7)灯具位置的确定;按逐步计算法,可确定各光源的直射照度;按选用系数法,计算平均照度,同时确定灯具数量、容量及布置。

(8)电气设计:确定配电盘分布、网络布线等。

(9)综合考虑:灯具与空调、音响的结合。

5.4.5 舱室现代灯具的应用

1. 电光源与应用

现代照明用的电光源有两大类:白炽灯和气体放电灯。气体放电灯按所含气体又可分为低压和高压气体放电灯,其中管壁负荷大于 3 W/m^2 的又称为高强度气体放电灯,简称HID,包括高压灯、高压和金属卤化物灯等。表5-26列出现代照明常用的电光源性能,表中数据均为国际平均水平,国产的数据指标略低于这一水平。船舶各类舱室对灯的性能要求有所不同,请按照表5-27选用灯的光源。

2. 船用灯具的发展趋势

(1)灯具现代感

现代灯具外观上不矫饰做作,简洁明快、线条流畅、色彩协调、优雅美观。丹麦LP公司的台灯,以主光汇集灯罩向下反射间接光,其间接照明效果比一般吊灯光线柔和。20世纪80年代后期,国际灯具造型和结构趋向几何图形线条的设计,都极具现代感。材料多为镀钛黑色金属灯杆、灯座和灯罩,或用高质量的玻璃纤维做灯罩,色彩配合室内设计的新潮流。

(2)灯具系列化,部件标准化

系列化的灯具使室内装饰风格保持一致,有利于标准化及通用化生产。丹麦1986年系列灯具由白色或黑色射光式灯壳和不锈钢的管柱、灯座组成,外形明快清新,灯具保护角大,眩光控制性好,转动灯壳和管柱可调节灯光角度和方向,灯具功能好。

(3)灯具多样化

挪威HVIK公司船用吸顶灯综合了筒灯的功能,格栅有多层同心圆、蜂窝格或方格等,不炫目,外壳有方、圆、六角形,有多种颜色,颇具装饰性。新型的台灯、落地灯吸取了射灯的优点,光的方向性、集中性、眩光及显色性等照明质量参数都较好。

(4)光源多效节能化

灯具发展趋势是提高光照效率,改善照明质量和降低能源消耗。1980年以来国外陆续开发出很多新光源,例如 1981 年菲利浦公司的 PL 灯(H 管)、1982 年英国 Thorn 公司的 ZD 灯和德国 Osrain 公司的 Dulux 灯等。这些灯色温低,显色性较好,寿命长达 5 000 h,比白炽灯节能 80%,做成吸顶灯厚度仅 80 mm,适用于船舶。荷兰开发的 SL 灯(紧凑型荧光灯)将双 U 型荧光管及附件装在一个底座及拉丝透明塑料壳内,对外连接的是一个通用的 E27 或 B22 专用灯座,故同样可方便地替换白炽灯泡。1985 年又推出 HF(高频荧光灯),光效高达 104 lm/W,比普通荧光灯节能 30%,无频闪效应。

20 世纪 80 年代后期出现的冷光束石英卤钨灯,灯管的径向内壁涂有红外线反射膜,能把灯丝发出的红外线反射到灯丝再加热灯丝,使约 40% 的红外线热能转化为光能,故在原来白炽灯基础上节电 15%,提高光效到 20 lm/W 以上,再加上有 80% 的红外线从后面的反光镜透出去,故热辐射减少约 90%。使被照物体的温度上升仅为白炽灯照射时的 1/4,商品受热损害小,其光色为 3 050 K,显色性也较好,光束聚光,定向性能好、亮度高,故特别适于做书画、文物及高级商品的照明。

荧光灯的发展趋势是废弃那种利用系数很低的灯箱片做灯罩及小孔的镀金属膜塑料遮光格栅,采用半镜面电化铝板做的大孔径抛物面遮光格栅,能得到很好的视觉舒适率和利用系数,灯具表面亮度低不产生眩光。国内现已引进技术生产的有经过特殊处理的铝合金抛物面反光器和铝格栅的高效节能铝片荧光灯,光照效率达 71%,比一般灯具高 30%,最大限度消除眩光。节能灯发热比白炽灯小,可减少容量而又间接节能,使应用越来越普遍。瑞典 1986 年造的"伯卡公主"号游船内的一万套灯具中,荧光灯占 39%,H 管灯和特大 H 灯占 29%,白炽灯占 22%,高频荧光灯占 6%,卤化物灯占 4%,由此可见应用新光源的趋势。

(5)灯具装置功能综合化

由于舱室顶棚上众多的器具、装置难以布置得美观有序,影响室内总体印象,为此国外已发展了多功能的综合装置,如把空调和荧光灯综合的灯具,灯产生的热量 50% ~70% 被回风带走,既降低了灯的温度使荧光灯效率提高 20% ~30%,又可减少空调器容量及占用的顶棚空间,使顶棚显得美观些。还有空调的圆形播风口与环形荧光灯管结合的灯,或与扬声器结合的灯,或 H 管灯与扬声器结合等多种样式。国产有一种专利产品是壁式石英钟与彩色低压(AC220V 或 DC12V)霓虹管结合在一起的时钟灯,既美观又可作夜间灯。多功能灯具的综合使用也有从安装方式上解决的。

3. 现代灯具选用

(1)系列客舱灯具

广州灯饰公司的新系列台灯、壁灯及地灯,灯座板突破了矩形、圆形的传统造型,灯头下连杆发展成有节奏感的立柱,由单一色彩改为配色金与白、金与黑、金与淡绿、银与白、银与奶黄等双色镶嵌,非常悦目雅致,很适宜与室内设计的色彩相配,适用于客船高级客舱、客厅、休息室等。国外已生产冷光束石英卤钨灯的台灯、壁灯及落地灯等系列灯。

(2)吸顶灯

国产的有铝合金抛物面反光器和铝格栅的 ALS 型吸顶式荧光灯,有圆形和方形的 2D 吸顶灯、防潮 2D 吸顶灯以及花形吸顶灯等。

(3)嵌入式灯

国产的有双管 20W、30W、40W 船用荧光顶灯,圆形和方形的 16W、28WZD 管嵌式灯,方形的 ZX11H 管灯,还有性能与 ALS 型吸顶灯样式相同的 ALA 型嵌入式高效节能铝片荧光灯,以及灯管长度大于顶棚铝板尺寸的 ALB 型吸顶灯。

(4)筒灯

筒灯广泛用于商场、餐厅、客厅、会议室、办公室、卧室、门厅和走廊等,国外船上用得较多,包括驾驶室都用。筒灯是数量用得较多的一种灯,品种很多,有嵌入式、半突出式、全突出式,内壁有聚光反射型、散光型,灯罩口有敞开或加各种格栅的,灯外壳和内壁有金色、银色、白色或两种颜色组合。筒灯的保护角随灯内壁(反射型为 40°)和磨砂灯泡(50°)、透明泡(65°)的不同而不同,因保护角 ≥40°,故视觉舒适。灯具效率和光分布取决于灯的式样和光源。

国外船用筒灯的光束有 20°、30°、50°三种,光强随射角扩大而减小。德国船用筒灯为 100W、$\phi146 \times H196$,硅绝缘导线 3×1.5 mm^2,耐热 180 ℃。现又发展了节能灯管做光源的筒灯,如英国有 16W2D 管、$2 \times 11WH$ 管的筒灯。上海灯具厂的 $2 \times 7WH$ 管筒灯有聚碳酸酯的同心圆花纹的透光罩,眩光控制很好,较美观。如筒灯采用黑色内壁和磨砂灯泡,出现的灯光给人感觉是冷色调,可与室内其他偏于冷色调的荧光灯相协调。

眼球灯(也称牛眼灯)与筒灯类似,但金属球面罩可水平方向转 350°,垂直可转 30°,用于照清面上绘画、标志等。

(5)台灯、落地灯

船用台灯的特点是灯座板或灯管柱用螺钉固定于桌面上或用螺柱穿过桌面板下固定的,落地灯的管柱用装于壁上的水平连杆固定。灯罩通过其中心部位的圆环板固定于灯座的立柱钢上,以防浪大时灯具颠倒或脱落。1986 年挪威的船用台灯,彩色镶金属灯罩、乳白玻璃内罩,不锈钢的管柱和圆底,是现代和传统风格的结合,造型美观,光线充分扩散而不炫目。仿金属的绵绸罩的各种台灯、地灯普遍用于船舶高级客房、客厅等。高级船员办公桌可用现代风格线条外形简洁流畅的节能灯管台灯或光束石英卤钨灯。

(6)壁灯

国产的船用壁灯式样很少,装饰性好的更少。陆用壁灯造型美观、实用性好,如上述客房系列灯中的壁灯,可用于船舶的还有白色、金色或银色半圆球形金属罩壁灯、半圆叠片式壁灯和兰花弯片壁灯,灯光从叠片之间透出,显得格外雅致清新,弯片式造型美观,浅茶色灯光柔和宜人。

国外船用壁灯经几个国家船级社认可的式样较多,除客房系列灯的船用壁灯,还有装在舱顶的用于照亮船壁上绘画等的德国的照壁灯,光源为 7 W 或 9 W 的 H 管,其特点是灯体不引起人的注意,折射的灯光柔和,虽无灯罩但仰视灯时不易见到灯管。镜壁灯是古铜色铝合金壳体,20 W 荧光灯管横装,并外套 U 形的聚碳酸酯拉丝纹透光罩,正面遮光,上下透光,常装于落地镜上端。标志壁灯可作壁灯或标志灯两用,作标志灯时在灯体垂直的白面板上贴标志图案,光源为 7 W ~ 11 WH 管或 20 W、30 W、40 W 荧光灯管。挪威的传输盥洗室镜面壁灯为圆筒形发泡玻璃罩、金色铜环和座板,造型十分美观。

(7)床灯

传统的床灯是有可绕水平轴转动调节的抛物面金属敞口反光罩,光源为 7 WH 管或 40 W 白炽灯。如客舱上铺是壁式翻板床,上铺的床灯可装于床侧面壁上,也可在舱床或舱顶装嵌入式灯。

(8)射灯

射灯广泛用于商场、餐厅、舞厅、酒吧、艺术展览、广告、门厅、客厅和卧室等。射灯的导轨由导电的轨道和沿着轨道可滑动的插头组成,射灯固定于插头上,插头有手柄可控制射灯电源的通断和插头在轨道上的固定或放松。轨道和插头外壳不带电,轨道的单件长度有1 m、2 m、3 m,如使用长度不够可用一字、直角、T形几种连接件连接、接长或转变,组装成各种排列,以适应导轨式射灯照射物品所需要设置灯的不同位置。嵌入式或有灯座的吸顶式、固定式射灯不用导轨,单个安装在舱顶、舱壁或玻璃柜内。按光源的不同可分为普通射灯和低压冷光束石英卤钨射灯。冷光束卤钨射灯系列的样式很多,基本的有导轨式、吸顶式、嵌入式和固定式几大类。导轨式普通射灯可用白炽灯泡或反射型灯光。

冷光束石英卤钨射灯的灯体式样很多,有圆锥体、圆柱体、圆锥体方口、长方体、八角柱体等,有的灯圆形或方形出光口可加装专配的圆形或方形镜片框及彩色镜片,色彩有红、绿、蓝及紫色,适用于酒吧、舞厅等,方镜片为插片式,圆形的为转片式。有的灯前端可加装有四片翼形的隔光板,可调节减少光束射角,有的灯有可变的出光口,转动手柄可使射出的光束变为正方形、梯形或菱形,或大、中、小三种圆形。220/12 V电源变压器的位置随灯式不同而不同,导轨式的一般装在吊装导轨上的灯插头内,一灯一个变压器,也可用200 W变压器装在舱顶内或舱顶外统一对导轨射灯供电,施工简便。固定式的装于灯座内,吸顶式、嵌入式的与灯分开装在顶板或壁内。国产冷光束射灯功率有20 W、50 W、75 W三种,光束张角有12°、24°、38°三种,国外产品还有10°、20°、40°、65 W、85 W、130 W等规格。国外还有用高显色性的高压钠灯做射灯光源,功率为75 W、150 W、250 W,显色指数为80、85、93;光色为3 000 K、4 300 K、5 200 K,光效为71 lm/W。

(9)标志灯

在船舶建筑的内走道、楼梯口及公共舱室、安全设施等处应设置标志灯,以指走向。标志灯光源可用15 W白炽灯或12 W荧光灯,指示牌为两层有机玻璃板刻字和图案,灯壳有嵌入式和吸顶式两种。

(10)装饰灯(图5-42、图5-43)

图5-42　装饰灯照明之一

玻璃管霓虹灯由于电压高、易碎,不宜在船上使用,现可用几种新型装饰灯代替。

低压塑料彩虹灯:是由一种特殊的高透光柔软的塑料管(内含阻燃剂、荧光剂、耐寒剂和微型灯泡)以专用的连接器把一段段彩虹管连接起来和控制器组成的线条形彩色灯饰,有红、黄、绿、蓝、白和紫等多种颜色。灯管具有高抗压92 kg/cm^{2}及耐冲击性能,可承受冰雪、大风、暴雨等恶劣气候,适应环境温度为-30 ℃~80 ℃。灯管可任意弯曲造型做成各种图案和文字,使艺术照明领域采用以线条和色块为主的现代抽象艺术,从可能走向现实。

适用于高空广告、舞厅、酒吧、商场及车船的发光装饰图案、广告等。工作寿命一万小时以上,比玻璃管霓虹灯节电数倍,如果每路使用长度超过规定,可多接几个分路。控制器输出有三路、四路、六路及多功能四种,功率为 3 000/1 000 W(220/110 V),控制的发光方式有闪光、流水追逐、长光及声控闪光、追光和长光。

图 5-43　装饰灯照明之二

彩虹发光管:又名塑料霓虹灯、紫光管,是 20 世纪 80 年代由荷兰 Dine - Lit 公司开发的一种新型塑料发光光源,是在彩色不透明软性聚氯乙烯塑料管中加入荧光颜色染料成为新型的光致发光材料,它在紫外线荧光灯管发出的一定能量的近紫外线光照下发出各色荧光。

新型玻璃管霓虹灯:上海科威机电研究所研制的专利产品霓虹灯变压器(3 500 V,26 KC,耗电 20 W,67 mm × 47 mm × 28 mm,重 120 g)和霓虹管,变压器装在霓虹管旁,高压线极短,线和管的连接处有绝缘封套,故较安全。

(11)水下色彩灯

水下色彩灯灯泡 1 × 80 W,以各种角度仰照水面,形成色彩水影,水面上再用投光灯辐射喷泉水柱,二者交相辉映效果动人。

4. 新型开关插座装置

如今有很多新型开关和插座,例如用于客船餐厅、客房的标牌开关,旅客外出时把开关板的标牌抽出即可切断室内照明和卫生间排风扇以节能;卫生间用的排气扇定时开关,15 min ~ 120 min 可调;含有红外线传感器能检测出人的存在而自动接通,10 s ~ 6 min 后自动开断,并可手动与自动转换的卫生间照明开关;按键内有氖灯能在黑暗中知道开关位置的开关;按键上有指示灯,接通时发亮的开关;用手持式红外线传感器控制通断的开关;在半透明按键罩内有 2.5 V,0.3 A 小电珠的夜间灯能以微弱灯光指明通道的插座;有单独漏电保护的插座;能定时接通或断开的插座;有接电指示的插座;地面用的电源插座和电话出线插座;把电视天线、电话出线和二路电源插座组合在一块面板上的多用插座板;悬吊的伸缩式插座等。

开关和插座造型美观,面板上无螺钉,有些类型的开关、插座正面没有与框体的间隙。开关的按键有大小两种,色彩淡雅,有奶白色、浅咖啡色、木纹色、布木纹色和紫铜色古典式等,可与室内装饰风格及壁部、门框色彩相配。开关面或大按键有不同颜色组合可配房间色彩。开关插座的安装框架和开关插座的芯子组件尺寸都标准化,在框架上可互换安装各种开关、插座和按键等芯子组件很方便。

任务五　船舶舱室家具设计

5.5.1　船舶家具设计的意义

船舶家具是船上生活、工作、休息和娱乐的必备部件,是船舶舱室功能的基础设施,是表现船舶舱室形式以及风格的主要角色。船舶家具设计是为船员、乘客在海上航行时提供一个舒适、温馨、安全的生活工作环境,给人带来美的享受。

家具设计的根本意义在于满足人们在船舶舱室中活动的一切心理和生理的需求。

船舶舱室家具设计代表着一个国家工业水平和艺术设计水平,并具有强烈的时代性和民族性,家具设计也反映了设计师的专业性和艺术修养,因此要对船舶家具设计予以重视。

5.5.2　船舶家具特点

家具存在于舱室之中,其审美价值除本身造型、材质与制造外,还在于它存在于舱室之中的环境气氛。室内空间离不开家具,家具又是室内的主体。家具的功能、造型、色彩还决定着舱室的性质、功能和意义。家具造型、结构和材料的构成,一方面受时代的约束,另一方面受舱室环境的约束,这些决定着家具的式样和功能。船用家具不同于陆地家具,它有以下特点。

1. 等级分明

等级差别是船用家具与陆地家具的最大区别,船舶按船长级、高级船员、次高级船员、中级船员和一般船员五个等级配置家具,主要差别表现在功能、形状、大小、材质、色彩等方面。(图 5 - 44、图 5 - 45)

	船长级	高级船员	次高级船员	中级船员	一般船员
衣柜					
写字台				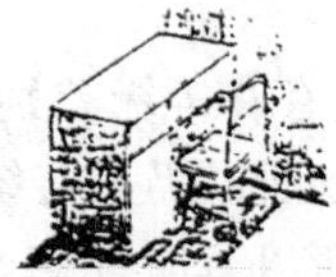	写字台同中级

图 5 - 44　船舶家具等级

	船长级	高级船员	次高级船员	中级船员	一般船员
床				床同次高级	床同次高级
沙发				沙发同次高级	沙发同次高级
边柜			无边柜	无边柜	无边柜
茶几			无茶几	无茶几	无茶几

图 5-44（续）

图 5-45　船员舱室家具

2. 固定方式

船用家具必须采用固定式,固定在围壁、甲板上,这是由船在海上航行时的摇摆性决定的。

3. 配套性和统一性

虽然船用家具存在等级差别,但每艘船的家具都与生活习惯、民族特点、航行区域、功能要求等因素有关,所以仍具有统一的形式与风格。船用家具是专门为船舶舱室设计的,为满足使用功能,所以具有配套性,如床、写字台、衣柜、沙发、椅子等,同时色彩、造型、材料、结构及工艺也应有协调性。

4. 特殊功能性

特殊功能性即安全性,客船家具要求使用不燃材料。家具设计多采用圆角形;床设计有挡板,以防风浪大时滚下来;椅子设有风暴钩,以便在风浪中船员也能安全工作与休息。

5.5.3 家具材料与结构

家具主要以木材为主,由于船用家具的需求和最近几年节木、代木工作的开展,家具已不只限于木材料,已经从木材料类发展到金属类、塑料类。随着家具材料的演变,家具的结构也在不断变化。

1. 木质家具在船舶舱室的应用

木质家具是用木材、胶合板、塑面板、刨花板制作的家具。木质家具具有成型好、装饰性强、纹理自然、制作加工方便、体积轻等特点。

(1)纯木质家具

全部用木材制作的家具如今在人们的家庭生活中还在继续应用,而在船舶舱室中早已不用了。全木质家具在我国船舶上应用是在20世纪50年代,当时船舶家具大部分用松木、硬杂木制作,只有高级船员房间的家具才用樟木、柚木、南柳和水曲柳制作。

利用木材制作的家具属于高档家具,表面涂刷油漆要求相当高。为榫、眼结构,制作精细,便于雕刻花纹和图形,艺术性比较高,大部分以手工制作为主。

(2)胶木结合的家具

由于木工机械的发展,随着胶合板的出现,胶木结合的家具也出现了。胶木结合的家具基本有两大类型:其一是木框架式的胶木结合家具;其二是细木工板式的胶木结合家具。胶木结合家具表面装饰又可分为三种形式:其一是胶合板表面刷油漆;其二是胶合板表面贴0.5~1 mm 的薄木皮子,有柚木的、樟木的、水曲柳的等;其三是胶合板表面贴装饰板。

胶木结合式的家具在结构上还保留木质家具的结合方式,具有加工方便、表面性能好、不易变形、节省木材等优点。胶木结合式的家具从20世纪50年代末期到目前基本采用图5-46中的形式。

图5-46 木质家具

（3）刨花板结构家具是近几年在我国兴起的新式结构家具,它的结构形式是采用连接件式的组合方式,组装方便,成形快,搬运拆卸方便。近几年船用家具也多采用刨花板式家具,但由于连接件还不过关,所以船用刨花板家具还采用木式家具的结构形式。

刨花板家具表面处理有两种形式:其一是刨花板作芯材,两面贴胶合板或三聚氰胺板;其二是刨花板表面直接贴三聚氰胺板。由于船用刨花板家具还采用木质家具结构形式,不易拆卸,所以质量比较大,搬运不方便。用刨花板制作的家具线条清晰、简洁、节省木材。

目前,我国造船业采用木质家具的比较多,尽管制作家具的木料在不断变化,但还是受船员的欢迎。木质家具最大的缺点是防火性能差,不符合规范的要求,不久的将来还是要被防火材料所代替。

2. 金属家具

金属家具广泛应用于船舶舱室是从 20 世纪 70 年代开始的。由于船舶建造对舱室防火性能要求的提高,以金属代替木质家具时代已经到来。20 世纪 80 年代初,金属家具的表面处理已达到和木质家具相媲美的程度,从外表上很难分辨出金属与木质家具的区别,其造型、制作已超过木质家具。(图 5 - 47)

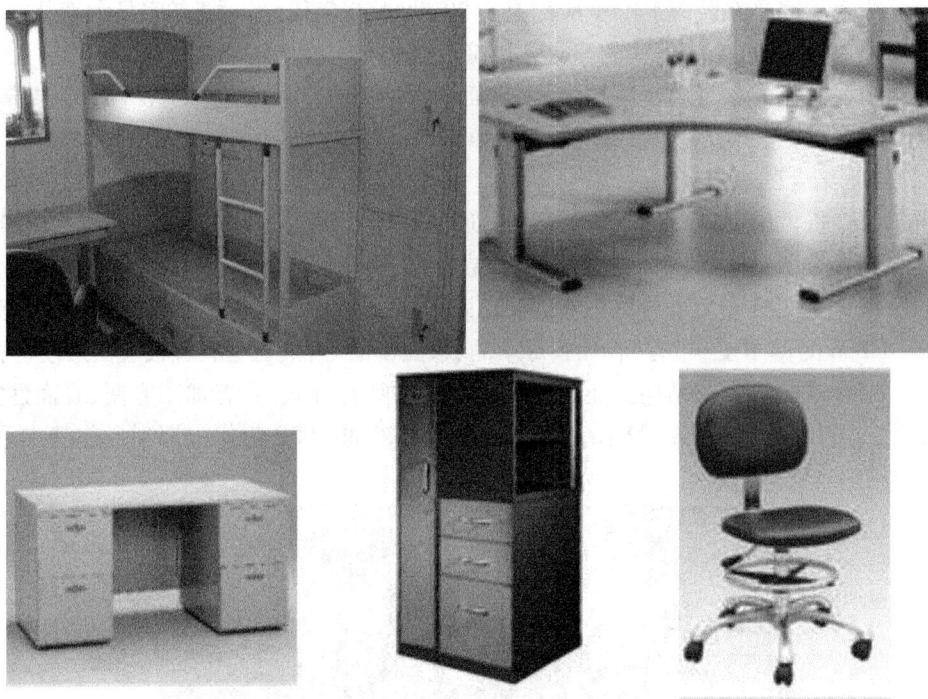

图 5 - 47　金属家具

我国的金属家具发展比较缓慢,制作加工也比较粗糙,尤其在外观造型、焊接处理上远远落后于国外。

目前我国造船业在金属家具的应用上已经不限于工作舱室和更衣室等处,在军船上已全部采用了铝塑家具。

（1）喷漆和喷塑家具

我国建造的出口船，船舶舱室中部分采用了喷漆、烤漆塑料家具。如居室用的衣柜、文件柜、金属椅子，更衣室用的更衣柜等都采用了金属家具。由于我国金属家具加工水平还比较差，制作的金属家具还处在低级阶段，目前还不能广泛地应用。

（2）铝塑家具

我国现在已经能够生产金属塑面板，但花色少、品种少，质量也比较差，还不能完全满足造船的需要。尤其铁塑家具在我国成型还比较困难，所以不能广泛地应用，塑板家具目前我们只能制作轻体房间门。

因为解决了结构中的焊接问题，铝塑家具应用得比较广泛，可制作各类家具产品。如大连船厂军船用的家具全部是铝塑家具。广州造船厂在 164 舰上采用的铝塑家具是铆胶结构，但因结构不合理，经常损坏。在铝塑、铁塑家具解决了焊接问题之后，它的使用效果超过木质和喷塑家具，因为铝塑、铁塑家具成形好，色彩花纹效果真实，可观性好。

（3）不锈钢家具

不锈钢家具在我国是从 1980 年开始广泛应用的，主要应用在厨房、卫生间、配餐间等经常和水有接触的部位，如不锈钢洗槽、不锈钢洗脸盆、不锈钢工作台，不锈钢碗柜等。

不锈钢家具是厨房不可缺少的组成部分，现在我国生产不锈钢家具的厂家也比较多，基本上达到了船用配套，但是质量还比较差。

5.5.4　船舶家具的色彩与环境

家具的形象、色彩、线条、功能都是与环境分不开的。有些家具就是为特定的环境进行设计的，离开特定的环境就没有它存在的意义。例如家庭家具、广告专用家具，以及会议厅、酒吧等场所的专用家具是不能离开环境单独存在的。在家具设计中色彩与环境有着重要的关系。

船用家具的色彩与船舶舱室的环境密切相关。船舶舱室空间比较小，环境整齐富于变化，具有方正的感觉。在这种环境中家具色彩就必须与环境色彩相配合，韵味应该一致，并富有感情。

又因船舶舱室是流动的空间，家具在空间里是固定不动的。家具与环境中其他陈设的色彩就形成了互补关系。因流动色彩在阳光下、在运动中相互干扰，产生刺眼的感觉，所以家具色彩应该尽量选用柔和的无光色调。

那么船舶家具的色彩到底选用哪种比较好，怎样才能与环境协调？这个问题是多因素的，感觉形成又是综合性的，用语言难以表述。但作为船舶家具色彩与舱室环境的规律是存在的。

在淡色、暖色占主导地位的环境中，家具应采用偏冷的中性色调，使家具与环境色相融合，既稳重又具有体积感。

如果环境色为较深的暖色或冷色调时，家具应适当地采用亮色调。这样既能使空间生动、气氛活跃，又有愉快感，同时家具个性突出，又不失稳重的体积感。

总之，家具的色彩与环境是一个综合统一的关系，是互补关系。所以家具设计不能是孤立的，因为它不单纯是一个材料和选型的问题。家具设计是船舶舱室色彩设计的统一体，家具的色彩将影响其他色彩存在的意义。只有家具色彩确定之后才能处理其他陈设色彩的应用，如面积、色相、花色和明度等问题。

家具的色彩决定着舱室的环境气氛,同时也给使用者带来精神上的不同联想,影响使用者的情绪。所以在船舶舱室色彩设计中,首先要考虑的是家具色彩对空间环境的影响。家具色彩与天棚、围壁、地面形成空间的主色调,缺一不可。因此,在家具色彩设计中应从整体环境效果出发,不能单一考虑家具,家具只是环境色彩中的一部分,家具应与环境相统一。

5.5.5　船舶家具与舱室空间

船舶家具是船舶舱室空间设施的主体,家具的色彩、造型、功能决定着空间的用途和氛围。空间又为家具的存在提供了使用方式、范围和存在的价值。船舶家具与船舶舱室空间是相辅相成的关系,空间为家具的存在创造了条件,家具为空间提供了实在的意义。

1. 空间性质决定家具设计的功能性

船舶舱室空间是为船员使用的实际的特定空间,空间的存在具有明显的使用功能。由于空间本身使用功能的明确性,决定了存在这个空间内的家具设计的功能性、家具的样式、线条色彩等,都可以根据总体效果的变化而变化,但使用的功能必须得到保证。如床的功能是保证船员的睡眠,并能睡得好,使船员不在大风大浪时从床上滚落下来。挡板作为床的护栏在船舶舱室设计中就不能丢掉,不能像陆地床一样进行设计。又如家具的抽屉在设计中的止挡器是不可缺少的,这是为了船在航行中,人拉抽屉时抽屉不易滑脱。还有写字台、茶几的挡条、门的逃生孔、衣柜上方的救生衣柜等都是船舶舱室空间对家具的特殊要求,是空间性质决定家具存在的形式,是船舶这个特定的空间决定了家具的特殊功能。

2. 空间面积决定着家具的尺寸和位置

船舶舱室空间相对来讲是比较低矮的,面积比较小,因此船舶舱室空间设计就要求有紧凑感、和谐感。所以家具设计就必须与空间的面积有一种协调感、统一感。家具的尺寸都必须服从船舶舱室的室内空间要求。

家具设计中还必须根据不同空间的位置、大小做不同的处理。做到高、低级船员有区别,居住舱室与公共舱室有区别,中外有区别。家具尺寸的决定既具有标准性,也有其特殊性。如一般家具的尺寸:写字台国内为 780 mm,国外为 720～760 mm;茶几国内为 650 mm,国外为 450～550 mm;沙发国内为 420 mm,国外为 320～400 mm;衣柜国内为 1 800～2 100 mm,小柜类 800～2 100 mm。这些尺寸都是根据室内空间来确定的,是船舶室内空间体量所决定的。

家具的布置也要由空间决定其位置,一般在门口处设大衣柜、洗脸盆,靠窗处多设床和写字台,窗对面设长沙发类。这些位置的确定都是和使用相联系的。

5.5.6　船舶家具的造型设计

船舶家具造型设计与其他家具造型设计是同一原理,不同的是船舶家具造型设计针对性比较强,是在具体存放空间中的造型设计,功能性明确,安装地点位置明确,使用对象明确,周围环境明确,所以设计具有强烈的目的性。

船舶家具的造型设计是利用不同的材料进行分割构成一定的体积,达到以使用价值为主要目的的一种思维活动。设计者通过点、线、面的构成方式,把思维的构想变成实在的物体,这个物体的存在具有一定的使用价值和审美价值,并能按照设计者的构想在一个特定的空间中发挥作用,这就是船舶家具造型的过程和目的。

1. 家具造型中点、线、面的运用

家具是由点、线、面构成的,点、线、面的组合构成了家具的外在形象。点、线、面在家具中的构成部位不同,其外在形象就不同。所以家具造型设计就是利用点、线、面的重新组合,构成家具的新面貌。

(1)点的作用及应用

点作为几何理解,是有形的,有大小的。但是在家具造型中的"点"应理解为占据家具比较小的面积。点在家具中的地位是启动、开拉和点缀的作用,是家具组合美的一部分。如家具中的拉手、锁、铰链等。因此点在家具中的出现就有圆形、长形、方形、菱形和多边形等形状。

点在家具设计中主要是功能性的设计,因为没有"点",家具的使用就困难,如拉手、锁、铰链等。点是面与面连接的部件,又是决定家具使用方式的决定因素。

点的另一个功能是装饰性强,一个好的拉手、铰链、锁都是一个美的装饰,都能为家具增加美的色彩。一个不好的点或处理不好点的位置都会使家具减彩。

所以船舶家具设计中的点不能随便处理,是要和家具统一进行考虑的。点的选用与设计是家具外部形象的眼睛,是提神的地方。

(2)线的作用及应用

家具中的线决定着家具的韵律感,决定着家具的体态和外部形象的轮廓。家具造型设计中常用线定形,线有直线、曲线、实线和虚线等形式,直线具有挺拔美,曲线具有柔和美,实线具有充实美,虚线具有含蓄美。总之由于线的组合、运动、定向和位置运用的不同,所形成的家具外部形象也不同。

在船舶家具设计中,油轮、货轮以及一般性的客船采用直线与实线相结合的比较多。直线美更符合现代材料刨花板、塑面板的制作加工,同时直线又具有时代感,简洁明快,更符合现代工业发展的节奏。

曲线、虚线多用于现代豪华客船、旅游船。曲线、虚线美更具有含蓄性和温柔性,极具装饰性。这样的线型更适合多变、弯曲和花纹图案式的家具造型。这样的曲线富于表现力,使人感到柔中见刚,温中见情的效果。

设计者利用线的运动和方向感,使家具在造型设计中体现韵律美和线的运动美。线条的运用不但丰富家具的面貌,而且使船舶舱室内部空间更趋向线条的美的韵味。同时在家具设计中通过线分割而构成了"体",使面与点更加融合。线在家具设计中的另一个作用就是线具有装饰性。

(3)面的作用及应用

面是组成家具体积的主体,线构成了家具的骨架,点构成了家具的神采。面显示了家具丰满的形象,面不但在家具中占有很大面积,还决定着家具的整体色调和用途。所以面在家具中的构成是起决定性作用的,面的存在决定了线和点存在的价值,若面不存在,线和点也就没有立足之地。

家具中面与面的构成与分割,就形成了线的运动方向和运动规律,面的构成大小、形状决定着家具存在的价值和用途。

2. 家具材料与造型特点

家具是通过设计者对材料的分割加工来构成家具形象,家具离不开材料,因此材料决定了家具的外在面貌和形状,不同的材料能塑造不同的家具形象。家具的外在形象是由设计师构思设想而成,并通过技师加工制作表现出一个完整的可视形象,这个从设计构思到制作加工完成的过程,称为造型。家具造型是由设计师和技师来完成的。

船舶家具是造型设计,必须把环境的因素考虑到家具设计因素中去。船舶家具造型设计是为特定环境进行的一种设计活动,具有明显的固定性和单一性。

（1）木质材料

用木质材料设计制作家具历史悠久,式样结构都具有相当高的水平。木质结构家具成型好,表现丰富,处理手法多样。

木质家具有红木、樟木、柚木、楠木和松木等。木质家具对线的处理非常讲究,有曲线、直线和弧线,花纹处理也丰富,有自然的、手工雕刻的等。总之在木质家具造型设计中多采用线条,以线为主,发挥线的作用。例如,图案、花纹的装饰性曲线,面板上的装饰线和花纹,框架上的启口线,凹凸线,拉手造型的曲线、直弯线等都是通过线来塑造形体,以线来表现设计者和制作者的意图和工艺水平。

（2）板式材料

板式家具是近代发展起来的家具形式,现在船舶家具已基本采用了这种家具形式。如细木工板式家具、刨花板式家具。板式家具在造型设计上多采用面线结合式的结构形式,以面为主。线多采用直线,很少用曲线。面是板式家具造型的主要手段,利用面的大小、上下、左右位置的变化,来构成家具的外部形象。

利用板材制作加工的家具具有时代感,有简洁、明快、大方的感觉,处理手法也更具有科学性和技术性,多采用机械化大批量生产。板式家具不如木质家具细腻、层次丰富,木质家具给人一种温馨的感觉,具有自然韵味,板式家具给人一种现代化的机械式的爽快感。

（3）金属材料

金属材料在家具中的应用也比较早,现在发展到金属塑面材料阶段,其表面纹理已达到逼真的地步。有仿各种木纹纹理、纺织纹理、图案纹理等。现代家具中的金属家具制作从外观看来,已经达到了木质和板式家具的水平,从外观已很难分辨其材质的区别。

金属材料家具大部分采用块面形式,以分割面为主,采用直线造型形式。制作规整大方,现代感强,外观质量好。

材料与家具造型的关系,应该是材料为条件,家具为结果。只有具备了条件才能设计出不同形状的造型来。所以设计师应该根据不同的材料进行家具设计,只有发挥了材料本身的性能,才能达到造型的设计效果。

3. 家具的使用方式与造型

家具的造型设计必须考虑家具的使用方式,不同的使用方式决定着家具的式样和造型。这一点在船舶家具中更为突出,船舶在海上航行,家具必须符合航行中的使用方式。例如船舶在航行中船员要睡觉,床的设计就必须设挡板,挡板的出现改变了床在一般人头脑中的形象,表现出船用床的造型形象。又如衣柜的形象,在人们脑海中有单开门、双开门、组合式等。但船上需要的是放救生衣,因此这一使用方式就改变了衣柜的外部形象,它的造型设计就分为上下两部分。还因为有风浪的影响,家具设防浪板、防浪钩等,这些造型的出现,都是根据使用方式的不同而设计的。船用家具是这样,其他家具也是如此,家具造型必须根据使用方式进行设计。

4. 家具比例尺寸与造型

船用家具的比例尺寸不但受家具自身比例尺寸的约束,而且还受船舶室内空间的约束。船用家具是按船舶空间的要求进行设计的,所以它的尺寸比例必须在空间制约下进行调节,以此构成家具自身比例美。

船舶家具的比例尺寸有时不能按照自身结构形式进行设计,受空间的限制,必须按照空间位置和需要进行设计,这样的家具在船舶中数量是很多的。例如有的衣柜、床、写字台等由于空间位置的需要,家具某一部分的尺寸要加大或减小,或是去掉一个角,或是挖去一个洞等现象在船舶设计中经常出现。沙发在船舶设计中的尺寸比例基本上是根据室内空间需要进行的,一般靠背部都是比较直的。

船舶家具一般比例尺寸都是比较正常的,是按照家具通常的比例进行考虑的。在设计中把空间因素考虑进去就可以了。如衣柜尺寸、床铺尺寸、写字台尺寸以及其他柜类、凳、椅类也都是按照家具通常尺寸进行设计的。

船舶家具的比例美在船舶空间设计中是很主要的,一般船舶舱室空间比较矮,所以在家具比例设计上对比差别要小,块、面、线结合要密切,家具本身的组织结构一定要同空间相协调,特别是在色彩设计中一定不能影响空间统一色调的构成。

在考虑家具比例美的同时,一定要把美与空间使用相结合,否则家具的自身美将影响整体美。所以船舶家具的比例尺寸处理具有家具自身的要求,也要具有空间性。是在空间制约下,寻求家具自身比例尺寸的构成美。

5.5.7　船舶家具风格的时代性

家具的风格与时代背景、美学思潮等因素息息相关。

文艺复兴开始于 14 世纪的意大利,15 ~ 16 世纪进入繁盛时期,在欧洲各国形成各自独特的家具样式,其特点是不露结构部件,强调表面雕饰,运用细密描绘的手法,具有华丽的效果。

17 世纪,欧洲巴洛克样式盛行,家具以直线与曲线协调处理的猫脚家具为主。

18 世纪,欧洲洛可可样式盛行,家具多采用贝壳的曲线,皱褶和弯曲形状图,具有轻快、流动感,但装饰极为烦琐、华丽。

19 世纪 80 年代,欧洲新艺术运动兴起,以模仿自然开始,后发展为简洁、净化倾向。第二次世界大战后,美国成为现代家具发展中心,其特征是采用简洁的几何图形。北欧家具从 20 世纪 50 年代开始独树一帜,以合理而清新的面貌风靡世界,其特征是以圆润的形状和丰厚的材质表现闻名于世,充满含蓄、简洁、率真和优雅感。

20 世纪 60 年代中期,意大利塑胶家具名噪一时,以丰富的色彩、简洁富于变化的造型,突破以往的形式束缚,为现代家具另辟新径。

从 20 世纪 60 年代到 70 年代单元组合家具的产生,让家具设计又呈现出新景象。现代家居的设计应当具有以下特点。

1. 家具设计功能美

以舒适和便利为基本要求,富于弹性和节省空间为最高原则,并需要具有耐久使用和易于维护等主要特点。

2. 现代家居设计时代美

现代家具造型符合机器化大生产要求,造型以简洁的几何图形和有机形为主导,应用线、面、块立体式表现,赋予理性雕塑的意念和形态。几何图形不仅完整,且富于秩序,节省空间,因特别重视比例的处理,而获得优美的感觉,形体较为圆润、柔和而活泼,局部少量使用更能实现造型特性和强调效果。(图5-48)

图 5-48 现代造型沙发

3. 家具设计材质美

材料不但是家具的组合要素,同时也决定着家具的结构形式、造型手法和加工工艺。家具的材质和颜色美,也纳入了家具整体造型美之中。从木制家具、金属家具到铁塑家具的演变,不仅代表着工业大生产的发展,也伴随着家具造型艺术的发展,因此材质美是家具时代性的主要特点。

4. 家具设计科学美

家具设计科学美是指现代家具设计是建立在人机工程学基础之上的,通过人体尺度的测定,现代家具设计的尺度与造型,更能满足人们舒适性的要求,人们已从单纯的使用时期过渡到享受时期。家具的设计不但满足舒适性要求,还有解除疲劳的功效,这些要求的实现,体现了现代家具设计的科学美。

5. 家具设计组合美

家具设计组合美是当代设计的要求,家具已从小型、手工作业进入大型工业化生产,从单一的个体设计走向组合性设计。所以家具设计是与舱室空间造型、色彩设计融合在一起的组合美的设计。

家具设计组合大致有两种,即模块式组合和板式框架组合,它们都体现了时代感、现代美。它不仅使设计制造过程简单,同时安装、运输、保管都很方便、省事,可以同时满足不同人的要求。而对一组家具进行不同的组合,可以极大地满足人们心理和生理的不同使用愿望,这对美化舱室、提高人们生活空间环境质量、体现时代美起着不可估量的巨大作用。

任务六　船舶舱室陈设设计

5.6.1　舱室陈设的作用与范围

舱室陈设是指舱室空间除界面、家具以外的物品的选择与配置。陈设是属于表达精神性质的媒介。从表面上看,它的主要作用是加强舱室空间视觉效果;但实质上,它的最大功效是增强舱室环境的性格表现和意境。换句话说,陈设的价值比其实用意义更为积极。它不仅具有实用、观赏、增添娱乐效果的能力,而且可以制造高端意境。

陈设品范围极为广泛,原则上分为机能性陈设和装饰性陈设两大类。机能性陈设是指具有舱室用途,兼有观赏意味的使用品,这类陈设多以造型、色彩取胜。装饰性陈设是指本身没有实用价值,纯属观赏的装饰品,这类陈设多具有浓厚的艺术趣味或强烈的装饰效果。陈设在舱室的数量较少,起强调作用,造型色彩应有注目性。它表现舱室的性格与风格特点,对人们的活动、休息都有很大的影响力。

机能性陈设包括装饰织物(地毯、窗帘、家居蒙面、陈设覆盖、壁挂等)、灯具、茶具、餐具等。装饰性陈设包括艺术品、工艺品、绿化和水景等。

1. 装饰织物

当代织物已渗透到室内各个方面。由于织物在室内覆盖面积大,所以对室内的气氛、格调意境等的创造起着很大的作用。织物具有柔软、触感舒适的特殊性,所以又能相当有效地增加舒适感。在一些公共空间里,织物只作为点缀性物品出现。而对于居住空间,织物则可以塑造出应有的温暖感。

地毯不仅提供一个富有弹性、防寒防潮的地面,还可创造象征性空间。不同舱室、场合地毯式样也不同。餐厅、咖啡厅图案可花哨些;大厅常用宽边式构图地毯,以增加室内区域感;在居室内家具等物品较多,宜用素色四方连续花纹地毯;门厅、走廊常用单色或条状地毯,总之地毯铺设应根据室内陈设艺术的结构综合考虑,让色彩与纹样相互协调。

窗帘的主要机能是调节光线、温度、声音和视线,其装饰性也相当重要。根据窗帘质料和厚薄,可分为纱、绸和呢三种。纱帘可以增加室内轻柔、飘逸的气氛;绸帘能遮阳、调节光线、遮挡视线、增加私密性;呢帘遮光、保温、隔音性能最好,可提供更私密的环境。窗帘的基本形式,如图 5-49 所示。

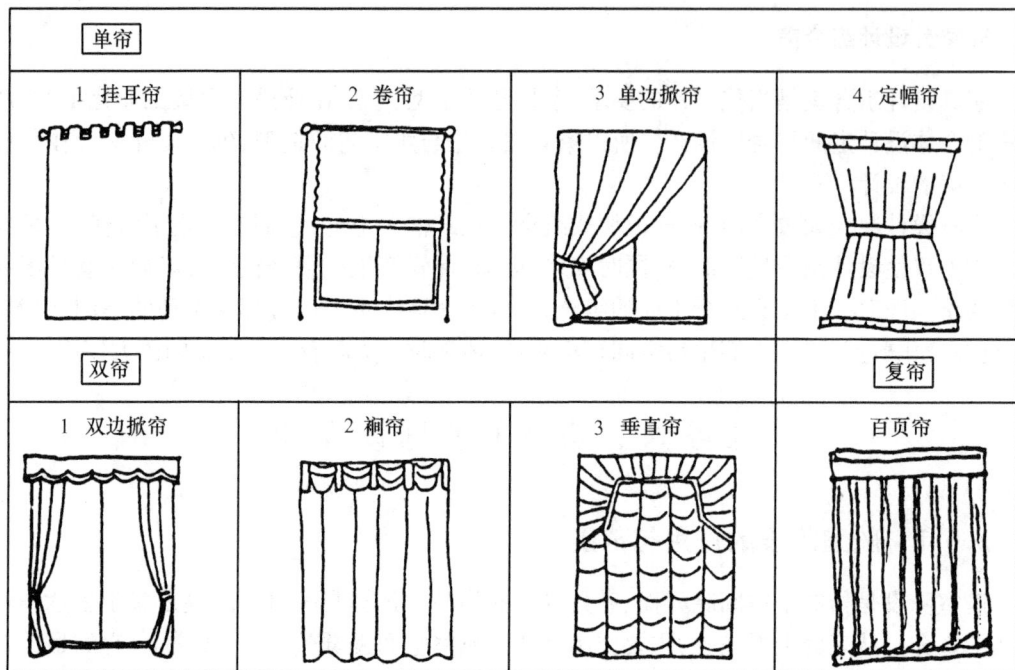

图 5 – 49　窗帘的基本形式

　　家具蒙面织物色彩与花纹需要与家具和陈设风格相一致。陈设品覆盖织物在室内陈设艺术上起着点缀作用，以陪衬家具审美效果为目的，所以它们以不掩盖家具本身所具有的装饰美为原则。覆盖织物宜少不宜多，尤忌五光十色，否则破坏典雅室内气氛。（图 5 – 50）

　　壁挂、吊毯是软质材料，使人感到亲切，是柔软与美高度组合的室内装饰物。壁挂如同油画、国画一样被设计师广泛采用。

　　其他织物包括天棚织物、织物屏风和灯罩等。

　　天棚织物用于舞厅、大厅、餐厅和居室。织物略加褶纹和曲线变化，可以取得良好的装饰效果。悬挂织物给人以富丽、高贵和亲切之感。因其既不反光，又隔音防潮，目前也广泛应用于高级场所。织物屏风有防风和划分空间功能，它的装饰成功与否，要看它是否能与室内总体艺术风格相协调。织物灯罩较其他质感的灯罩显得柔和、亲切、轻便。有些半透明的织物灯罩，在光线透射下能体现肌理美。

图 5 – 50　居室陈设

2. 艺术品和工艺品

包括雕塑、浮雕、书法、绘画、摄影、插花、陶瓷和玻璃制品等。在舱室装饰设计中,工艺艺术品有组织空间构图、画龙点睛的作用;有丰富空白墙,充实空间的作用;有表现民族、地域风格的作用;有构成主要景观,强调高潮区气氛的作用。(图 5-51)

图 5-51　走廊壁画

3. 绿化和水景

绿化和水景是回归自然的核心,这种自然的东西是工业时代、现代生活的补充。绿化对于室内温度、湿度改善,绿化室内环境、减少噪声都有积极作用。现代客船大多设有泳池,有些设计成海滩式的坡度,中厅设计有景观水池,通道休息处设置绿化盆栽,这些对于创造舱室空间的自然气氛有着重要作用。(图 5-52)

图 5-52　绿化布置

5.6.2 舱室陈设品的选择与配置

船舶舱室的气氛与意境,往往凭借陈设而获得加强和表现。为了使得空间具有优雅美感和高层次格调,陈设成为舱室设计与布置中极为重要的工作。然而由于陈设品范围非常广泛,式样多而杂,如果缺乏足够的装饰知识、充分的构思能力和布置技巧,很难将风格搭配、形式安排和整体布置做到恰到好处。

1. 陈设品的选择

陈设品的选择必须兼顾风格与形式两个基本要素。风格是选择舱室陈设品的重要因素。基本原则是在和谐的基础上,寻求强调效果。陈设品风格的处理方式不外乎两种途径:正式处理方式是选择陈设品风格与室内设计呈统一效果;非正式处理方式是选择陈设品风格与室内设计呈对比效果。在正式处理方式中,是在融洽之中求得适度的加强效果,陈设品的造型与色彩效果表现较为强烈,否则若二者风格一致就无法产生加强效果;而在非正式处理方式中,因二者风格有对比效果,陈设品本身风格必须和谐,而且数量必须减少,才不至于产生冲突效果。总而言之,陈设品的风格几乎别无选择,只能采取与室内相同的路线;假如室内风格的性格较为薄弱而不明显,那么陈设品的风格则具有较多弹性,可以从各个不同角度去寻求强调途径。

陈设品的形式(造型、色彩、材质)是选择方面必须重视的条件,尤其现代室内设计日趋单纯简洁,陈设品的形式也相对重要。就造型而言,陈设品的形式与室内设计形式的对比程度可以通过数量、面积或体积的缩小来调节。就色彩而言,陈设品经常处于色彩计划中"强调色"的角色,但舱室狭小或色彩相当丰富时,陈设品色彩就不应过分强烈。实际上,陈设品色彩与舱室色彩对比,还应包括彩度和明度的对比,如在浅蓝色居室中选用黄橙色调油画,则为色相对比。如选择过多陈设品就应善于运用反复与平衡原理进行调节,才能获得生动融洽的效果。就材质而言,也应同样必须充分把握同一原理,给予适当发挥。同一空间必须选用材质相同或相似,而与陈列背景形成对比效果的陈设品,才能在统一中充分表露材质特色。

2. 陈设品的配置

陈设品的配置是一项综合筹划的艺术布置工作。由于各类舱室功能不同、环境不同、条件不同,很难建立一个固定有效的模式。只有凭借形式美基本原理,根据空间特点,发挥创造性,才能获得独特表现。陈设配置形式有以下四种,即墙面装饰、桌面陈设、地面布置、橱架展示。

墙面装饰以绘画、浮雕等美术作品为主要对象,大型装饰作品往往是舱室公共区的重点装饰,必须选择完整而且适于观赏的壁画作为布置位置。除了题材风格以外,必须同时注意墙面装饰本身的面积、数量与壁画空间、邻近家具和其他装饰物的比例关系,以及布置方向与壁画方向的协调问题。

桌面陈设狭义是指餐桌布置。欧美各国客船对餐桌布置非常讲究而严格,不仅用精美的餐具求取高贵的感受,而且以巧妙的陈设品来加强用餐的愉悦气氛。

地面布置主要是地毯、绿化等。大型客船各层甲板通道都是采用不同颜色地毯以示区别层数和左右舷方向,并表达各层甲板环境气氛和意境,舱室地毯铺设应与室内形式相一致。在船上摆设绿化盆景,即填补了空间空白,又增加了生机和活力。

橱架展示是一种兼有存放作用的陈列方式,布置时应注意橱架造型色彩简单,变化太多或过度复杂不适于作陈列背景。

任务七　船舶环境设计

5.7.1　基本概念

环境是围绕着某种主体(人或物),并对主体产生某些影响的外界事物。以人为主体的环境指包围着人并与人有相互作用的一切外界事物的统称。对于船上船员和乘客,环境包括创造一个舒适的生活环境,如改善生产作业环境,以形成良好的、安全的作业环境。在作业环境中,应不损害作业功能,确保人能完成任务,同时作业环境对人体健康应无任何不良影响,还可提高工作效率。以上指的是硬环境,对于船员的周到服务属于软环境。这里向大家介绍的是在硬环境设计中的具体项目,对于软环境包括的内容仅仅列出其条款。

研究环境与人的心理之间的相互作用,必须首先要研究环境心理学及其规范,人们从心理学的角度出发,探讨什么样的环境才是符合人们心愿的环境。

环境心理学集中涉及建筑学、室内设计学、人机工程学、心理学、人类学、生态学、环境美学、社会学、风俗学、人文地理学和都市设计学,是综合性很强的学科。当然在具体应用中,也要针对性很强,做到有的放矢。

环境设计从两方面强调人对环境的反馈反应,即人的生理环境与心理环境的承受程度,二者相互影响、相互作用。也就是环境设计包括硬环境和软环境,它们二者之间相互作用,交叉影响。单纯地将环境分为硬环境和软环境分别进行设计,而不考虑它们之间的相互作用和相互影响肯定是失败的设计。

5.7.2　研究内容与方法

根据前面讲过的原则,人们研究环境心理学,为设计找到了理论根据。同时根据环境心理学自身的特点,将大量定性的内容,通过各种现代科学研究手段,进行定量化分析,以提供科学的大量的环境设计所需要的环境质量依据。环境心理学在心理学与生理学的基础上,透过视觉、嗅觉、听觉和触觉器官,全面研究、解决环境问题。它一方面研究居住环境对人的心理影响,另一方面研究人的心理需求,从而调整改善居住环境质量,也就是提高船舶舱室的适居性。

船舶舱室环境设计的理论依据是随着建筑环境心理学的发展而发展起来的。

研究方法分为实验法和调查法。实验法又分为现场实验法与实验室实验法;调查法分为观察分析法和调查分析法,或者二者结合起来,成为观察调查分析法。

5.7.3　船舶环境系统设计

船舶是浮动的水上城市,生活与工作在船上的人处于一个大的环境里。船在海洋中航行,外界环境条件变化很大。进行船舶舱室设计必须研究乘客(包括船员)的生理和心理需求,首先要满足生理上的适居性,包括以下几点。

1. 使用适居性

指空间尺度满足使用要求,家具、设备布置合乎行为及活动规律。

2. 视觉适居性

指空间形态和尺度应无压抑空旷之感,光线应避光炫,色彩协调等。(图5－53)

图5－53 现代旅游客船居住舱室环境

3. 听觉适居性

指噪声控制、音响位置。

4. 嗅觉适居性

指空气流通,对灰尘、微生物、烟雾、电磁场等的控制。

5. 触觉适居性

指空气应有适当温度以及界面、家具材质的手感。

通过统计资料表明,船员中船内轮机人员、炊事人员、舱面人员中暑症发生比例是3:2:1,可以看出舱内环境影响较大。其他如消化器官、呼吸器官、神经感觉器官疾病、皮肤病等也均易发生,这是由于海上日照强烈,船体热传导量很大,加上舱内机器产生的热量,通风欠佳,导致舱内高温。

有些旧船采用自然通风,由于换气量不足、舱内空气混浊、水蒸气散发不畅,舱内温度高,结露严重。空气中的二氧化碳、有害气体、粉尘、细菌等使舱内空气污染,造成船员发病率高。船舶给船员造成影响的环境条件即船舶整体环境和舱室环境、设备环境,都不能超过人体生理和心理所能承受的合理界限。

下面介绍的是有关文件对人的生理界限、心理界限和舒适范围最佳值的规定,供设计和研究舱室环境时参考。(表5－29)

表 5 - 29　舱室环境要素参数表

分类	舱室要求	生理界限	心理界限	舒适范围
光照	照度/lx	20 ~ 30	20	500
	亮度/nt	0.3	1.5	
音响	噪声/dB	120	85	50
	频率/Hz	0.07	0.01	0
大气环境	灰尘/(mg/m³)	10	5	0
	雾含量/(mg/m³)	0.3	0.2	0
	二氧化硅/(mg/m³)	2	1	0
	碳水化合物/(mg/m³)	300	150	0
	一氧化碳/(mg/m³)	30	10	0
	空气流量/(m³/h·人)	8.5	22	34
	空气流速/(m/a)	1	0.3	
大气环境	大气体积/(m³/人)	20	25	37
	干湿度/%	15	30	50
	辐射热/(kcal/h)	214	150	46
	温度/℃	-10,42	27	16

对于普通船舶船员工作环境来说,大多数舱室温度在 30 ~ 50 ℃ 之间,个别部位机舱高达 50 ℃ 以上,相对湿度高达 90%。日照量在我国海南高达 764 kcal/m·h,总日照量为 5 770 kcal/m·d。船上由于舱室气密性、水密性要求,空气中各种气味较多,如不及时排出,势必造成船员不适。船上有百十种机械噪声,必须采用隔音设施。船舶振动范围在 0.8 ~ 35 Hz,近于 0.3 ~ 10 Hz 范围的弱地震特征,也是引起船上人员不适的原因。船舶摇动不可避免,减轻横摇容易,减轻纵摇则比较困难。目前国际上通常采用的是安装各种减摇设备,并通过计算机的反馈控制来减摇,已取得较好效果。船员工作舱室布置拥挤,船装的设备多,透气性不好,加速人的疲劳感。舱室色彩选择不当,将造成视力疲劳,有损视力健康,故色彩选择对船员工作舱室也同样重要。此外,灯光照明也是我们在环境设计中必须考虑的一个因素。

环境设计的是否科学与合理,除了满足人的生理因素的要求外,还要满足人的心理因素的要求,也就是我们前面提到的硬环境与软环境,二者同样重要,对人的作用有时可以相互转化。

提高船舶工作与生活的环境质量是摆在船舶舱室设计者面前的重要任务。船舶舱室设计从传统的后期装饰性设计已经进入与船舶结构设计同等重要的全过程设计,是不容忽视的重要部分。

对于居住、休息环境来说,国外有许多规则和标准可供国内设计者们参考。世界旅游船对船舶环境的评价提出了更高的要求,这一要求以乘客为主体,把船和服务作为环境来考虑,船舶作为硬件,服务作为软件,以优美的外观造型、舱室的宜人性设计和对乘客的周到舒适服务,创造了最佳的船舶环境,赢得了人们的赞誉。表 5 - 30 作为客船环境评定项目,是世界客船"星级"评定标准,供我们在设计时参考。

表 5-30　客船环境评价项目标准

总项	序	具体项目
一 船舶外观形态	1	美的外观、风格、线条、装饰及其形态
	2	船首的伸出部、船尾的形式及烟囱的造型设计
	3	船体及外部涂装情况
	4	甲板材料的选配安装完工情况
	5	救生艇及吊艇柱的布置与造型
	6	救生筏及救生装备的状况
	7	烟感探测器及防火器具的布置
	8	逃生路径标志和信号指示
	9	露天楼梯造型及其布置
	10	靠岸舷门及交通艇的布置
二 清洁度	1	通用的乘客居住空间
	2	露天甲板、遮阳甲板、日光浴区域、散步场所
	3	游泳池、甲板上各种备品
	4	通道和出入口处
	5	室外观景空间
	6	公共场所空间
	7	大厅、楼梯、通道
	8	公共卫生间及其设备
	9	客舱及浴室
	10	全部乘客用公共空间的状况
三 乘客舒适水平	1	室内布置及安装
	2	公共区域的照明、取暖和通风
	3	空调系统(包含舒适区域)
	4	舱室通风控制及效率
	5	甲板的总布置、方向指示的表示和乘客的流向
	6	室内噪声和振动程度
	7	通风及排烟
	8	公共卫生间设备
	9	公共场所处的沙发设计舒适度和利用率
	10	乘客空间的比率与密度

表 5 –30（续 1）

总项	序	具体项目
四 家 具 及 装 饰	1	总体概观和状况
	2	内装设计和装饰
	3	颜色和配合
	4	材质、协调与表面处理
	5	窗帘等纺织品的选择、颜色及状况
	6	家具的耐用性和实用性
	7	地毯的色调和实用性
	8	地毯的铺装、接头和端部的处理
	9	顶棚及其安装
	10	工艺品质量及协调性
五 旅 游 菜 肴	1	菜谱及其组合
	2	菜肴的创造性、多样性及受欢迎程度
	3	烹调原料的种类与新鲜度
	4	味道
	5	装盆与量的均匀性
	6	早餐、晚餐、甲板简易餐厅
	7	晚间及夜间简易餐厅
	8	冷盆、汤、面条、主菜、色拉、点心、面包
	9	菜肴装饰性原料及冰的雕刻
	10	对特殊饮食习惯及个别用餐乘客的安排与考虑
六 食 品 与 服 务	1	综合餐厅服务
	2	餐厅经理、各部主任、助理及招待员等责任人
	3	餐桌招待及助手
	4	桌上餐具布置
	5	亚麻布料、瓷器及刀类的选择质量与状况
	6	简易餐厅服务态度
	7	公共场所的食品服务
	8	午后饮料（茶和咖啡）的服务
	9	饭菜适合的温度及服务
	10	餐厅的气氛（装饰、色彩、照明）

表 5-30（续 2）

总项	序	具体项目
七 饮 料 与 服 务	1	酒单（酒的品种与价格）
	2	啤酒饮料（品种、质量、价格）
	3	非啤酒饮料（品种、质量、价格）
	4	葡萄酒专业技术知识与服务
	5	酒吧间工作人员的专业技术知识与服务
	6	公共场所的饮料服务
	7	午后用茶与咖啡的服务
	8	自动服务物品种类
	9	玻璃餐具与非玻璃餐具状况
	10	饮料的开封、倒入状况
八 居 住 客 舱 的 设 施	1	舱室空间与出入口处的设计
	2	空间布置与利用
	3	声音、噪声、震动的隔离程度
	4	家具设施的质量与布置
	5	床铺的尺寸、样式与舒适度
	6	衣柜及悬挂场所
	7	抽屉及其他储物设施
	8	照明、空调、取暖
	9	交直流电源系统及种类
	10	浴室尺寸、固定性及设施
九 居 住 舱 室 服 务	1	服务员的服务、留意力
	2	语言与联系
	3	姿容与服装
	4	工作效率与专业知识
	5	可见性与应答性
	6	处理乘客反馈问题的速度与正确度
	7	纺织品的易更换性
	8	在舱室的用餐服务
	9	对清洁度的留意程度
	10	对舱室细节的关心程度

表 5 –30（续 3）

总项	序	具体项目
十 旅 行 路 线 与 旅 游 点	1	旅行路程与航线的设计
	2	海上航行天数与港湾停留天数平衡
	3	旅游景点的多样性
	4	旅游地的主要名胜
	5	地理位置及气候
	6	历史、文化名胜
	7	甲板舷侧区域出入口处清洁度
	8	交通使用方便性
	9	在停泊港的时间安排
	10	从船到岸的运转方式
十 一 岸 上 旅 游 程 序	1	停泊港的旅游指南与咨询
	2	旅游情报资料
	3	岸上导游人员
	4	岸上游览的多样化与满足度
	5	岸上游览设施的利用与费用
	6	交通导游的质量
	7	岸上游览用餐安排
	8	个别游览的交通配合
	9	全部游览计划的实施
	10	全体乘客满足程度
十 二 娱 乐	1	节目安排的质量、多样化及得到好评程度
	2	节目演技、艺术质量及满意程度
	3	节目演出与夜总会的歌舞表演
	4	舞台技术及演技熟练程度
	5	照明、道具的设计与使用方法
	6	音响系统的音量及音响效果
	7	乐队及演奏
	8	舞蹈伴奏的协调度及质量
	9	电影、电视及剧场节目表
	10	节目的时间计划与安排

表 5 – 30(续 4)

总项	序	具体项目
十三 旅游活动	1	活动计划安排多样化满意度
	2	知识的演讲与演示
	3	鸡尾酒会及社交聚会
	4	室内外活动的均衡
	5	体育和比赛
	6	举办活动时工作人员的态度
	7	工作人员的举止行为
	8	独自性与创造性
	9	单身感兴趣的活动
	10	适合儿童和少年节目安排
十四 导游与工作人员	1	姿容与服装
	2	可见性及与乘客的接触
	3	登台及专业技术
	4	话筒使用技术
	5	演讲技巧及对策
	6	告示板、广播
	7	组织、活动、管理能力,处理、解决问题技巧
	8	在通道处的可见性
	9	对工作的热爱程度
	10	专业技术水平
十五 船员	1	船长及高级船员
	2	姿容及着装
	3	组织能力、尊敬度及权威
	4	社交接触及可见性
	5	对乘客问题的处理与反馈
	6	工作人员的管理培训及指导
	7	语言与联络
	8	与乘客接触中的友好与耐心
	9	对工作的热情与精神
	10	对公司产品的专业知识

表 5 - 30（续 5）

总项	序	具体项目
十六　健身运动体育设施	1	健身运动及设备
	2	室外游泳池及室内浴池的尺寸与清洁度
	3	体育馆、健身房
	4	蒸汽浴及更衣室
	5	巡回跑道及运动甲板
	6	训练指导程序
	7	体育教练及顾问
	8	训练种类及其活动
	9	水上运动程序
	10	室外运动和比赛程序
十七　综合船舶设施	1	公共场所及卫生间
	2	休息室及酒吧
	3	露天甲板及日光浴室
	4	健身运动设施
	5	体育运动器具及设施
	6	娱乐场
	7	商店、首饰服饰用品店
	8	美容院及美容服务
	9	医疗设施
	10	吸烟及禁烟的规定及措施
十八　费用	1	标记价格的准确度
	2	对预购商品的送货
	3	对独身者商品的送货
	4	船舶营运费用水平
	5	船上服务费用水平
	6	旅游环境及气氛
	7	旅游景点
	8	竞争分析
	9	价格的现实性
	10	一天费用的真实价格

表 5 –30（续6）

总项	序	具体项目
十	1	旅游与商品指南的易读性
九	2	空运与海运的配合
	3	船票与登记表格的填写
综	4	交通手段的配合
合	5	乘船及下船
的	6	旅游前后行李物品的包装及运送
旅	7	综合的船上设备设施
游	8	综合的船上工作人员
体	9	综合的船上服务
验	10	综合的旅客满意程度

任务八　船舶舱室人机工程设计

5.8.1　概述

　　与船舶舱室设计有关的人机工程学的涉及范围归纳起来有四个方面：人体尺寸在舱室设计中的应用；人体的特性在舱室设计中的应用；人的视觉因素在舱室设计中的应用；关于舱室振动和噪声研究在舱室设计中的应用。我们在过去进行船舶舱室设计中大都是以实用效果和经验为主，按照设计者的主观意志来决定各种要素很不科学，也不能进行量化设计。在这种情况下，为创造一个良好的舱室环境空间，为使其更加科学化，有必要介绍一下有关人机工程学与舱室有关的内容。

5.8.2　人机工程学人体尺寸在舱室设计中的应用

1. 人体尺寸数据

　　在设计、制造物品时，要先决定其尺寸。物品是由人来操作或使用的，因此必然要将人体尺寸作为设计的基准和依据。但是，每个人的身高、体重及至人体各部分尺寸都不大相同。为了减少由此引出的十分烦琐的尺寸差异，使之利用尺寸减小不合理成分，我们通过采用人体平均尺寸与标准偏差，利用人体尺寸百分位数直接查到设计时所需要的数据。

　　（1）人体尺寸的概念

　　人体尺寸是人体在特定姿势状态下，表示生理各结构尺寸关系的统计数据。

　　人体尺寸数据的来源是依据人体测量学的原理和测量方法，在大量实测的人体尺寸数据中，经数学方法处理而获得的有代表性的尺寸数据。

　　国家标准 GB 10000—88《中国成年人人体尺寸》是在参考 ISO 9002—81 标准的基础

上,根据中国人实际情况统计归纳的,于1989年11月17日正式公布。本标准根据人机工程学的要求提供了我国从事工业生产法定成年人人体尺寸的基础数值(男18~60岁,女18~55岁)。它适用于工业产品、建筑设计、军事工业,以及工业的技术改造、设备更新和劳动安全保护。

船员的舱室空间、设备、家具的尺寸和布置都可以以此数据为设计依据。

(2)术语

百分位:表示某一身体尺寸范围内,有百分之几的人,大于或小于给定值。例如,第5百分位代表"小"身材,即只有百分之五的数值低于此下限值;第95百分位代表"大"的身材,即只有百分之五的数值高于此上限值;第50百分位代表"适中"身材,即有百分之五十的数值高于或低于此值。

平均值:表示某一身体尺寸范围的算术平均值,用 $\overline{X}$ 表示。

标准偏差:表示数值分布的离散程度的统计量。

人体尺寸可以根据"以主要百分位和年龄范围的中国成年人人体平均尺寸数据"中查到相关数据;还可以利用人体平均尺寸和标准差来进行计算算出相关数据,如表5-31至表5-38所示。

表5-31　成年男子人体的主要尺寸数据

(本表非国家标准,是综合多种资料整理而成,对一般人体数据应用有一定的参考价值)

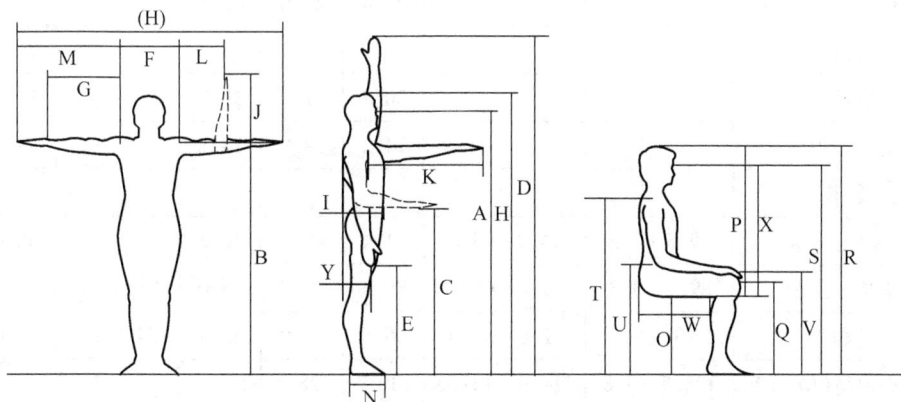

单位:cm

代号	项目	亚洲人		我国各地区人体平均尺寸			欧洲人	
		平均值±标准差	最小值~最大值	较高地区(冀、鲁、辽)	中等地区(长江三角洲)	较矮地区(云、贵、川)	平均值±标准值	中值
H	身高(站)、双手展宽	168.7±6.0	151.0~188.0	169.0	167.0	163.0	177.4±6.2	176.0±6.2
A	眼高(站)	158.1±6.0	140.0~176.0	157.3	154.7			

表 5－31（续）

代号	项目	亚洲人		我国各地区人体平均尺寸			欧洲人	
		平均值±标准差	最小值~最大值	较高地区（冀、鲁、辽）	中等地区（长江三角洲）	较矮地区（云、贵、川）	平均值±标准值	中值
B	肩高（站）	138.8±5.6	126.0~157.5					
C	肘高（站）	103.9±4.7	92.0~117.0					
D	手举起指尖—脚底							206.0±2
E	手下垂指尖—脚底			63.3	61.6	60.5		60.2±2
F	肩—肩距	43.8±1.7	37.0~52.0	42.0	41.5	41.5		46.0±2
G	肩—腕距			54.6	54.8	55.2		59.5±2
I	胸深			20.0	20.1	20.5		20.8±2
J	前臂长（包括手）			43.4	43.0	43.5		44.5±2
K	臂长							71.4±2
L	后臂长			30.8	31.0	30.7		31.5±2
M	肩—指尖距			74.2	74.0	74.2		79.6±2
N	脚长							26.4±2
O	坐高	39.5±2.3	34.0~45.0	41.4	40.7	40.2		48.0±2
P	头顶—坐距	89.1±3.3	81.0~98.0	89.3	87.7	85.0	91.3±4	92.0±3
Q	膝高	50.0±3.2	42.0~58.0	46.5	46.0	45.8	54.1±2	56.0±2
R	头顶高（坐）	128.8±4.8	114.0~141.0	130.7	128.4	125.2		
S	眼高（坐）	118.5±5.1	92.0~117.0	120.3	118.1	114.4		
T	肩高（坐）	100.4±4.1	90.0~110.0					
U	肘高（坐）	65.4±3.7	56.0~76.0	65.7	64.6	62.2		
V	腿高（坐）	57.6±2.8	45.0~63.0				56.9±1.6	
W	坐深	48.3±2.9	40.0~57.0	45.0	44.5	44.3	51.9±2.2	48.0±2
X	眼—坐距	78.7±3.5	68.5~87.0	78.9	77.4	74.2	80.4±3.7	

表 5 - 32　成年女子人体的主要尺寸数据

（本表非国家标准，是综合多种资料整理而成，对一般人体数据应用有一定的参考价值）　　　单位:cm

代号	项目	亚洲人					欧洲人	
		平均值±标准差	最小值~最大值	我国各地区人体平均尺寸			平均值±标准值	中值
				较高地区（冀、鲁、辽）	中等地区（长江三角洲）	较矮地区（云、贵、川）		
H	身高(站)、双手展宽	1.56±2.0		158.0	156.0	153.0	163.8±7.1	161.0±6
A	眼高(站)			147.4	144.3	142.0		
E	手下垂指尖—脚底			61.2	59.0	57.5		
F	肩—肩距			38.7	39.7	38.6		
G	肩—腕距			51.1	51.3	50.9		
I	胸深			20.0	20.8	22.0		
J	前臂长(包括手)			40.4	39.8	39.8		
L	后臂长			29.1	29.3	38.9		
M	肩—指尖距			69.5	69.1	68.7		
N	脚长							24.4±3
O	坐高			39.0	38.2	38.2		46.0±2
P	头顶—坐距			84.6	82.5	79.3	85.8±2.7	87.0±3
Q	膝高			43.6	43.6	43.0	48.6±3.9	44.0±3
R	头顶高(坐)			123.6	120.7	117.5		
S	眼高(坐)			114.0	111.0	107.8		
U	肘高(坐)			63.0	61.2	59.8		
W	坐深			43.5	42.5	42.2		
X	眼—坐距			75.0	72.8	69.6	75.8±3.9	
Y	背—指距							81.0±3

表 5 - 33　以平均身高计算成年人体的主要尺寸

代号	名称	男		女	
		理想比例(身高为 8 个头高)	正常比例(身高为 7 个半头高)	理想比例(身高为 8 个头高)	正常比例(身高为 7 个半头高)
H	身高	H	H	H	H
1	眼高	$0.937\ 5\ H$	$0.933\ 3\ H$	$0.937\ 5\ H$	$0.933\ 3\ H$
2	肩高	$0.833\ 3\ H$	$0.844\ 4\ H$	$0.833\ 3\ H$	$0.844\ 4\ H$
3	肘高	$0.625\ 0\ H$	$0.600\ 0\ H$	$0.625\ 0\ H$	$0.600\ 0\ H$
4	脐高(站)	$0.625\ 0\ H$	$0.600\ 0\ H$	$0.625\ 0\ H$	$0.600\ 0\ H$
5	臀高(站)	$0.458\ 3\ H$	$0.466\ 7\ H$	$0.458\ 3\ H$	$0.466\ 7\ H$
6	膝高	$0.312\ 5\ H$	$0.266\ 7\ H$	$0.312\ 5\ H$	$0.266\ 7\ H$
7	腕—腕距	$0.812\ 5\ H$	$0.800\ 0\ H$	$0.812\ 5\ H$	$0.800\ 0\ H$
8	肩—肩距	$0.250\ 0\ H$	$0.222\ 2\ H$	$0.200\ 0\ H$	$0.213\ 3\ H$
9	胸深	$0.166\ 7\ H$	$0.177\ 8\ H$	$0.125\ 0 \sim 0.166\ 6\ H$	$0.133\ 3 \sim 0.177\ 3\ H$
10	前臂长(包括手)	$0.250\ 0\ H$	$0.266\ 7\ H$	$0.250\ 0\ H$	$0.266\ 7\ H$
11	肩—指距	$0.437\ 5\ H$	$0.466\ 7\ H$	$0.437\ 5\ H$	$0.466\ 7\ H$
12	双手最宽	$1.000\ 0\ H$	$1.000\ 0\ H$	$1.000\ 0\ H$	$1.000\ 0\ H$
13	手举起最高点	$1.250\ 0\ H$	$1.277\ 8\ H$	$1.250\ 0\ H$	$1.277\ 8\ H$
14	坐高	$0.250\ 0\ H$	$0.222\ 2\ H$	$0.250\ 0\ H$	$0.222\ 2\ H$
15	头顶—坐距	$0.531\ 3\ H$	$0.533\ 3\ H$	$0.531\ 3\ H$	$0.533\ 3\ H$
16	眼—坐距	$0.458\ 3\ H$	$0.466\ 7\ H$	$0.458\ 3\ H$	$0.466\ 7\ H$
17	膝高(坐)	$0.291\ 7\ H$	$0.266\ 7\ H$	$0.291\ 7\ H$	$0.266\ 7\ H$
18	头顶高(坐)	$0.781\ 3\ H$	$0.733\ 3\ H$	$0.781\ 3\ H$	$0.733\ 3\ H$
19	眼高(坐)	$0.708\ 3\ H$	$0.700\ 0\ H$	$0.708\ 3\ H$	$0.700\ 0\ H$
20	肩高(坐)	$0.583\ 3\ H$	$0.566\ 7\ H$	$0.583\ 3\ H$	$0.566\ 7\ H$
21	肘高(坐)	$0.406\ 3\ H$	$0.355\ 6\ H$	$0.405\ 3\ H$	$0.355\ 6\ H$
22	腿高(坐)	$0.333\ 3\ H$	$0.300\ 0\ H$	$0.333\ 3\ H$	$0.300\ 0\ H$
23	坐深	$0.275\ 0\ H$	$0.266\ 7\ H$	$0.275\ 0\ H$	$0.266\ 7\ H$

表5-34　人体各部分尺寸及标准偏差

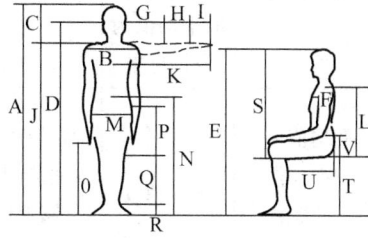

单位:mm

性别		男		女	
部位名称	数值	平均值	近似标准偏差	平均值	近似标准偏差
身高	A	1 670	61	1 560	59
肩高	B	415	23	397	22
肩峰至头顶高度	C	291	18	282	17
直立时眼高	D	1 547	58	1 443	55
正坐时眼高	E	1 181	49	1 110	47
胸廓前后径	F	201	13	203	13
上臂长	G	310	18	293	18
前臂长	H	238	15	220	14
手长	I	192	13	178	12
肩峰高	J	1 379	54	1 278	52
1/2×上肢展开全长	K	843	39	787	37
上身高	L	586	29	546	28
臀部宽	M	309	18	319	19
肚脐高	N	983	43	925	42
手指尖至地面高	O	616	31	590	30
上腿长	P	409	22	379	21
下腿长	Q	392	22	369	21
脚高	R	68	5	67	5
坐高	S	877	40	825	38
腓骨头上端高	T	407	22	382	21
大腿水平长度	U	445	24	425	23
肘下尺	V	239	15	230	15

表 5 – 35　人体各部分尺寸的平均值及标准偏差在设计中的应用

选取形式	最大的尺寸为设计标准			取平均值为设计标准	取小的尺寸为设计标准		
被选值	平均值 + 3 倍标准偏差值 $(\mu + 3\alpha)$	平均值 + 2 倍标准偏差值 $(\mu + 2\alpha)$	平均值 + 1 倍标准偏差值 $(\mu + \alpha)$	平均值 μ	平均值 – 1 倍标准偏差值 $(\mu - \alpha)$	平均值 – 2 倍标准偏差值 $(\mu - 2\alpha)$	平均值 – 3 倍标准偏差值 $(\mu - 3\alpha)$
代表人数	小于该值的占总人数的 99.9%	小于该值的占总人数的 97.7%	小于该值的占总人数的 84.1%	小于或大于该值的各占总人数的一半	大于该值的占总人数的 84.1%	大于该值的占总人数的 97.7%	大于该值的占总人数的 99.9%
设计实例	走廊最小高度以身高的 $(\mu + 3\alpha)$ 为该设计依据			门手柄的安装高度以肘高的 (μ) 为设计依据	手控制器的最远距离以手臂长的 $(\mu - 3\alpha)$ 为该设计依据		

注：μ 为平均值，α 为标准偏差。

表 5 – 36　以主要百分位和年龄范围的中国成人人体尺寸数据　　　单位：mm

测量项目	性别	百分位数	年龄分组				测量项目	性别	百分位数	年龄分组			
			18 ~ 60 岁	18 ~ 25 岁	26 ~ 35 岁	36 ~ 60 岁				18 ~ 60 岁	18 ~ 25 岁	26 ~ 35 岁	36 ~ 60 岁
1 身高	男	1	1 543	1 554	1 545	1 553	2 体重 / kg	男	1	44	43	45	45
		5	1 583	1 591	1 588	1 576			5	48	47	48	49
		10	1 604	1 611	1 608	1 596			10	50	50	50	51
		50	1 678	1 686	1 683	1 667			50	59	57	59	61
		90	1 754	1 764	1 755	1 739			90	71	66	70	74
		95	1 775	1 789	1 776	1 761			95	75	70	74	78
		99	1 814	1 830	1 815	1 798			99	83	78	80	85
	女	1	1 449	1 457	1 449	1 445		女	1	39	38	39	40
		5	1 484	1 494	1 486	1 477			5	42	40	42	44
		10	1 503	1 512	1 504	1 494			10	44	42	44	46
		50	1 570	1 580	1 572	1 560			50	52	49	51	55
		90	1 640	1 647	1 642	1 627			90	63	57	62	66
		95	1 659	1 667	1 661	1 646			95	66	60	65	70
		99	1 697	1 709	1 698	1 683			99	74	66	72	76

表 5 - 36(续1)

测量项目	性别	百分位数	年龄分组				测量项目	性别	百分位数	年龄分组			
			18 ~ 60 岁	18 ~ 25 岁	26 ~ 35 岁	36 ~ 60 岁				18 ~ 60 岁	18 ~ 25 岁	26 ~ 35 岁	36 ~ 60 岁
3 上臂长	男	1	279	279	280	278	5 大腿长	男	1	413	415	414	411
		5	289	289	289	289			5	428	432	427	425
		10	294	294	294	294			10	436	440	436	434
		50	313	313	314	313			50	465	469	466	462
		90	333	333	333	331			90	496	500	495	492
		95	338	339	339	337			95	505	509	505	501
		99	349	350	349	348			99	523	532	521	518
	女	1	252	253	253	251		女	1	387	391	385	384
		5	262	263	263	260			5	402	406	403	399
		10	267	268	267	265			10	410	414	411	407
		50	284	286	285	282			50	438	441	438	434
		90	303	304	304	301			90	467	470	467	463
		95	306	309	309	306			95	476	480	475	472
		99	319	319	320	317			99	494	496	493	489
4 前臂长	男	1	206	207	205	206	6 小腿长	男	1	324	327	324	332
		5	216	216	216	215			5	338	340	338	336
		10	220	221	221	220			10	344	346	345	343
		50	237	237	237	235			50	369	372	370	367
		90	253	254	253	252			90	396	399	397	393
		95	258	259	258	257			95	403	407	403	400
		99	268	269	268	267			99	419	421	420	416
	女	1	185	187	184	185		女	1	300	301	329	300
		5	193	194	194	192			5	313	314	312	311
		10	198	198	198	197			10	319	322	319	318
		50	213	214	214	213			50	344	346	344	341
		90	229	229	229	229			90	370	371	370	367
		95	234	235	234	233			95	376	379	376	373
		99	242	243	243	241			99	390	395	389	388

表 5 - 36（续 2）

测量项目	性别	百分位数	年龄分组				测量项目	性别	百分位数	年龄分组			
			18 ~ 60 岁	18 ~ 25 岁	26 ~ 35 岁	36 ~ 60 岁				18 ~ 60 岁	18 ~ 25 岁	26 ~ 35 岁	36 ~ 60 岁
7 眼高	男	1	1 436	1 444	1 437	1 429	9 肘高	男	1	925	929	925	921
		5	1 474	1 482	1 478	1 465			5	954	957	956	950
		10	1 495	1 502	1 497	1 488			10	968	973	971	963
		50	1 568	1 576	1 572	1 558			50	1 024	1 028	1 026	1 019
		90	1 643	1 653	1 645	1 629			90	1 079	1 088	1 081	1 072
		95	1 664	1 678	1 667	1 651			95	1 096	1 102	1 097	1 087
		99	1 705	1 714	1 705	1 689			99	1 128	1 140	1 128	1 119
	女	1	1 337	1 341	1 335	1 333		女	1	873	877	873	871
		5	1 371	1 380	1 371	1 365			5	899	904	900	895
		10	1 388	1 396	1 389	1 380			10	913	916	913	908
		50	1 454	1 463	1 455	1 443			50	960	965	961	956
		90	1 522	1 529	1 524	1 510			90	1 009	1 013	1 010	1 004
		95	1 542	1 541	1 544	1 530			95	1 023	1 027	1 025	1 018
		99	1 579	1 588	1 581				99	1 050	1 060	1 048	1 042
8 肩高	男	1	1 244	1 245	1 244	1 241	10 手高	男	1	656	659	658	651
		5	1 281	1 285	1 283	1 278			5	680	683	683	676
		10	1 299	1 300	1 303	1 295			10	693	696	695	689
		50	1 367	1 372	1 369	1 360			50	741	745	742	736
		90	1 435	1 442	1 438	1 426			90	787	792	789	782
		95	1 455	1 464	1 456	1 445			95	801	808	802	795
		99	1 494	1 507	1 496	1 482			99	828	831	828	818
	女	1	1 166	1 172	1 166	1 163		女	1	630	633	628	628
		5	1 195	1 199	1 196	1 191			5	650	653	649	646
		10	1 211	1 216	1 212	1 205			10	662	665	662	660
		50	1 271	1 276	1 273	1 265			50	704	707	704	700
		90	1 333	1 336	1 335	1 325			90	746	749	746	742
		95	1 350	1 353	1 352	1 343			95	757	760	757	753
		99	1 385	1 393	1 385	1 376			99	778	784	778	775

表 5 – 36（续 3）

测量项目	性别	百分位数	年龄分组				测量项目	性别	百分位数	年龄分组			
			18～60 岁	18～25 岁	26～35 岁	36～60 岁				18～60 岁	18～25 岁	26～35 岁	36～60 岁
11 会阴高	男	1	701	707	703	700	13 胸宽	男	1	242	239	244	243
		5	728	734	728	724			5	253	250	254	254
		10	741	749	742	736			10	259	256	260	261
		50	790	796	792	784			50	280	275	281	285
		90	840	848	841	832			90	307	298	305	313
		95	856	864	857	846			95	315	306	313	321
		99	887	895	886	875			99	331	320	327	336
	女	1	648	653	647	646		女	1	219	214	221	225
		5	673	680	672	668			5	233	228	234	238
		10	686	694	686	681			10	239	234	240	245
		50	732	738	732	726			50	260	253	260	269
		90	779	785	780	771			90	289	274	287	301
		95	792	797	793	784			95	299	282	295	309
		99	819	827	819	810			99	319	296	313	327
12 胫骨点高	男	1	394	397	394	392	14 胸厚	男	1	176	170	177	181
		5	409	411	409	407			5	186	181	187	192
		10	417	419	417	415			10	191	186	192	198
		50	444	446	444	441			50	212	204	212	219
		90	472	475	472	469			90	237	223	233	245
		95	481	485	481	478			95	245	230	241	253
		99	498	500	498	493			99	261	241	254	266
	女	1	363	366	362	363		女	1	159	155	160	166
		5	377	379	376	375			5	170	166	171	177
		10	384	387	384	382			10	176	171	177	183
		50	410	412	410	407			50	199	191	198	208
		90	437	439	438	433			90	230	215	227	240
		95	444	446	445	441			95	239	222	236	251
		99	459	463	460	456			99	260	237	253	268

表 5 - 36（续 4）

测量项目	性别	百分位数	年龄分组				测量项目	性别	百分位数	年龄分组			
			18~60岁	18~25岁	26~35岁	36~60岁				18~60岁	18~25岁	26~35岁	36~60岁
15 肩宽	男	1	330	331	331	328	17 臀宽	男	1	273	271	272	275
		5	344	344	346	343			5	282	280	282	285
		10	351	351	352	350			10	288	285	278	291
		50	375	375	376	373			50	306	302	305	311
		90	397	398	398	395			90	327	322	326	332
		95	403	404	404	401			95	334	327	332	338
		99	415	417	415	415			99	346	339	344	349
	女	1	304	302	304	305		女	1	275	270	277	282
		5	320	319	320	323			5	290	286	290	296
		10	328	328	328	329			10	296	292	296	301
		50	351	351	350	350			50	317	311	317	323
		90	371	370	372	372			90	340	331	339	345
		95	377	376	378	378			95	346	338	345	352
		99	387	386	387	390			99	360	349	358	366
16 最大肩宽	男	1	383	380	386	383	18 胸围	男	1	762	746	772	775
		5	398	395	399	398			5	791	778	799	803
		10	405	403	406	406			10	806	792	812	820
		50	431	427	432	433			50	867	845	869	885
		90	460	454	460	464			90	944	908	939	967
		95	469	463	469	473			95	970	925	958	990
		99	486	482	486	489			99	1 018	970	1 008	1 035
	女	1	347	342	347	356		女	1	717	710	718	724
		5	363	359	363	368			5	745	735	747	760
		10	371	367	371	376			10	760	750	862	780
		50	397	391	396	405			50	825	802	823	859
		90	428	415	426	439			90	919	865	907	955
		95	438	424	435	449			95	949	885	934	986
		99	458	439	455	468			99	1 005	930	988	1 036

表 5-36（续5）

测量项目	性别	百分位数	年龄分组				测量项目	性别	百分位数	年龄分组			
			18~60岁	18~25岁	26~35岁	36~60岁				18~60岁	18~25岁	26~35岁	36~60岁
19腰围	男	1	620	610	625	640	21坐高	男	1	836	841	839	832
		5	650	634	652	670			5	858	863	862	853
		10	655	650	669	690			10	870	873	874	865
		50	735	702	734	782			50	908	910	911	904
		90	859	771	832	900			90	947	951	948	941
		95	895	796	865	932			95	958	963	959	952
		99	960	857	921	986			99	979	984	983	973
	女	1	622	608	636	661		女	1	789	793	792	786
		5	659	636	572	704			5	809	811	810	806
		10	680	654	691	728			10	819	822	820	816
		50	772	724	775	836			50	855	858	857	851
		90	904	803	882	962			90	891	894	893	886
		95	950	832	921	998			95	901	903	904	895
		99	1 025	892	993	1 060			99	920	924	921	915
20臀围	男	1	780	770	780	785	22坐姿颈椎点高	男	1	599	596	600	599
		5	805	800	805	811			5	615	613	617	615
		10	820	814	820	830			10	624	622	626	625
		50	875	860	874	895			50	657	655	659	658
		90	948	915	941	966			90	691	691	692	691
		95	970	936	962	985			95	701	702	702	700
		99	1 009	974	1 000	1 023			99	719	718	722	719
	女	1	795	790	792	812		女	1	563	565	563	561
		5	824	815	824	843			5	579	581	579	576
		10	840	830	838	858			10	587	589	588	584
		50	900	881	900	926			50	617	618	618	616
		90	975	940	970	1 001			90	648	649	650	647
		95	1 000	959	992	1 021			95	657	658	658	655
		99	1 044	994	1 030	1 064			99	675	677	677	672

表 5－36（续 6）

测量项目	性别	百分位数	年龄分组				测量项目	性别	百分位数	年龄分组			
			18~60岁	18~25岁	26~35岁	36~60岁				18~60岁	18~25岁	26~35岁	36~60岁
23 坐姿眼高	男	1	729	732	733	724	25 坐姿肘高	男	1	214	215	217	210
		5	749	753	753	743			5	228	227	230	226
		10	761	763	764	756			10	235	234	237	234
		50	798	801	801	795			50	263	261	264	263
		90	836	840	837	832			90	291	289	291	292
		95	847	851	849	841			95	298	297	299	299
		99	868	868	873	864			99	312	311	313	313
	女	1	678	680	679	674		女	1	201	200	204	201
		5	695	636	696	692			5	215	214	217	215
		10	704	707	705	701			10	223	222	225	223
		50	739	741	740	735			50	251	249	251	251
		90	773	774	775	769			90	277	275	277	279
		95	783	785	786	778			95	284	283	284	287
		99	803	806	806	796			99	299	299	298	300
24 坐姿肩高	男	1	539	538	539	538	26 坐姿大腿厚	男	1	103	106	102	102
		5	557	557	559	556			5	112	114	111	110
		10	566	565	569	564			10	116	117	115	115
		50	598	597	600	597			50	130	130	130	131
		90	631	631	633	630			90	146	144	147	148
		95	641	641	642	639			95	151	149	152	152
		99	659	658	660	657			99	160	156	160	162
	女	1	504	503	506	504		女	1	107	107	107	108
		5	518	517	520	518			5	113	113	113	114
		10	526	526	528	525			10	117	116	116	118
		50	556	555	556	555			50	130	129	130	133
		90	585	584	587	584			90	146	143	145	149
		95	594	593	596	592			95	151	148	150	154
		99	609	608	610	608			99	160	156	160	164

表 5 – 36（续 7）

测量项目	性别	百分位数	年龄分组				测量项目	性别	百分位数	年龄分组			
			18 ~ 60 岁	18 ~ 25 岁	26 ~ 35 岁	36 ~ 60 岁				18 ~ 60 岁	18 ~ 25 岁	26 ~ 35 岁	36 ~ 60 岁
27 坐姿膝高	男	1	441	443	441	439	29 坐深	男	1	407	407	405	407
		5	456	459	456	455			5	421	423	421	420
		10	464	468	464	462			10	429	429	429	428
		50	493	497	494	490			50	457	457	458	457
		90	523	527	523	518			90	486	486	486	486
		95	532	535	531	527			95	494	494	493	494
		99	549	554	553	543			99	510	511	510	511
	女	1	410	412	409	409		女	1	388	389	390	386
		5	424	428	423	422			5	401	401	403	400
		10	431	435	431	429			10	408	409	409	406
		50	458	461	458	455			50	433	433	434	432
		90	485	487	486	483			90	461	460	463	461
		95	493	494	493	490			95	469	468	470	468
		99	507	512	508	503			99	485	485	485	487
28 小腿加足高	男	1	372	375	373	370	30 臀膝距	男	1	499	500	497	500
		5	383	386	384	380			5	515	516	514	515
		10	389	393	391	386			10	524	525	523	524
		50	413	417	415	409			50	554	554	554	554
		90	439	444	441	435			90	585	584	586	585
		95	448	454	448	442			95	595	594	595	596
		99	463	468	462	458			99	613	615	611	613
	女	1	331	336	334	327		女	1	481	480	481	482
		5	342	346	345	338			5	495	495	494	496
		10	350	355	353	344			10	502	501	501	502
		50	382	384	383	379			50	529	529	529	529
		90	399	402	399	396			90	561	560	561	562
		95	405	408	405	401			95	570	568	570	572
		99	417	420	417	412			99	587	586	590	588

表 5 –36（续 8）

测量项目	性别	百分位数	年龄分组 18~60岁	18~25岁	26~35岁	36~60岁	测量项目	性别	百分位数	年龄分组 18~60岁	18~25岁	26~35岁	36~60岁
31 坐姿下肢长	男	1	892	893	889	892	32 坐姿臀宽	男	1	284	281	283	289
		5	921	925	919	922			5	295	292	295	299
		10	937	939	934	938			10	300	297	300	304
		50	992	992	991	992			50	321	316	320	327
		90	1 046	1 050	1 045	1 045			90	347	338	344	354
		95	1 063	1 068	1 064	1 060			95	355	345	351	361
		99	1 096	1 100	1 095	1 095			99	369	360	365	375
	女	1	826	825	826	826		女	1	295	289	295	302
		5	851	854	850	848			5	310	306	311	317
		10	865	867	865	862			10	318	313	318	325
		50	912	914	912	909			50	344	336	345	353
		90	960	963	960	957			90	374	360	372	382
		95	975	978	976	972			95	382	368	381	390
		99	1 005	1 008	1 004	996			99	400	382	398	411
33 坐姿两肘间宽	男	1	353	348	353	359	33 坐姿两肘间宽	女	1	326	320	331	344
		5	371	364	372	378			5	348	338	352	367
		10	381	374	381	389			10	360	348	362	379
		50	422	410	421	435			50	404	384	404	427
		90	473	454	470	485			90	460	426	453	481
		95	489	467	485	499			95	478	439	469	496
		99	518	495	513	527			99	509	465	500	526

对于人体测量尺寸均值及其标准差如何运用,请看下面例题。

例 1 大部分人都看不到壁后面的屏风高度设计。

假定人站立时眼高度 $M = 1\ 585$ mm(以男人为准,平均值)

标准差 $\alpha = 62$ mm(偏差值)

鞋跟高 $D = 25$ mm

要使 99.9% 的人都看不到屏风后面,查表知应该是 3 倍的偏差值,即 $(M + 3\alpha)$,于是有:$1\ 585 + 3\alpha + 25 = 1\ 585 + 3 \times 62 + 25 = 1\ 796$ mm

故按照 1 796 mm 设计屏风高度,将满足 99.9% 的人看不到壁后面。

此题我们选择以成年男性身体尺寸为标准,是因为绝大多数女性应该能满足计算结果。

例 2 大部人都能摸到电车天棚吊扶手(指成年人)的高度设计。

成年女性相对成年男性较矮,故不考虑成年男性,仅计算成年女性就可以满足99.9%的成年人都能摸到电车天棚吊扶手。

成年女性肩高平均值 $M_高$ = 1 320 mm,标准差 $\alpha_高$ = 60 mm;

成年女性大臂长平均值 $M_{大臂}$ = 260 mm,标准差 $\alpha_{大臂}$ = 20 mm;

成年女性小臂长平均值 $M_{小臂}$ = 226 mm,标准差 $\alpha_{小臂}$ = 17 mm;

成年女性拳高 = 50 mm;

成年女性鞋跟高 = 25 mm;

这样吊扶手的高度设计如下:

$$(M_高 - 3\alpha_高) + (M_{大臂} - 3\alpha_{大臂}) + (M_{小臂} - 3\alpha_{小臂}) + 50 + 25 =$$
$$(1\ 320 - 3 \times 60) + (260 - 3 \times 20) + (226 - 3 \times 17) + 50 + 25 = 1\ 590\ mm$$

因此,吊扶手设计高度为1 590 mm,可以保证99.9%的成年人伸手即可够到。

例3 商场休息座椅的高度设计。

这道例题我们分两步进行讨论。

A. 单考虑男性情况

查表知:(膝弯到足底高 $\pm 3\alpha_足$) + 25 mm = 405 $\pm$ 3 × 20 + 25 = 370 ~ 490 mm

这里,如果取370 mm,虽然可满足大部分人,但很不舒服,如果取它们平均值430 mm,可以至少满足50%的人。

B. 单考虑女人情况

查表知:(膝弯到足底高 $\pm 3\alpha_足$) + 25 mm = (383 $\pm$ 3 × 21) + 25 = 345 ~ 471 mm

同样,我们取平均值408 mm,可以满足至少50%的人。

将两个平均值再取平均值,则为(430 + 408)/2 = 419 mm

故商场里座椅高度设计为419 mm,可满足99.9%的人使用。

2. 床铺尺寸的设计

(1)床铺长度的确定

一般情况床的长度是由人体伸直后的身长以及身长的标准差的两倍(可保证97.7%的人使用),再加上一定的裕度。在计算长度时,请参照表5-37所示。

表5-37　床铺长度的计算

各部名称	最佳尺寸/mm	最小尺寸/mm
平均身长	1 688	1 688
身长标准偏差×2	81.33 × 2	81.33 × 2
人体伸长增量	73	73
增量标准偏差×2	11 × 2	11 × 2
头与床壁距离	100	30
毛毯卷折尺寸	30	0
合计	2 075.66	1 975.66

（2）床铺宽度的确定

实验表明人体上身的侧卧位置在平躺时的肩宽范围内。床窄时人的膝盖,常先伸到床外,当膝盖碰到墙壁时,会自动蜷缩身体。睡在窄床上人的睡眠质量很差。床宽的最佳尺寸应该是人体左右转身时膝盖都不外露。同时,应有毛毯卷折裕量。当人左右转身时膝盖弯曲后的露外尺寸可以控制在 0.5 倍的膝盖伸出量。（表 5-38、图 5-54）

表 5-38 床铺宽度的计算

各部名称	最佳尺寸/mm	最小尺寸/mm
裸体肩宽	426	420
肩宽标准差×2	20×2	20×2
侧卧膝盖伸出	230×2	230×1.5
毛毯卷折尺寸	25×2	25
合计	976	830

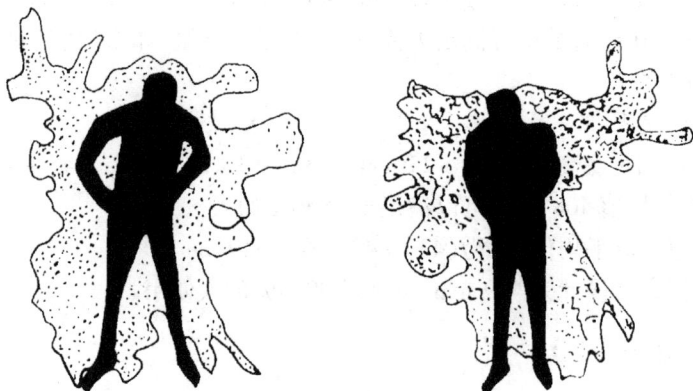

图 5-54 人体睡眠活动范围示意图

（3）床铺高度的确定

①无抽屉兼作沙发用床的高度

查表知从脚底到膝弯的高度为 405 mm,按 95% 来满足人们的使用,其标准差为 1.645α,这里 $\alpha = 19.45$ mm,鞋跟高度是 25 mm,故高度应该为

$$405 \pm 1.645\alpha + 25 = 398 \sim 462 \text{ mm}$$

其尺寸可在 398~462 mm 之间选择,我们取其中值,为 430 mm。如果再考虑女性,我们还可以取其最小值。

②有一层抽屉床的高度

从地面到床垫表面的尺寸为 550 mm,这个高度是考虑了利用床下空间的思路,不符合人体尺度。

③双层床的高度

从表 5-39 可知双层床的计算高度。从地面到下铺床垫下表面高度按船舶设备规范规定值应该在 300 mm 以上。在这个高度上再加垫子的厚度,刚好满足人体尺寸的选定范围

450 mm。上铺与下铺间距以及上铺到天花板的高度按船舶规范规定应在 750 mm 以上。但从人体尺寸角度考虑，最后的高度应该是人的坐高加上其标准差的一倍。一般应该取至少两倍的标准差，由于因垫子可下陷，表 5 – 39 中我们只取一倍的标准差。

表 5 – 39　双层床高度计算表

各部名称	最佳尺寸/mm	最小尺寸/mm
从地面到下铺面高度 上铺面到天棚及 从下铺表面到上铺底的高度	450 896 + 36 = 932	450 800

从实验测得：人体挺直正坐时的坐高为 896 mm，在曲背随便坐时的坐高为 800 mm 左右。取实验结果的平均值为 812 mm，再计垫子受压下陷 20 ~ 30 mm，从人体尺度的实际情况看，这个高的最下限尺寸为 800 mm 左右。

（4）挡板和床栏

挡板和床栏在床垫表面以上的高度取 150 mm。挡板的下凹部分到床垫上表面的高度取 30 mm 较好，这样不影响上下床。为防止被子滑落，在床的两头有挡板和床栏。

（5）床头灯安装位置

床头灯高度取自床垫上表面到床头灯中心距 450 ~ 500 mm，最佳位置是选定在头部壁面的床中心线上。

考虑到船在水面上的纵倾和横摇，为确保使用时较舒适，床的安装走向应该沿船的纵向布置，床的宽度一般控制在 800 mm 以上、长在 1 900 mm 以上。同时，我们在设计时要考虑服务对象的区域具体规范。

3. 居住区的净高设计

为了不浪费空间尺寸，根据船舶舱室的特定空间，我们选取平均身高，以摸不到天棚为准。

中国人平均身高：举手高 2 070 mm + 鞋跟高 25 mm = 2 095 mm

外国人（欧美）平均身高：举手高 2 145 mm + 鞋跟高 25 mm = 2 170 mm

以此作为最佳净高尺寸（从天棚吊顶面算起至地面装修完后的尺寸）用于居住区设计。考虑到一定的裕量，修订最佳净高尺寸，如表 5 – 40 所示。

表 5 – 40　万吨级以上货船与商船的净高

国家	最佳尺寸/mm	最小尺寸/mm
中国	2 200	2 049
欧美	2 200	2 070
日本	2 100	1 960

我国目前客船规范中规定：海船最小净高尺寸为 1 900 mm，内河客船为 1 850 mm。

4. 居住区的通道宽度设计

通道的宽度应由通行人的数量(并列数)、人体的肩宽加上服装裕量、门把手的突出尺寸和风暴扶手等因素决定。

中国人肩宽参照尺寸:

中国人的平均肩宽 438 mm + 2 × 标准差 17 mm + 服装余量 62 mm = 534 mm

中国人侧厚参照尺寸:

中国人的平均侧厚 208 mm + 2 × 标准差 20 mm + 服装余量 62 mm = 310 mm

一般通道内有风暴扶手时两人同时横排通过,此时通道宽度为

2 × 肩宽 534 mm + 把手突出 65 mm + 扶手距壁 60 mm = 1 193 mm

一般通道内有扶梯情况下的宽度应考虑一人通行另一人站住,此时宽度为

肩宽 534 mm + 侧厚 310 mm + 扶手距壁 60 mm = 904 mm

驾驶甲板通道及岔道宽度,允许一个人通行时,其宽度为

有风暴扶手时肩宽 534 mm + 把手突出 65 mm + 扶手距壁 60 mm = 659 mm

无风暴扶手时肩宽 534 mm + 把手突出 65 mm = 599 mm

门开向通道一侧时,宽度为

肩宽 534 mm + 门的最大突出宽度

注:一般情况下,通道内开门应朝里,而不应朝通道开门。

5. 斜梯的设计

斜梯设计,要求甲板间的高度尺寸为已知,然后再选斜体角度。可供选择的最佳斜梯角度在 40° ~ 50°之间。我国船舶用斜梯角度可供选择的有 45°、50°、55°、60°、65°、70°等,根据人体尺寸选定步高 H、步深 T、步距函数 K,这样 $K = 2H + T$。步距大 K 也大,反之变小。当 $K = 600$ mm 时,适用于老人、妇女和儿童;当 $K = 630$ mm 时,适用于快速、高效的上下梯的步距;当 $K = 670$ mm 时,适用于船员的步距(工作状态)。

$$K = 2H + T$$
$$H = T \cdot \tan\alpha (\alpha \text{ 为斜梯的倾角})$$

故
$$H = \frac{K}{2 + \tan^{-1}\alpha}$$

表 5 – 41 给出了 $K = 600$ mm 时的步高和步深。适用于老人、妇女和儿童,可作为客船的斜梯参数选用。

表 5 – 41　$K = 600$ mm 时的步高和步深　　单位:mm

α	45°	50°	55°	60°	65°	70°
H	200	212	222	232	244	254
T	200	176	156	136	112	92

表 5 – 42 的步深 T 和步高 H,适用于快速、高效的斜梯,可作为客舱、机舱和货舱的斜梯参数选用。

表 5 – 42　*K* = 630 mm 时的步高和步深　　　　　单位：mm

α	45°	50°	55°	60°	65°	70°
H	210	222	233	245	256	266
T	210	186	164	140	118	98

表 5 – 43 适用于船员的工作舱、机舱、货舱的斜梯参数选用。

表 5 – 43　*K* = 670 mm 时的步高和步深　　　　　单位：mm

α	45°	50°	55°	60°	65°	70°
H	223	236	248	260	272	283
T	224	198	174	150	126	104

扶手高度，一般用字母 h 表示，其表达方式为：$h = \dfrac{C}{\cos\alpha}$，$C$ 值为 400 ~ 500 mm 之间。如表 5 – 44、图 5 – 55 所示。

表 5 – 44　扶手高 *h* 的变化　　　　　单位：mm

α	45°	50°	55°	60°	65°	70°
$\cos\alpha$	0.707	0.645	0.574	0.5	0.423	0.342
$h =$ ($C = 400$)	566	622	697	800	946	1 170
$h =$ ($C = 500$)	701	778	871	1 000	1 182	1 462

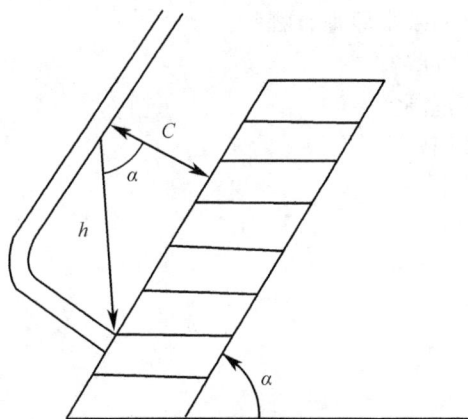

图 5 – 55　斜梯扶手示意图

梯宽选择应该根据人的肩宽和一定的空间裕量进行。中国人平均肩宽是 534 mm 加 40 mm 裕量为 574 mm,为方便计算,我们可以选用600 mm 作为一个人通过的梯宽,两个人通过的宽度为 $2 × 534 + 40 + 2 × 20 = 1\ 148$ mm。陡直的直梯不要太宽,单人宜为 600 ~ 800 mm。

客船斜梯的倾斜范围为 29° ~ 45° 之间,29° ~ 35° 最感舒适,其宽度可以是 800 mm、1 100 mm,大客船可为 1 300 ~ 1 500 mm 或更宽。

6. 栏杆安装设计

栏杆在设计时,要分清船舶的类型。如果是客船的话,要充分考虑不同乘客的人身安全,特别是对于孩子来说,应确保小孩不会从栏杆中间掉出去,同时也要确保成年人不致因船舶摇摆,栏杆过低而被抛出去。

在这里应该注意考虑成年人的栏杆尺寸还要区别成年人的国籍、民族等因素,要照顾到一般,也要考虑到特殊,以防设计中考虑不周而出现失误。

海船船长≥40 m 时的货船或客船,自甲板辅料上缘至栏杆扶手顶面的高度应为 1.2 m;船长 <40 m 时其高度应为 1.0 m。

栏杆间距应≤0.23 m(客船)或 0.3 m(货船及其他船舶)。

长江等内河船载客甲板栏杆高度:当船长≥40 m 时为 1.0 m;船长 <40 m 时为 0.8 m。

栏杆间距应≤0.25 m,支柱间距≤1.8 m。

载客处均应用网格代替栏杆。

木栏杆扶手尺寸可在 130 mm × 50 mm、150 mm × 50 mm、150 mm × 65 mm 和 200 mm × 65 mm 中选用。

【项目测试】

1. 船舶舱室空间分割有几种类型?

2. 船舶色彩有哪些特点?

3. 船舶舱室色彩设计的基本原则有哪些?

4. 船舶家具的特点有哪些?

5. 舱室陈设的作用与范围?

6. 适居性包括哪些方面?

项目六　船舶内装设计的
程序与基本内容

【项目导入】

船舶内装设计是船舶设计中一个独立的设计专业，需要实现技术与艺术的完美结合。高速发展的世界经济和日益频繁的国际贸易，使船舶行业进入了新的快速发展时期。从当前情况来看，人们在看到船舶建造水平和技术不断提升的同时，迫切希望通过设计来改善舱室环境。由于船舶舱室空间狭小，因此内装设计在豪华邮轮和普通货船上都面临着很多挑战。

⚙ 知识要求

1. 理解和掌握船舶内装设计程序。
2. 理解和掌握船舶内装设计基本内容。
3. 能够分析船舶舱室布置典型图例。
4. 运用船舶内装设计的基本原则进行设计。

◎ 能力要求

1. 具有对船舶内装设计程序的认知能力。
2. 具有对船舶内装设计基本内容的理解能力。
3. 具有运用船舶内装理论进行设计的能力。
4. 具有绘制船舶舱室布置图的能力。

☆ 素质要求

1. 具有发现问题、分析问题、解决实际问题的能力。
2. 具有对船舶内装设计基本知识的熟练掌握能力。
3. 具有对船舶内装设计程序的客观认知和理解能力。
4. 具有获取新知识、新技能的学习能力。
5. 具有空间想象力、创造力和创新思维能力。

任务一　船舶内装设计程序

6.1.1　船舶内装设计的地位与实质

船舶内装设计是船体设计的重要组成部分。内装设计由于涉及舱室划分与布置,所以已贯穿船舶设计的全过程(方案设计、技术设计、生产设计)。由于内装设计是使用功能和环境美的设计,是直接为船员和乘客服务的,因此用户在合同一开始的设计阶段就提出对内装设计的各种要求,豪华客船更是如此,内装设计的地位已经从传统的后期装饰性设计进入与船舶结构设计同等重要的全过程设计,成为船舶设计中不容忽视的部分。

船舶内装设计包括舱室功能设计和舱室形式设计两部分。首先是舱室功能设计,它是围绕船舶总体功能来划分各类舱室的功能,满足船员、乘客活动休息的需要。舱室功能设计即船舶工程设计,它从实用性出发将舱室划分为工作舱室、生活舱室、娱乐休息舱室,并进行具体结构和材料的设计。

船舶舱室形式设计则是运用美学原则,对舱室要素进行的艺术设计。舱室形式设计的宗旨是创造一个美的环境,它要求舱室空间、色彩、照明、家具、陈设具有统一性,并具有鲜明的性格和艺术风格。

船舶内装设计是舱室功能设计和舱室形式设计的有机组合,是工程技术与室内艺术的有机结合。在船舶内装设计中,必须贯彻技术与美的统一思想,用技术表达艺术形式,通过图纸与技术文件的设计语言,表达设计者的意图,体现技术与艺术完美结合的设计思想。

6.1.2　船舶内装设计阶段

船舶内装设计可划分为三个阶段,即船舶设计三个阶段:初步设计、详细设计、生产设计。初步设计是由报价设计和合同设计所构成,由于内装设计贯穿船舶设计全过程,所以报价设计阶段也是内装设计的开始。

1.内装初步设计阶段

该阶段是为签订合同提供必要的报价资料,应以总体概念设计为指导,提出本舱室大体分布、数量、舱室面积、舱室定员、舱室设备选用、生活条件、工作环境、使用价值、储备状况和路线分布等,用文字和简要图纸表达出来,使客户对本船有所了解,形成初步印象,为建造提供技术理论根据。图纸技术资料主要有舱室总布置图、内装简要说明书和舱室彩色效果图。

2.内装详细设计阶段

从合同确认到图纸送审阶段。该阶段要完成性能计算、结构规范计算,对外向船级社船东提供送审与认可图纸,对内向供应生产部门提供材料设备清单和订货技术标准。内装详细设计是生产设计的依据,该阶段设计要以《1974 年国际海上人命安全公约》及其修正案所颁布的内容为依据,完成以下内容:

(1)甲板区域划分与平面布置;

(2)舱室防火分隔;

（3）甲板敷料布置；

（4）绝缘材料布置；

（5）舱室内装节点布置；

（6）舱室预埋件布置；

（7）门窗布置；

（8）灯具空调布置；

（9）梯道布置；

（10）各工作舱室布置；

（11）各公共舱室布置；

（12）放置品、装饰品订货明细表；

（13）舱室供应品、备品清单明细表。

3. 内装生产设计阶段

生产阶段是在详细设计的基础上，从工厂的生产设备能力、技术水平等实际条件出发而进行的施工图纸的设计，是生产车间内装施工的依据，需要绘制各种制作图和安装图，如天棚、围壁、绝缘材料、卫生设备和厨房设备的各种安装图，门窗、家具制作图等，并提供色彩样品设计图。

6.1.3　船舶内装设计程序

船舶内装设计是技术与艺术相结合的设计活动。第一步要了解、掌握所设计船舶的性能要求、应用情况、航区、船员以及船东的自然条件，经过综合形成概念设计，并不断充实、条理化，形成具体形象的设计方案，即舱室空间，并不断完善、充实舱室设计内容，形成有价值的空间式样、造型、色彩、家具、陈设和结构，其内装设计程序如表 6 - 1 所示。

1. 编制内装总体设计技术文件

（1）船舶舱室设计说明书是舱室设计的总纲，是各类舱室设计制造的基础。

（2）船舶舱室各种家具、设备安装和验收标准。

（3）舱室围壁、天棚、地面安装施工标准。

（4）绝缘甲板敷料施工标准。

（5）设备使用调试说明书。

2. 绘制甲板平面布置图

根据内装设计说明书和各类文件，应用舱室空间设计各种方法，绘制 1∶100（施工设计为 1∶50）的甲板平面总布置图。明确甲板层次、位置、面积、用途及应用材料、设备、家具、陈设的位置和尺寸，并标明各层甲板和舱室名称。如上甲板布置图、艇甲板布置图、起居甲板布置图、轮机甲板布置图、船长甲板布置图、驾驶甲板布置图等，也有称 A 甲板布置图、B 甲板布置图等。

表 6-1 船舶舱室内装设计流程表

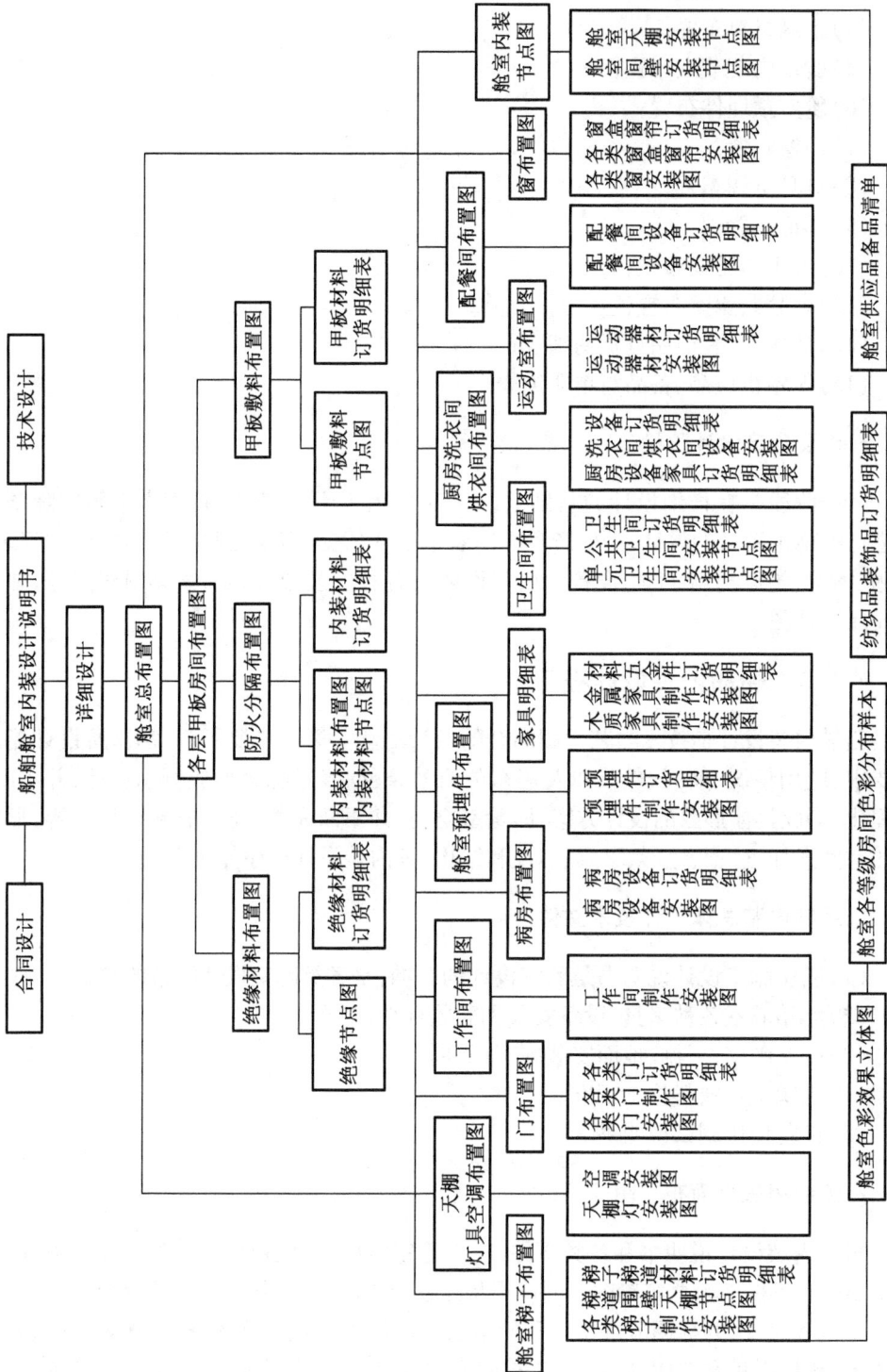

技术设计 — 船舶舱室内装设计说明书 — 详细设计 — 合同设计

舱室总布置图

各层甲板房间布置图
- 甲板敷料布置图
  - 甲板敷料节点图
  - 甲板材料订货明细表
- 防火分隔布置图
- 内装材料布置图
  - 内装材料布置图内装材料节点图
  - 内装材料订货明细表
- 绝缘材料布置图
  - 绝缘节点图
  - 绝缘材料订货明细表

舱室内装节点图
- 舱室天棚安装节点图
- 舱室周壁安装节点图

窗布置图
- 各类窗盒窗帘安装图
- 窗盒窗帘订货明细表

配餐间布置图
- 配餐间设备安装图
- 配餐间设备订货明细表

运动室布置图
- 运动器材安装图
- 运动器材订货明细表

厨房洗衣间烘衣间布置图
- 厨房洗衣烘衣间设备安装图
- 洗衣设备家具订货明细表

卫生间布置图
- 公共卫生间安装节点图
- 单元卫生间订货明细表节点图

家具明细表
- 木质家具制作安装图
- 金属家具制作安装图
- 五金件订货明细表

舱室预埋件布置图
- 预埋件制作安装图
- 预埋件制作订货明细表

病房布置图
- 病房设备安装图
- 病房设备订货明细表

工作间布置图
- 工作间制作安装图

门布置图
- 各类门安装图
- 各类门订货明细表

天棚灯具空调布置图
- 天棚灯空调安装图
- 天棚灯具安装图

舱室梯子布置图
- 各类梯子制作安装图
- 梯道围壁天棚节点图
- 梯道材料订货明细表

舱室色彩效果立体图

舱室各等级房间色彩分布样本

纺织品装饰品订货明细表

舱室供应品备品清单

3.绘制防火绝缘敷料图,编制家具明细表和订货清单

根据舱室设计说明书和甲板平面布置图中的要求,绘制出图纸和订货清单。根据规范规定的防火和绝缘要求,绘制出防火分隔图,根据防火分隔图绘制甲板敷料图、绝缘图,在防火分隔图、甲板敷料图、防火绝缘图的基础上编制各类材料订货清单。如甲板敷料和表面材料订货清单,绝缘材料订货清单,家具材料订货清单,并编制图纸目录。

4.绘制门窗布置图和订货清单

根据防火分隔图绘制各层甲板舱室木作布置图。根据木作图的厚度确定门、窗的厚度,并绘制门、窗布置图。在门、窗布置图中用各种符号标出门的防火等级、开向、材质、用途、有无通风栅和逃生孔等要求。如防火等级分为 A－0 级、A－15 级、A－60 级、B－0 级、B－15 级等。门的种类大致可分为防火门、拉门、风雨密门、通路门等。窗可分为活动式和固定式两种类型,窗形有方窗和圆窗等。

5.设备安装图和各类制作图

根据平面布置图确定各类设备的位置,根据订货要求绘制设备安装图。在设备安装图中标明安装位置、固定方法、配件和加工件的制作与安装。如厨房设备布置洗衣间、烘衣间等。

6.绘制卫生间布置安装图

根据平面布置图和订货清单绘制单元卫生间、公共卫生间、沐浴间、水房等各类卫生间的布置安装图。

7.绘制房间围壁、天棚典型结构安装图

根据平面布置图和材料订货清单绘制各层甲板、房间围壁、天棚典型结构图。明确规定围壁和天棚的连接、固定形式和组装方法以及舱室设备、五金件的固定方式。

8.绘制家具图

根据平面布置图和家具明细表绘制家具图。标明家具材料、尺寸、数量、应用位置和安装方法。

9.编制供应品、备品清单

根据内装设计说明书中的要求,编制供应品、备品清单。

10.设计房间铭牌

根据平面布置图和内装说明书编制设计各类区域和舱室铭牌。如船长办公室、卧室、会议室、餐厅、厨房和卫生间等。

任务二　船舶内装设计基本内容

船舶内装设计的基本内容包括舱室区划与布置、防火分隔设计、甲板敷料与绝缘设计、材料设备清单编制、施工图绘制等。

6.2.1　舱室区划与布置

舱室区划即各区甲板平面的总布置设计，多指上层建筑船员和乘客舱室的划分，可根据舱室用途特点以及舱室空间设计要求进行。首先勾画总布置平面草图，并参考其他同类船型，结合防火设计要求、生活舱室面积和设备标准规定，不断修改完善。舱室区划是内装设计中最复杂、最困难的工作。舱室区域可划分为居住区、工作区、休息区、公共活动区、储藏区、卫生区、餐饮区和路线区等。舱室布置是指家具、设备、陈设的设置。

1. 居住区

居住区可分为船员居住舱室和乘客居住舱室。客船以乘客居住舱室安排为主，进行总布置安排。商船船员舱室分高级船员、次高级船员、中级船员和一般船员四个等级，从上至下安排在上层建筑各层甲板。驾驶部船员通常布置在右舷，轮机部船员布置在左舷。

高级船员指船长、轮机长、大副、大管轮。船长、轮机长设有办公室、卧室、卫生间，并配置高级家具、设备和卫生用具。高级船舶船长舱室居住性更为突出，设有办公室、双卧室、卫生间、接待室、餐厅和配餐间等。大副、大管轮舱室设有卧室、办公室、卫生间并配有高级家具、设备和卫生用具。

次高级船员指二副、三副、二管轮、三管轮、管事、电机员、报务员、引水员、医生等，均为业务部门负责人。可根据业务性质、工作方便性确定舱室位置、空间设备和环境等条件。如报务员、报务主任、二副、三副设在和船长同一层甲板上，而二管轮、三管轮、电机员多设在轮机长同一层甲板，引水员多设在驾驶甲板上，利于工作需要。他们都有单人居室和独立卫生间。

中级船员指水手长、大厨、机匠长、电机长等各业务部门领班，他们是熟练操作人员，应该安排在下层甲板，单人居室，面积小，家具简单，不设独立卫生间。

一般船员指水手、机匠、电工、厨工、服务员等，他们均属直接操作人员，安排在最下层甲板，大型船安排单人居室，中小型船安排 2～4 人居室，家具简单，公共卫生间。

居住舱室尺度设计一方面要满足面积要求，另一方面应结合家具配置考虑。客船乘客居住舱室划分，一方面与船员居住区分开，另一方面按等级分区，国外客船设特等、一等、二等三个等级。国内客船设一等、二等、三等、四等、五等和散席几个等级，世界现代旅游客船舱室设计适当考虑窗口朝向问题，并大多设计成双人有独立卫生间的居室。

2. 工作区

工作区包括甲板部、轮机部、办公室、驾驶室、海图室和报务室、苏伊士运河工作人员室、医疗室、厨房等，它们是上层建筑内的工作区域。

甲板部、轮机部办公室是对外办公和船上业务往来的中心场所,是高级船员和次高级船员的工作场所。设计位置应靠近高级船员和次高级船员居住区。办公室面积比较大,配置高档家具设备和考究的陈设;驾驶室是航行的指挥场所,是船员、领航员工作要地,应设计在上层建筑最高层,光线充足,视线开阔,便于瞭望,设计要空间宽敞、设备先进;海图室、报务室是专业性很强的舱室,是船舶航行中指挥系统的机关,是船长的耳目,它的任务是为航行提供各项数据,设计中应把它与驾驶室相连;苏伊士运河工作人员室是船舶经过苏伊士运河时,为运河当局工作人员专门准备的居住、休息场所,一般设在第一层甲板上;医疗室设在离医生比较近或相连的隔壁位置处;厨房一般应与配餐间、餐厅、储藏室靠近,一般设在第二层甲板的后部;值班室多设在主甲板或第二甲板上。

3. 公共活动区

公共活动区包括餐厅、会议室、娱乐室、吸烟室等。设计时应考虑各场所用途、活动范围、对象、时间等条件,设计时应讲究形式美与功能美的结合。

商船大会议室是船员集中场所,它不但是集会活动场所,也接待客人、举行仪式,所以设计应突出艺术风格,一般要采光好、空间开阔大方,具有典型性。小会议室在国外商船是比较少见的,国内商船小会议室是船长召开干部会议的场所,也会在接待客人、洽谈业务时使用,设计应具有典雅感、现代感。

高级商船餐厅在国外船上常见,国内船上少见。一般船员餐厅是为中下级船员提供就餐的场所,设计应满足就餐人员的位置,注意流动路线合理性。船长级餐厅是专门为船长级设置的就餐地点,有时作为船长接待客人就餐的餐厅,位置应离船长居室比较近,设计应比较讲究,具有较高艺术性和先进性。国内普通船不设船长级餐厅,豪华级旅游船设船长级餐厅。

健身房是船员锻炼身体的场所,中外船员锻炼形式有所不同,采用的设施也有所区别,一般应根据船东要求设计。位置多设在主甲板上,室内面积根据船的具体情况而定,一般能容纳 5~8 人同时做各种不同的室内运动。

吸烟室一般油船采用较多,其他客货船现在很少设置;专卖店多设在楼梯口和餐厅附近,国外商船专卖店是为中下级船员服务的,大型客船都设置专卖店,形成商业街。旅游客船公共场所还包括主休息室、大厅、舞厅、酒吧、放映厅及游泳池,这些都是重要的公共场所,其设计位置、空间形式、装饰风格都是内装设计的重点。

4. 公共卫生区

公共卫生区是为一般船员设置的厕所、沐浴间、洗衣间、盥洗间等公共卫生区,其设计应注意使用的共性、方便性、耐久性以及清理、维护的方便性。厕所使用部分面积应保证不少于 1 m²,需设有把手、手纸盒,采用蹲便、坐便、槽式蹲便,可根据具体要求决定。一般厕所还应设洗手盆、洗槽等;沐浴间一般设沐浴头、洗脸盆、浴帘,每个喷头淋浴面积不小于 1 m²;洗衣间、烘衣间是同时设置的,可根据乘客定员选用洗衣机和烘干机的数量和规格,小船也可使用陆用洗衣机,在洗衣间内还设有水槽、熨衣桌等。

5. 储藏区

包括干粮库、蔬菜库、肉库、鱼库、乳品库等,区域划分应满足使用方便、路线通畅,具有相对独立性,性能应满足密封性、保温性好的要求。

6. 通道与梯道

通道与梯道布置是舱室总布置设计中十分重要的内容,特别是客船的梯道与通道应满足便捷、安全、使用节省空间的要求。

首先,设计时应满足规范的规定,我国在《海船乘客定额及舱室设备规范》中关于走廊、扶梯数目和宽度的最低要求做了规定。扶梯应尽可能纵向布置,角度不应超过50°。《建筑设计防火规范》及《1974 年国际海上人命安全公约》对客船防火分割区内扶梯数及技术条件做了规定。

其次,内部与外部之间的通道要直通,但出口走廊要短,且不超过 13 m,各层扶梯上下对齐,扶梯位置应明显易寻,乘客居室门宽不应小于 0.6 m。

再次,梯道要分主次,主梯道要宽敞,登艇甲板应方便,出入口不宜集中,以便危急中迅速登艇逃生。(表6-2 至表6-4)

表6-2　海洋客船走廊宽度　　　　　　　　　　　　　　　　　单位:m

位置	客船类型	
	第一、二类	第三、四类
露天甲板两舷	≮1.2	≮1.0
由客舱到露天甲板	≮1.0	≮1.0
客舱内:50 人及以下	≮0.8	≮0.8
50 人以上	≮1.0	≮1.0
乘客铺位之间	≮0.8	≮0.8

注:海洋客船分四类:第一类为航行时间为 24 小时和 24 小时以内的国际航行客船;第二类为航行时间在 24 小时以内的国际航行客船和航行时间为 24 小时及 24 小时以上的国内航行客船;第三类为航行时间在 24 小时以下的国内航行客船;第四类为航行时间不超过 24 小时的国内航行客船。

表6-3　海洋客船扶梯数目及宽度

乘客人数	扶梯数(具)	扶梯最小宽度/m
≤100	2	0.8
101 ~ 150	2	1.0
	3	0.8
150 ~ 200	2	1.3
	3	1.0

表 6 – 3(续)

乘客人数	扶梯数(具)	扶梯最小宽度/m
>200	2	1.5
	3	1.0

注:如乘客不超过30人的处所设置两个扶梯有实际困难,经验船部门同意,其中一个可以用应急出口代替。

表 6 – 4 船用扶梯尺寸使用范围的建议值

扶梯种类		仰角/(°)	台阶高度/mm	台阶宽度/mm
旅客用	适宜值	30 ~ 45	150 ~ 210	190 ~ 297
	极限值	55	235	147
船员用	适宜值	45 ~ 55	190 ~ 235	147 ~ 210
	极限值	60	245	136
甲板梯	适宜值	30 ~ 55	150 ~ 235	147 ~ 297
	极限值	60	245	136

7. 门窗布置

门窗布置是通道布置的连贯和延续。门的位置对舱室空间利用有很大影响,同时由于门的位置与通道梯口之间设计不当,容易产生碰撞、堵塞现象。窗户开设涉及安全性与水密性,船上照明是以人工照明为主,并有空调设置,所以船上窗户不宜过多、过大,窗户布置涉及外观形式美的韵律感。同时按规范要求,门窗也有耐火等级。A – 60 级为走廊防火门,其他级别为舱室防火门,除此以外还有防风雨的水密门、驾驶室用的移门、隔壁用的拉门、折叠门等;窗有舷窗、方窗、驾驶室专用窗、观赏休息室落地窗等。门窗位置与等级首先应按防火系统图和防火绝缘图的要求考虑。

8. 家具布置

在技术设计中家具一般是以家具明细表的形式出现的,并绘制立体图,标明使用功能、外部形态、基本尺寸,并编写文字说明,船东认可后,再绘制施工图。

以上所述设计,除家具照明表外,其余均在1:100甲板平面布置图中表示出来。门窗防火等级在单独门窗布置图中出现,其平面图只作位置和数量的安排。

6.2.2 防火分隔设计

在舱室区划时,一方面要满足舱室功能需求,另一方面也要满足《1974 年国际海上人命安全公约》及其修正案中关于船舶舱室防火设计的要求,进行防火分隔设计。标明各舱室界面的防火等级,并用符号表示出来。隔壁类型有钢壁、间壁板、衬板、不锈钢板、镀锌钢板等。钢壁一般应用在驾驶室、海图室、报务室、电罗经室、蓄电池室、电气设备室、变流机室、空调风道、电缆通道、梯道围井、公共卫生间、货油控制室、运动室、液压泵室和木工室等。

间壁板有500 mm厚的双面装饰复合岩棉板、硅酸钙板、三聚氰胺装饰板和胶合板等。可作为防火主竖区室内的分隔舱壁板,用于舱室走廊及围壁等。

衬板是钢壁的装修壁板,它与钢壁结合在一起构成围壁,有复合岩棉板、硅酸钙板及各类贴塑装饰板、胶合板等。还有厨房的不锈钢板,仓库的镀锌甲板也是防火隔壁的一种。

6.2.3　甲板敷料与绝缘设计

在防火设计基础上,需进一步明确甲板敷料应用范围、耐火等级、技术性能、结构形式以及天棚、围壁的绝缘范围、绝缘等级,并对各舱室进行隔热、隔音和防火绝缘处理。10 mm厚乳胶水泥上铺2 mm厚塑料地板,可用于船员居室、办公室和会议室;A-60级甲板敷料上铺2 mm塑料地板,用于上甲板走廊、梯道和运动室;A-60级甲板敷料上铺20 mm厚水泥及地砖,用于洗衣间、烘衣间、更衣间;A-60级甲板敷料表面刷油漆,用于油漆库、干粮库、风机室、木工间、水手工作间及甲板仓库地面处理;40 mm厚水泥上铺地砖应用于卫生间、厕所、浴池和厨房地面等。

隔热绝缘处理应用于居室天棚、围壁、公共舱室围壁及露天甲板下面;隔音绝缘应用在空调机室、集控室和广播室。围壁和天棚的防火绝缘应用范围应符合《1974年国际海上人命安全公约》及其修正案中的要求。根据甲板敷料和绝缘设计,汇总材料订货清单。防火绝缘敷设,如图6-1所示。

6.2.4　材料设备清单编制

根据舱室划分与布置、设备选择布置,可以提出门窗订货设计、绝缘材料订货设计、装饰材料订货设计、厨房设备订货设计和卫生设备订货设计等。在编制订货清单时应说明设备型号、尺寸、牌号、材质、生产厂商、应用部位和技术要求等。

6.2.5　施工图纸绘制

施工图纸深度、设计范围因厂而异,施工图纸应结合船厂生产能力进行设计。如在厨房布置图基础上绘制厨房设备安装图,在甲板平面布置图基础上绘制天棚、围壁安装图、家具制作图、门窗图、绝缘图、甲板敷料图和卫生设备安装图等。

6.2.6　船舶内装设计说明书的基本内容

1. 舱室划分

按居住区、工作区、公共活动区、储藏区、通道区进行总体布置,并确定舱室等级、数量和面积。

2. 隔壁

确定类型、防火等级、材料和应用范围。

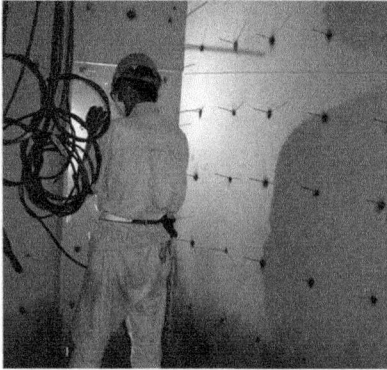
碰钉焊接

绝缘施工前补漆

保温绝缘施工

通舱件防火绝缘包覆

防火绝缘

绝缘保温

图 6-1 防火绝缘敷设

3. 甲板敷料

明确应用范围、等级、技术性能、结构形式和表层材料。

4. 绝缘

明确绝缘范围和等级。

5. 门窗

明确类型、应用范围和数量。

6. 织物

明确种类、色彩、规格、式样和数量。

7. 设备

如厨房设备、卫生设备等写明设备名称、规格、数量和用途。

8. 家具

明确各舱室家具名称、规格、数量和用途。

上述项目是我国出口商船内装设计说明书基本内容的概要,仅供参考。

任务三　船舶舱室布置图绘制

6.3.1　船舶舱室布置典型图例(图6-2、图6-3)

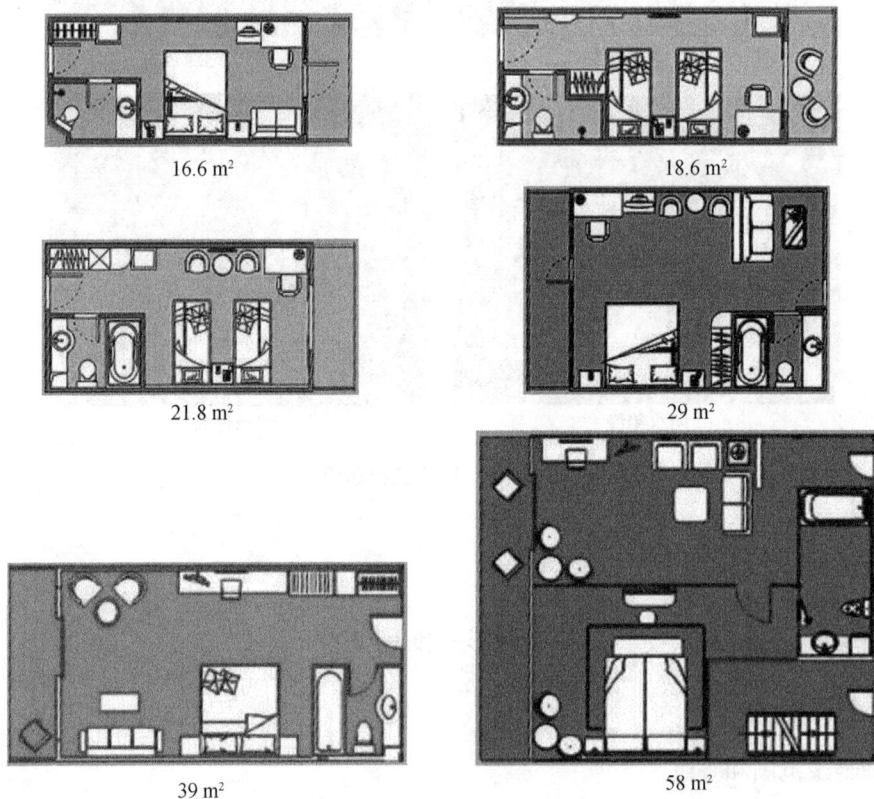

16.6 m²

18.6 m²

21.8 m²

29 m²

39 m²

58 m²

图6-2　乘客居住舱室布置图

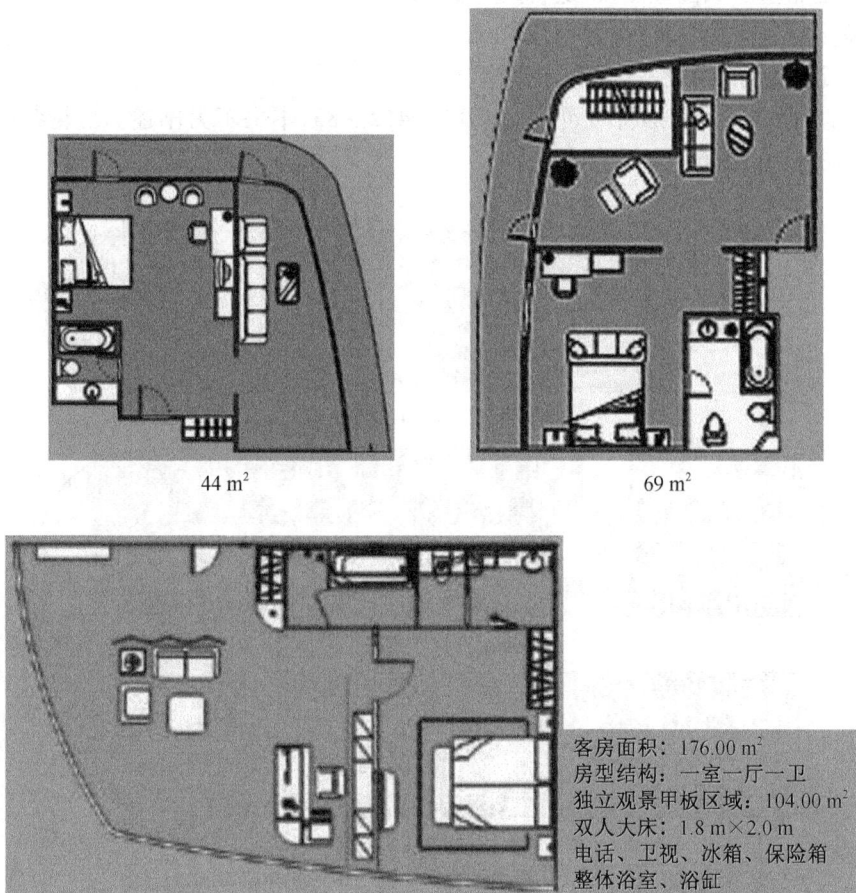

44 m²　　　　　　　　　69 m²

客房面积：176.00 m²
房型结构：一室一厅一卫
独立观景甲板区域：104.00 m²
双人大床：1.8 m×2.0 m
电话、卫视、冰箱、保险箱
整体浴室、浴缸

图 6 - 3　船首居住舱室布置图

6.3.2　船舶甲板总布置图绘制

1. 船舶甲板总布置图设计原则

一方面要满足规范对防火、绝缘(隔音、隔热)的要求,保证舱室技术性能;另一方面舱室布置应满足实用性、美观性要求。设计时需依据概念设计中确定的舱室相对位置和内装说明书的要求,首先进行各层甲板总布置图绘制,然后再进行舱室布置图绘制。设计时首先应恰当处理各舱室比例关系(面积)、通道布局的合理性、美观性、各等级舱室的相互关系,尤其处理好规范对通道、梯道防火门、防火舱壁的设计要求;其次确定各舱室家具和设备数量、位置和规格。船舶总布置设计是工程技术设计与艺术设计的结合,只有周密的创意与策划,才能有合理的布置和理想的艺术效果。

2. 甲板总布置图绘制步骤

根据船厂内装设计经验,甲板总布置图绘制步骤如下:
(1)确定甲板中心线、肋距、甲板边线;

（2）确定舱室区域位置线，通道、梯道位置线；

（3）确定舱室间壁、门窗位置和数量；

（4）确定舱室家具、设备规格和位置。

舱室家具设备布置图形符号可参阅 GB 3894.2 – 83，本书不另阐述。游轮各甲板平面布置图，如图 6 – 4、图 6 – 5 所示。

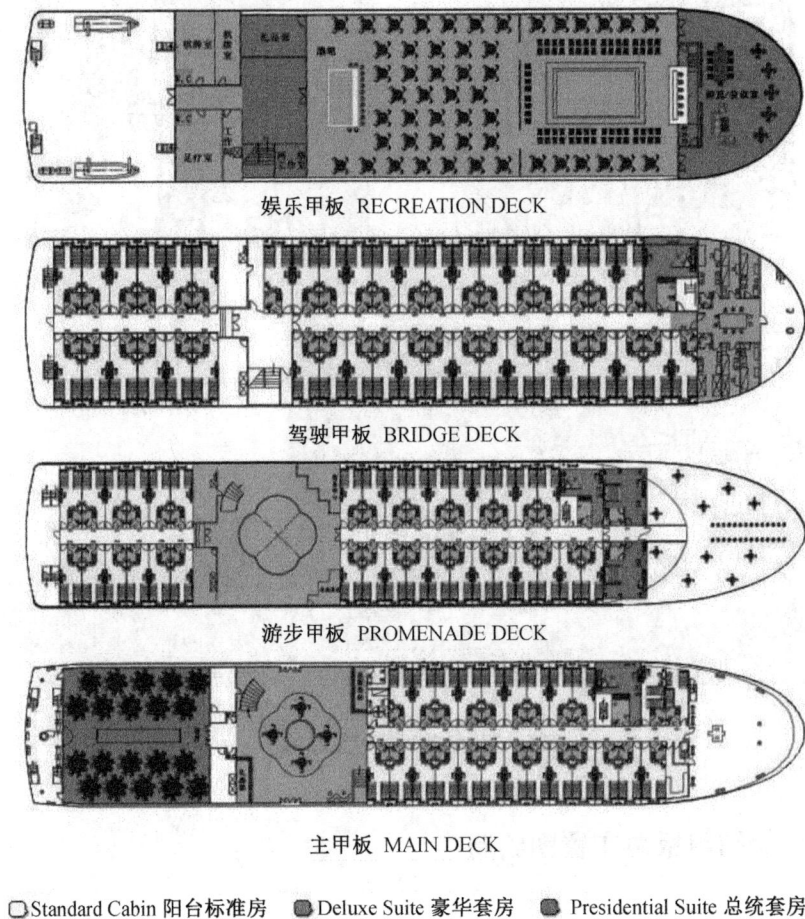

娱乐甲板 RECREATION DECK

驾驶甲板 BRIDGE DECK

游步甲板 PROMENADE DECK

主甲板 MAIN DECK

☐Standard Cabin 阳台标准房　　◐Deluxe Suite 豪华套房　　◉ Presidential Suite 总统套房

图 6 – 4　游轮各甲板平面布置图例（一）

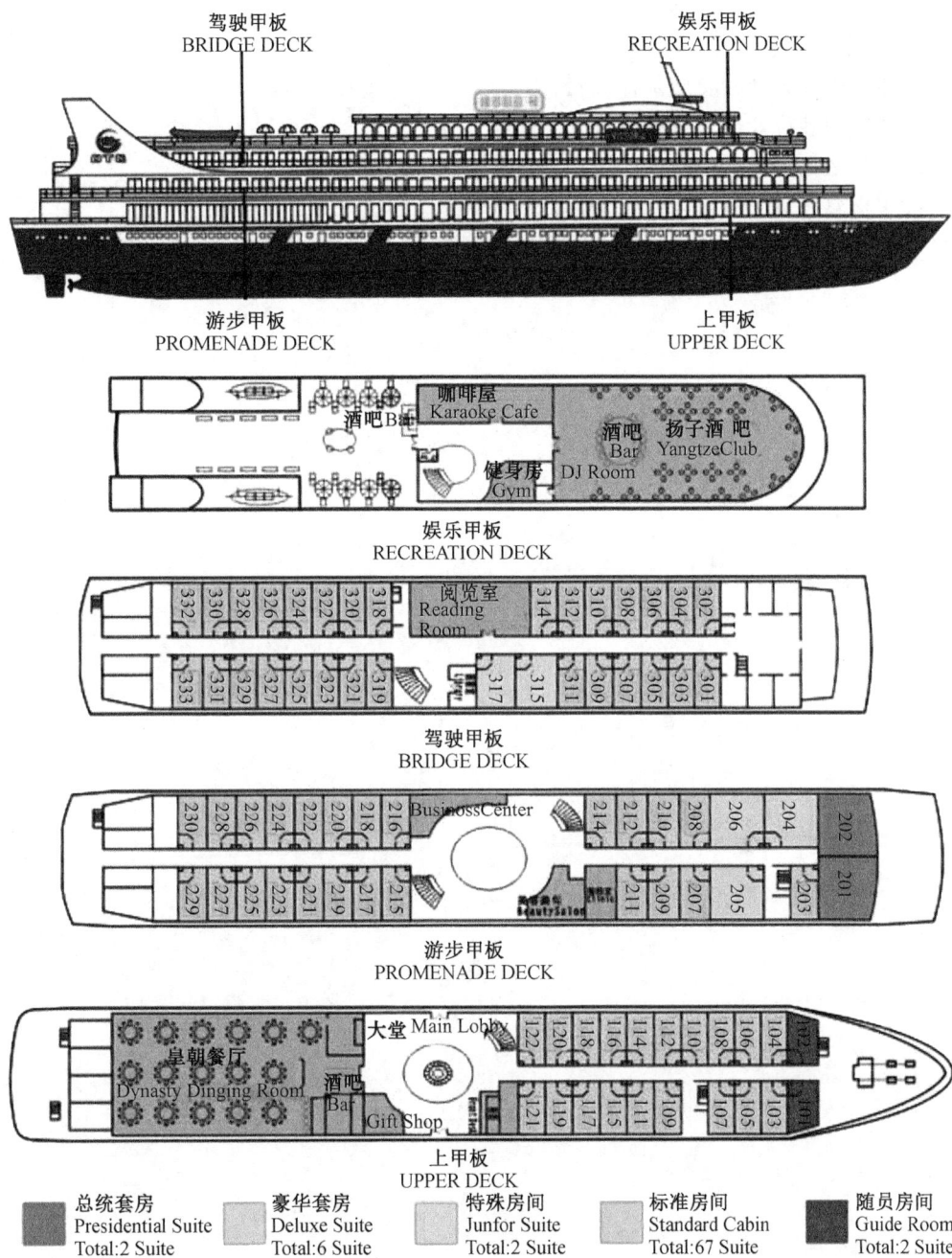

图 6 - 5　游轮各甲板平面布置图例（二）

【项目测试】

1. 船舶内装设计的实质是什么?

2. 船舶内装设计分为哪些阶段?

3. 舱室区划的含义是什么?

4. 甲板总布置图的设计原则是什么?

5. 船舶甲板总布置图的绘制步骤有哪些?

项目七　船舶各类舱室内装设计

【项目导入】

　　船舶舱室内装设计应该从舱室功能出发,以满足船员和乘客的居住性、工作性、公共活动性等要求,在此基础上再进行艺术形式的装饰,来塑造舱室的鲜明个性。

　　随着船舶建造技术水平的不断发展和人民生活水平的逐渐提高,人们更加迫切地希望通过设计来改善船舶的舱室环境。但由于船舶舱室空间狭小,不同舱室和环境空间的功能与形式也各不相同,因此船舶内装设计需要注意很多方面。

⚙️ **知识要求**

1. 理解和掌握船舶舱室内装设计概念。
2. 理解和掌握船舶居住舱室的设计概念。
3. 分析船舶公共活动场所设计的基本原则。
4. 如何运用船舶舱室设计的基本原则进行设计。

◎ **能力要求**

1. 具有对船舶舱室设计基本原则的理解能力。
2. 具有对船舶居住舱室进行设计的能力。
3. 具有运用船舶舱室设计的基本原则对船舶工作舱室进行设计的能力。
4. 具有运用船舶舱室设计的基本原则对船舶公共活动场所进行设计的能力。

⭐ **素质要求**

1. 具有发现问题、分析问题、解决实际问题的能力。
2. 具有对舱室内装设计基础知识的熟练掌握能力。
3. 具有对船舶舱室内装设计的客观认知和理解能力。
4. 具有获取新知识、新技能的学习能力。
5. 具有空间想象力、创造力和创新思维能力。

任务一　舱室内装设计概述

7.1.1　船舶舱室内装设计概念

舱室内装设计是指舱室内部固定和可移动部分的装饰与布置,它是舱室形式设计与舱室功能设计的结合。与船舶内装设计不同,舱室内装设计是狭义的,船舶内装设计是广义的,舱室内装设计是指单一舱室的具体的内部设计,而船舶内装设计是指全船的内部设计,所以舱室内装设计是船舶内装设计的一部分。另外,舱室内部设计是船体内部工程设计的内舾装设计,即上层建筑内部的舱室设计。它既要考虑功能需要,又要考虑形式美观的实用性和具体性的要求。

舱室内装设计首先应从舱室功能出发,满足船员和乘客的居住性、工作性和公共活动性要求,然后在此基础上进行艺术形式的装饰,塑造舱室鲜明个性,即舱室性格。舱室性格是指舱室功能特点在艺术形象上的特征表现,也是舱室功能美的体现。如居住舱室应体现出舒适惬意性;驾驶室、海图室、报务室应体现出明快效率性;会议室、办公室应体现肃静集中性;门厅应体现开阔通达性。突出了舱室个性,也就突出了舱室功能。舱室形式一方面表现功能性,另一方面反映时代性,即舱室装饰风格。实际上,舱室造型、色彩、照明、家具、陈设设计都体现了时代特征。舱室内装设计过程是诸要素的组合过程,协调有机的组合才能塑造出鲜明的风格,表现完美的舱室形象。

7.1.2　世界客船内装设计特征

世界客船随着时代的发展,可以分为定期客船、旅游客船和旅游渡船,其功能也有所不同。定期客船为运输工具,是乘客从某地到达某地的手段,因此定期客船更重视其速度性。旅游客船以娱乐休闲为主,是乘客的目的所在,因此旅游客船更重视舒适性。而旅游渡船的乘客多是乘自用车去某地度假旅游,需要既重视速度性,又要兼顾舒适性。

随着科学技术的发展和建筑风格的不断演变,世界客船内装设计水平也不断提高,现在世界豪华客船内装设计水平,比陆地星级饭店内装水平有过之而无不及。时至今日,世界客船内装设计也经历了漫长的历史发展过程。

1. 定期客船时代

船型简单,没有上层建筑,居住舱室都设在甲板以下,舱室简陋狭小,室内煤油灯照明昏暗,被称为"蚕棚"。舱室数量少,乘客数量多时往往露宿甲板,船上没有餐厅,食物自备(1~2周),只供应少量饮用水,炎热季节传染病时有发生,人们把船上生活称作"难行苦行的每日"。

19 世纪中后期,科学新发明层出不穷,很快应用到客船上。

1872 年,"亚得里亚海"号客船首次使用煤气灯照明。

1879 年,"板林市"号客船首次使用电灯局部照明。

1881 年,"塞尔维亚"号客船全部采用电灯照明。

1888 年,"纽约市"号客船首次采用强制通风。

1889 年,美国人发明水管式锅炉应用在船上。

1897 年,无线电通信发明应用在船上。

上述发明在船上的应用大大改善了舱室的舒适性。

1907 年"毛里塔尼亚"号客船开始设置套间舱室和休息室。

20 世纪初,世界客船舱室分为特等舱、一等舱、二等舱和三等舱四个等级。特等舱是面向上流社会富裕阶层的,三等舱是面向贫困的移民阶层的。

1912 年,美国客船"泰坦尼克"号处女航与冰川相撞沉没大西洋,船上 2 200 人死亡 1 700 人,成为世界最大的海难事件。该船救生艇数量不到乘客定员的 1/3,一等舱上流社会乘客优先得到服务人员引导找到救生设备,所以死亡者几乎都是三等舱乘客。1914 年,英国政府组织召集了一次"国际海上人命安全会议",并制定了第一个《国际海上人命安全公约》(即 SOLAS 公约),规定了客船区域划分、舱室结构、防火设备和无线电设施等要求,并扩大到各种船舶。

20 世纪初船舶舱室大多在中部甲板的上层建筑内分几层布置,两侧有散步走廊,例如英国客船"女王·不列颠"号两舷散步走廊长 102 m、宽 5.4 m。

1913 年,世界上第一艘豪华客船"皇帝"号建成,人们称之为"浮动的宫殿"。船上设有商店、休息室、服务室等公共场所,舱室装饰有意大利文艺复兴风格和罗马风格,这种风格一直持续到 1930 年的"玛丽"号客船。

1930 年,船上已设置了理发室、美容室,美国客船开始设置体育室。

1910 年,船内开始设置游泳池。

1920 年,船上开始设置简易邮局。

1921 年,客船"巴黎"号建成,该船被认为是五星级的客船。

1929 年以后,游泳池旁放置了日光浴躺椅。

1935 年,法国豪华客船"诺曼底"号建成,它是世界定期豪华客船的代表,集法国装饰艺术与先进的科学技术为一体,吸收了法兰西路易十四时代的风格。全船 450 个舱室都采用了完全不同的装饰特征,该船设置的剧场可容纳 1 000 名观众,是世界客船设置剧场的开端。主餐厅设置强化玻璃和青铜装饰,主休息室镶嵌达伯斯玻璃镶板,船上冬日花园喷泉四射,各国珍贵鸟类笼养其中,美不胜收,室内游泳池长达 24 m。

世界定期客船一方面向高速化发展,另一方面向大型化、豪华化发展。著名的豪华客船都有各自风格:英国风格豪华的客船有"玛丽""伊丽莎白女王""伊丽莎白二世""奥里阿那""堪培拉""浅间丸"号等;法国风格豪华客船有"诺曼底""法兰西""秩父丸"号等;德国风格豪华客船有"皇帝""不莱梅""汉堡"号等;意大利风格豪华客船有"列奥纳多·达·芬奇""米开朗基罗"号等;美国风格豪华客船有"联邦"号,该船是现代材料与现代建造技术的结晶。

定期客船布置方面有以下特点。

(1)定期客船布置有明显的等级差别

一、二、三等级舱室(居室和休息室)三个区域各自独立,各有各的专用通道、梯道和公共场所。其中一等舱布置在艏部靠浮心位置附近,是全船最不摇摆的部位,二等舱布置在船艉,三等舱布置在艏部,是风浪冲击最容易纵摇的位置。

(2)公共场所都是采取水平上方布置

其中餐厅都为下方中央,布置在靠近船体浮心附近,以减轻用餐时的摇摆性。

一等舱餐厅、休息室、居室空间层高都比二、三等舱高,一般为 2~3 层甲板高,以体现等级差别。

2. 旅游客船时代

1958 年,航空机投入客运,大大缩短了人们旅程周期,定期客船客运受到致命冲击,处于困境的世界客船从 1960 年开始,就兼顾客运与旅游的双重功能。1961 年建造的"法兰西"号、1969 年建造的"汉堡"号便开始把餐厅移到甲板上部。

1968 年,加勒比海第一条专营旅游观光的客船"星星卫士"号投入运营,全部公共场所(包括餐厅)都布置在上方,重视了公共场所的设计,居室为水平下方布置,船内增设电梯,以便于乘客从居室到公共场所活动。

1981 年"欧罗巴"和"热带"号旅游客船舱室开始出现垂直型布置,即公共场所布置在艉部垂直方向各层甲板上,"欧罗巴"号旅游客船餐厅和居住舱室布置在艏部各层甲板。垂直型布置多在艉机型船上采用。艉部振动噪声不至于传播到艏部,大大提高了居室舒适性,适合旅游周期长的客船所采用,同时垂直布置有利于公共舱层高的设计和船厂舾装施工,但要增设一定数量的电梯和楼梯,以便公共舱室之间的乘客流动往来。

从 1984 年"皇家公主"号开始,出现了居住舱室窗口全部朝向大海的外向型设计,各居室又设计了专用游廊,大大提高了居住舱室的舒适性。

1987 年,当时世界最大的旅游船"海王"号诞生,该船被称作"移动的饭店"。

(1)"海王"号居住舱室

全船载客 2 282 名,船员 750 名,乘客居室 1 141 间,63% 为外向型,均为标准双人间,标准面积 12 ~ 15 m^2,均有浴室、卫生设备、空调设备、闭路电视和直拨电话。船内电视装置是首次应用广播闭路电视与计算机互通系统。昼夜服务项目有播报新闻、气象、文娱节目,可预定餐厅座位、酒菜及结算费用。

(2)"海王"号公共场所

考虑到该船"水上娱乐场"的特点,公共场所设计宽敞、丰富多彩,有餐厅、酒吧、休息室、剧场、迪斯科舞厅、赌场、商店、图书室、游泳池、运动场、健身房和美容室等共二十多处。设置两个主餐厅,共能容纳 1 300 人进餐。该船上下厨房面积 1 600 m^2,也是当时世界最大的船上厨房。全船有 3 个大型娱乐休息室,"富利厅"(1050 席)、"彩虹厅"(500 席)和"乐人厅"(675 席),还有两个电影放映厅(144 席)。露天游泳池两个,边上设有咖啡厅和小厨房。烟囱周围的"维金皇冠厅"四壁为落地长窗,乘客可 360°环视海景,可容纳 250 席。该船食品库达到 1 600 t,也是当时世界上最大的食品库。全船共 12 部电梯,可将乘客迅速送达各层甲板。

继"海王"号之后,美国的"幻想"号、英国的"星星公主"号和日本的"晶谐""富士丸""东方维纳斯"及"飞鸟"号都是在"海王"号装饰艺术的基础上,发挥其各自风格,都是当今世界旅游客船现代内装设计的杰作。

3. 旅游渡轮时代

世界渡轮集中在欧洲与日本,其中旅游渡轮大部分在北欧,主要是芬兰、瑞典、荷兰、英国、德国、丹麦和挪威几个主要国家拥有,旅游渡轮从 19 世纪 70 年代的 1 万 ~ 2 万 GT 级发展到舾装 5 万 GT 级。前面讲到旅游渡轮的功能,使得舱室设计注重公共舱室,忽视居住舱室设计。欧洲渡轮居住舱室面积狭小,并有大型座席舱,席位数量为定员的半数或半数以上,而与之相反的公共舱室(休息室、酒吧、舞厅、商店、赌场)面积大,有意把乘客引到公共场所去消费。公共场所昼夜服务,还有带保姆的儿童娱乐室,有多种免税店,乘客购物费用与船票费用相当。北欧渡轮大都设计有大会议室,可以用来召开国际会议和发布新产品等。

4. 2010 年全球十大顶级邮轮

(1)名人邮轮公司的"世纪名人"号于 2006 年重新装修,该船拥有配有私人管家的套房和私人阳台,如图 7－1 所示。

图 7－1　"世纪名人"号

(2)澳大利亚 P & O 邮轮公司的"太平洋宝石"号于 2009 年 12 月推出,该船提供高空钢索马戏表演和顶层甲板上的高空飞人舞台,及 P & O 首家名厨餐厅Salt Grill,水疗和健身中心与奥运会游泳池一般大小。此外,该船还有四个儿童俱乐部和一个购物区,如图 7－2所示。

图 7－2　"太平洋宝石"号

(3)阿瓦隆水道公司的"全景"号于 2011 年 5 月推出,提供两个整层甲板套房,并带有大量全景窗户和阳台,可以欣赏莱茵河和多瑙河等欧洲主要河流两岸的绝美风光,如图 7－3 所示。

(4)丘纳德公司的"玛丽女王 2"号可以说是有史以来建造的最宏伟的海洋邮轮,其特色是拥有世界上唯一的海上天文馆及 15 家餐厅和众多酒吧、休闲室。此外,该邮轮还有书友会,并定期举办介绍当代及历史问题的讲座,也以 108 天的"环球之旅"而闻名,如图 7－4 所示。

图7-3 "全景"号

图7-4 "玛丽女王2"号

(5)MSC 邮轮公司的"MSC 幻想曲"号以奢华而出名,该邮轮拥有独家 MSC 游艇俱乐部,一个施华洛世奇水晶楼梯及一个透明天花板的私人休息室。船上的水上乐园拥有 150个照明音乐喷泉,游泳区还有一个滑水道,如图 7-5 所示。

图7-5 "MSC 幻想曲"号

(6)皇家加勒比公司的"海洋绿洲"号是当时世界最大的邮轮,耗资 10 亿多美元建造,拥有七个不同主题的"社区"。船上活动包括海上滑行、旋转木马、攀岩及一个拥有 750 个座位的圆形剧场"水上剧院",如图 7-6 所示。

图7-6　"海洋绿洲"号

(7)名人邮轮公司的"名人至尊"号面积约 2 000 m² 的草坪俱乐部使用的是真正的草丛,游客在此能享用野餐或参加地掷球或槌球游戏,如图 7-7 所示。

图7-7　"名人至尊"号

(8)公主邮轮公司的"红宝石公主"号是公主邮轮公司的最新邮轮,特色是池畔剧院及户外电影院。此外,游客可体验专属的水疗,儿童可享受五个游泳池,船上还有一个名为"心灵"的结婚礼堂,如图 7-8 所示。

(9)猎户座探险邮轮公司的"MV Orion"号该邮轮专为航海探险者设计,但也不乏奢华。游客可探索不同的目的地,可被邮轮上的 10 个小船或充气橡皮艇运送上岸。在邮轮上,游客可享用悉尼名厨烹饪的食物。

图7-8 "红宝石公主"号

(10)真北公司的"MV True North"号为澳大利亚最豪华的邮轮之一,可以航行穿过澳大利亚北领地。六个探险船可载着乘客接近瀑布景点,邮轮携带的直升机也可带着乘客到偏远的池沼捕鱼或潜水,如图7-9所示。

图7-9 "MV True North"号

任务二 居住舱室设计

7.2.1 船员居住舱室的设计

船员居住舱室的设计是现代船舶设计的重要方面。19世纪时普通船员居室大多布置在艏楼或艉楼,高级船员居室布置在机舱附近。20世纪50年代开始,油船、干货船采用了把船员居住区集中于艉楼的布置。由于海上生活的单调与漫长,船员居住的舒适性得到各国重视。1953年,英国制定了"商船船员居住舱室规则"的相关政策。1950年,美国颁布了船员居住标准,我国也编制了舰船居住规范。这些都为船员舱室居住性设计提供了依据和参考。

居住性设计可以从环境控制和居住设施两个方面考虑。环境控制包括温度、湿度、通风、噪声、振动、照明、色彩、淡水供应、防污、餐厅及食品供应、卫生舱室和设施服务舱室及设施等。船员舱室设计因船员等级有所不同,应体现出优雅宁静和活泼等不同程度要求。(表7-1至表7-4、图7-10)

表7-1　国外船员居住面积表

年代	货船	高级船员		普通船员	
		室面积/m²	总比率/%	室面积/m²	总比率/%
1958	MENELAUS CLASS	8.83	41	7.43	41
1966	PRIAN CLASS	21.00	61	7.62	39
1969	ENCOUNEER BAY	20.45	60	11.15	40
1972	LIEERPOOL BAY	21.18	55	16.73	45
年代	客船	高级船员		普通船员	
		室面积/m²	总比率/%	室面积/m²	总比率/%
1954	SAXOUIA	10.69	7.6	8.08	28.0
1960	ORIANA	12.55	8.5	6.04	24.5
1969	Q. E. 2	13.01	7.5	8.36	19.0
1972	SPIRIT OF LONDON	12.64	7.8	6.60	25.8

表7-2　船舶舱室噪声标准(供参考)

区域	舱室		噪声级/dB
工作区域	驾驶室		50~75
	机舱		85~110
	无线电室		55
	厨房		75
	办公室		65
	会议室		45
	医务室		45~50
生活区域	船员	居室、信息室	55
		餐厅	60
	乘客	客船 一等舱	45
		客船 二等舱	50
		客船 三等舱	55~60
		客货船客舱	55
公共活动区域	图书室、放映室		45
	餐厅、娱乐休息室		65
	露天休息室		75

表7-3 船员各等级房间使用情况一览表

等级	名称	组合形式	办公室	卧室	卫生间	门厅	会客室	餐厅	配餐间	办公室兼卧室	公厕	共浴
船长级船员	船长 轮机长	A	△	△	△	△	△	△	△			
		B	△	△	△		△	△				
		C	△	△	△		△					
		D	△	△								
高级船员	大副 大管轮	A	△	△	△	△						
		B	△	△	△							
		C			△					△		
次高级船员	二副、三副、二管轮、三管轮、电机员、报务员、引水员、管事、医生、报务主任等	A		△						△		
		B								△	△	△
中级船员	水手长、机匠长、大厨	A		△						△		
		B								△	△	△
一级船员	水手、机匠、厨工、服务员							△	△	△		

注:A、B、C、D 表示组合形式、等级。△ 表示该等级包括的使用单元。

表7-4 我国出口船船员居住舱室面积表

	2.7万吨散装货船		6.9万吨成品油船		11.8万吨油船	
	舱室名称	面积/m²	舱室名称	面积/m²	舱室名称	面积/m²
船长级	卧室 卫生间 休息室 办公室	12 4.8 20	卧室 卫生间 休息室 办公室	17.51 2.5 21.6 8.91	卧室 卫生间 休息室 办公室	14.7 3.44 21 13.6
高级船员	卧室 休息室 卫生间	10.4 16 3.7	卧室 休息室 卫生间	17.51 21.6 2.5	卧室 休息室 卫生间	6.4 17.4 2.5
次高级船员	卧室 卫生间	13.5~16 3.7~4.5	卧室 卫生间	21.5 2.5	卧室 卫生间	18.4 2.9
中级船员	卧室 卫生间	9.4 3.6	卧室 卫生间	— —	卧室 卫生间	— —
一级船员	卧室	9.5	卧室 卫生间	12.35~15.87 2.5	卧室 卫生间	10.6~15.2 2.7

图 7 – 10　船员舱室图

1. 船长级居室的设计

船长级船员包括船长、轮机长。船长居室是船员居室设计中最为重要的,它应体现出全船最高指挥场所的威严,舱室布置与家具配置参考上面舱室布置图例。其居室设计特点如下:

(1)突出船长级地位的最高级,表现出不同等级的差别性;

(2)居住面积大,家具设备齐全,使用舒适;

(3)色调和谐,光色统一;

(4)家具造型优美,选料精良,制作高档。

(5)装饰风格要有时代性、民族性,性格鲜明具有优雅肃敬的气氛与意境。

2. 高级船员居室的设计

高级船员包括大副、大管轮。他们是船上各部门负责人,船上待遇仅次于船长级船员。其居室设计特点如下:

(1)利用居住面积、家具设备、装饰特点表现出高级船员应有地位的重要性与差别;

(2)在布局中体现等级待遇的条件、职务和工作的性质;

(3)居住性应接近船长级舱室水平,具有较好的功能性、舒适性;

(4)舱室装饰应体现艺术风格的统一性。

3. 次高级船员舱室的设计

次高级船员指二副、三副、服务员、二管轮、三管轮和轮机员等中层技术干部,他们是各业务部门领班工作人员。设计时要满足工作和休息的需要,环境处理上要达到实用、舒适、美观、紧凑,处理好卧室兼办公室双重作用。家具设备有写字台、衣柜、茶几、扶手椅、单人沙发、活动椅、书柜、边柜等。其居室设计特点如下:

(1)利用变化统一的手法,强调设计的整体性,突出室内空间用途的多层性;

(2)通过色彩与光线设计创造统一和谐的室内空间;

(3)家具设备与陈设应简洁精练,富于线、块结合美感;

(4)合理利用空间,布置主次分明,室内留有一定活动空间。

4. 中级船员居室的设计

中级船员包括水手、机匠长、大厨、电机长,他们是领班技术工人。由于工作性质,设计时主要解决他们的休息条件,并兼顾看书、学习、书写等需要。其居室设计特点如下:

(1)设计突出实用性,保证休息条件;

(2)配备日常生活必备家具;

(3)色彩统一协调,布置美观大方。

5. 一般船员居室的设计

一般船员包括水工、机匠、厨工、电工、服务员等。他们在船上的待遇是相对最低的,大型船舶是2人一室,中小船舶是3~4人一室。其居室设计特点如下:

(1)满足睡眠、休息、存放物品的居住条件;

（2）保证空间照明和流动性；

（3）家具与空间色彩要统一；

（4）保证使用安全性、耐久性。

7.2.2　乘客居住舱室设计

乘客居住舱室设计是客船、旅游客船、旅游渡船设计的重要内容。乘客居室居住性及豪华程度取决于客船类型、航线、周期、定员等因素。因为船上能提供的使用面积是不变的，必须依据上述因素，确定乘客居住面积与公共舱室面积的比例关系。

乘客居室设计必须考虑各方面的要求，造船者希望结构简单；船员要求便于维修与工作；船东要求空间利用具有经济性和多功能性；乘客希望提供舒适、方便的条件。总之，乘客居室设计基本原则要满足居住舒适性、方便性、安全性等功能要求，还应有舱室形态美。大型旅游客船乘客居室水平如同陆地星级饭店水平一样。

1. 国外旅游客船乘客居室的设计

现代旅游客船取消了定期客船的等级悬殊差别，以标准二人客舱为主体。由于居室本身就是旅游度假休闲活动的组成部分，所以居室设计是比较考究的，但是由于航行周期有长期（环球）、中期（一周）、短期（2～3 天）的不同，客船的设计面积、舒适性也有所不同。

现以航行于加勒比海的"海洋绿洲"号旅游客船为例来说明一下居室的设计。"海洋绿洲"号标准居室为双人间，具有起居室和卧室功能，设有两张床，白天作沙发使用，晚间可合并为双人床，每个居室都设有沐浴卫生间，并配有电吹风、电动剃须刀等设备。有足够抽屉的大梳妆台，一面长镜的衣柜，并设有台灯、空调（自己控制室温）、电视、电话、广播和迷你冰箱。皇家高级套房房间面积为 220 m²，阳台面积为 78 m²，可容纳 6 人，客房跨两层甲板，视野开阔。主卧室和浴室在上层甲板，下层和上层由楼梯连接。浴室中配备有预感、冲淋房、两个水槽和坐浴盆。整个套房内有 4 张床（可改成大床）。下层亦有配备了冲淋房的浴室。另外还有专门的私人阳台、造波池和餐厅，餐厅内带有小型酒吧。客厅中的沙发可改成双人床，每层都有壁橱。

再介绍一下中小型豪华旅游客船居室，现以航行于太平洋的"海恩"号为例。该船标准客室面积 17.4 m²（含卫生间），卫生间设置在进门边上，其对面有衣柜，开门使用磁卡钥匙，如同陆地星级饭店一样，磁卡钥匙放入插口内，全室照明打开，并在门外显示室内有人，这样服务员就不来清理，以免干扰乘客休息和活动。卫生间为大理石梳妆台，设有头发干燥器、吹风机、化妆品等配套设施。设有磁卡保险柜，中央设置一对可移式单人床及床头柜，窗边有写字台、梳妆台、椅子、茶几。写字台藏有低噪声冰箱，写字台上面有彩电、录像机，床头柜有 BGM 操纵机构可以控制室内电器使用，室内设有电话，可以直拨国际长途。室内照明有向下灯、聚光灯、台灯的局部照明和窗帘灯、壁灯的间接照明，具有北欧风格。家具采用明快色泽的桃木，搭配黄铜材料制成的各种线条，给人一种豪华别致的气氛。窗子采用大型圆窗，各层甲板分别采用绿、红、蓝、紫等颜色，带有图案的特质地毯，创造一种丰富的色彩世界。

除标准客室以外，国外旅游客船上还设有少量特等舱和为残疾人服务的专门客室。综上所述，客室设计趋势是大型旅游客船趋向高级化、大众化，中小型旅游客船客室趋向豪华化、专门化。（图 7－11 至图 7－13、表 7－5）

图 7 - 11   豪华游艇居室和浴室

图 7 - 12   豪华客舱居室

图 7 - 13   皇家高级套房

表 7 - 5　旅游渡轮乘客居住舱室面积　　　　　　　　　单位：m²

序号	舱室类别	德国级	芬兰级
1	内向舱室(2 人)	7.15	9.0
2	外向舱室(2 人)	8.40	9.0
3	内向舱室(4 人)	8.95	9.0
4	外向舱室(4 人)	10.05	9.0
5	家庭舱室	—	12.0
6	特等舱室	16.80	12.0
7	专用舱室	—	20.0

2. 国内客船居住舱室设计

国内客船包括沿海、海湾和内河客船，客货船与旅游客船。其中大多数是定期客船，内河客船以长江客船为主，旅游客船以三峡旅游客船为主。其乘客居室水平与国外存在较大差距。定期客船乘客并不是以乘船旅游为目的，因此居室设计以实用、安全为主，兼顾美观大方。(表 7 - 6)

表 7 - 6　沿海客船乘客居住面积

项目		船名		
		7 500T 级	5 000T 级	3 000T 级
Loa/m		138	120	106.67
B/m		17.6	18.8	15.8
层高/m		2.3 ~ 2.5	2.5 ~ 2.55	2.2 ~ 2.4
甲板层数		6	7	5
乘客定员/人	总数	820 ~ 824	1 302	915
	特等	4 ~ 8	2	1
	二等	8	64	12
	三等	204	546	318
	四等	344	690	280
	五等	260	—	304
人均面积/(m²/人)	特等	21.6 ~ 10.6	10.08	27
	二等	4.19	3.00	2.85
	三等	1.77	1.65	1.4 ~ 1.78
	四等	1.54	1.26	1.40
	五等	1.75	—	2.00

(1)沿海客船、客货船乘客居室设计

一、二等客舱：多设在上层建筑艏部，面积为 10 m² 左右，设置两个单人木质床，一个衣柜(带救生柜)，一个小型写字桌，设有风扇、空调。围壁天棚用塑面板作装饰材料，家具造型和房间色彩应协调,给人以舒适感。

三、四等客舱:一般以4~8人为一室,其特点是以满足白天休息和夜间睡眠为主。一般为上下铺床,设有救生衣柜,一个抽斗桌,旅客物品存放床下,室内设有通风系统和电风扇,房间同样塑面装饰,色调和谐平稳,如图7-14所示。

一等舱(2人间)

二等舱(4人间)

三等舱(8人间)

餐厅

图7-14 国内客船舱室

五等客舱:居住条件比较差,一般以50~200人住在一个大型通舱,没有装饰板,上下铺铁床。空气流通不好,基本保证旅客中途休息、睡眠。

五等散席不设床铺,大多在走廊、货舱或露天甲板席地而坐。

(2)长江客船、客货船乘客居室设计

长江客船是客船流量较大的客船,如同火车厢一样,主要解决乘客住宿问题。居室低矮窄小,床铺之间只有走路通道。二、三等舱除双层铁床外不设任何家具,五等舱设三层铺,最下层照明昏暗,空气混浊。五等舱几乎把走廊塞满。小型短途客船多为硬座,不设床铺。

我国水路客运紧张局面至今仍没有缓解,但由于客运效益不如货运效益高,客船发展一直受到影响。随着国民经济的发展和人民生活水平的提高,我国客船有了较大的发展,相应客船居室设计水平也提高到了一个新的水平。(表7-7)

表 7 - 7　长江客船、货船乘客舱室面积

项目		船名			
		中汉线	汉渝线	渝宜线	中游短途
Loa/m		113	77	68.5	45.5
B/m		19.6	15.4	13.2	8.66
层高/m		2.3 ~ 3.1	2.25 ~ 2.4	2.3 ~ 2.4	2
层数		5	5	4.5	3
乘客定员/人	特等	1 182	800	960	651
	二等	32	20	4	—
	三等	224	222	—	—
	四等	674	342	302	28
	五等	252	216	654(座)	623(座)
人均面积/(m²/人)	二等	4.3	3.8	5.4	—
	三等	2.16	1.92	—	—
	四等	1.46	1.3	1.12	1.06
	五等	0.87	0.88	0.52(座)	0.32(座)

任务三　公共活动场所设计

　　船舶公共活动场所是指入口大厅、餐厅、酒吧、休息室、舞厅、放映厅、图书室、商店、健身室、活动甲板、游泳池等场所。大型旅游客船公共场所的设计已成为船舶内装设计的核心,通过公共娱乐、休闲、运动,用以丰富游客的海上旅游生活。普通客船、货船也同样要通过公共活动来调剂人们的精神生活,消除航行的寂寞感,所以船舶公共活动场所是必不可少的。国外定期客船时代,公共场所也是按等级分别设置的。进入旅游客船时代,公共场所已不分等级,但各类公共场所功能也在逐步演变,如餐厅由下层移到上层甲板;门厅由狭小空间演变为高大宽敞的共享空间;休息室大型化、多功能化、多样化;影剧场演变为放映厅;图书馆演变为图书阅览室;小卖部演变为商店街;普遍增设游泳池、桑拿浴室、健身房等运动健身设施,公共场所成为船上人们社会活动和娱乐中心。

　　由上述可知,公共活动场所设计的形式与风格也极为讲究,必须进行周密的美装概念设计,赋予不同类型公共场所以不同性格与装饰风格,把艺术形式与实用功能完美地结合起来,才能满足个别需要,发挥各自效用。(表 7 - 8、表 7 - 9)

表 7 - 8　世界旅游客船公共舱室面积

舱室名称	海王 (74 000 GT)	富士丸 (23 500 GT)	东方维纳斯 (22 000 GT)	日本丸 (22 000 GT)
舱室/乘客	1 141 室/2 282 人	163 室/600 人	108 室/606 人	202 室/600 人
餐厅	650 m² ×2 室	690 m²	660 m²	650 m²

表7-8(续)

舱室名称	海王 (74 000 GT)	富士丸 (23 500 GT)	东方维纳斯 (22 000 GT)	日本丸 (22 000 GT)
入口大厅	$h = 14.5\text{m}$	—	570 m²	680 m²
娱乐休息厅	2 575 m²	760 m²	780 m²	703 m²
主厅、剧场	—	540 m²	620 m²	580 m²
放映室	144 m²	120 m²	220 m²	120 m²
观赏休息室	250 m²	230 m²	215 m²	70 m²
运动甲板	—	590 m²	650 m²	410 m²
阳光甲板	—	360 m²	580 m²	1 000 m²

表7-9 我国沿海及长江客货船公共舱室面积

项目		船名						
		7 500 T 级沿海	5 000 T 级沿海	3 000 T 级沿海	长江 申汉线	长江 汉渝线	长江 渝宜线	长江中 游短途
总长/m		138	120	106.67	113	77	68.5	45.5
甲板宽/m		17.6	18.8	15.8	19.6	15.4	1 362	8.66
甲板间高/m		2.63~2.5	2.5~2.55	2.2~2.4	2.3~3.1	2.25~2.4	2.3~2.4	2
甲板层数		6	7	5	5	5	4.5	3
公共场所	餐厅总面积/m	195.6	374.4	132	210	174	90	—
	人均面积/(m²/人)	0.23	0.288	0.144	0.174	0.218	0.094	
	文体室、乒乓室、俱乐部等/m	203.5	173.95				—	—
	人均面积/(m²/人)	0.247	0.133					
	二等客休息室面积/m	75.6	83.2	—	56	40	—	—
	人均面积(m²/人)	4.73	1.26	—	1.75	2		
	阅览室面积/m	140.16	—	74.9	62		—	—
	人均面积/(m²/人)	0.17	—	0.082	0.052			
	厨房总面积/m	96.1	106.2	80.3	117	78 *	85 *	26 *
	人均面积/(m²/人)	0.117	0.082	0.088	0.099	0.098	0.089	

注: *表示船员与乘客合用的厨房。

7.3.1　入口大厅设计

1. 功能作用

入口厅是现代客船公共活动的场所,它的位置一般设置在舯部,起着交通枢纽的作用,其特点要求与各公共场所联系线路较短,人流疏散迅速,同时要有休息、接待、等候、服务(售票、咨询、小卖部)等功能,也可以作为展览、宴会的多功能大厅。所以入口大厅的装饰与布置已经成为客船内装设计的重点。大厅空间应恰如其分地表现主次关系、序列关系。大厅是序列设计的开始(入口),也是序列的结尾(出口),它给乘客的总体印象应该是深刻的。

2. 功能分析

功能分析是把乘客活动内容按不同功能划分区域,即把大厅功能分解为几项具体功能,并用图示表示各功能区之间的联系,以便进行舱室形式的设计。

"海王"号客船最令人瞩目的是宏伟、宽敞和富丽堂皇的中央大厅。厅高 14.5 m,贯穿 4 层甲板,厅内设置 2 台透明玻璃围壁的观光电梯,大厅装饰华丽,设有喷泉。天花板上镶嵌的镜面陈设艺术品价值达 170 万美元。乘客上下船出入口设在第四层甲板上,与大厅相通。乘客上船步入大厅,即被它的气势所倾倒,大厅可以方便地到达全船各公共活动场所。大厅以金色为主,给人以豪华之感,该大厅的设计是船舶采用美国现代建筑师约翰·波特曼的共享空间形式的开端。(图 7 - 15、图 7 - 16)

图 7 - 15　"蓝宝石公主"号大厅

图 7 – 16 "东方皇帝"号大厅

7.3.2 餐厅设计

餐厅是船舶最重要的公共场所之一,尤其旅游客船餐厅是最能激发乘客兴致,在愉快的气氛和周到的服务中,餐厅会给乘客留下美好的印象,所以餐厅的设计水平与服务质量会直接影响到旅游船的营运效益。船舶餐饮场所可分为主餐厅、快餐厅、酒吧、咖啡厅,大型客船主餐厅应具有宴会厅功能。餐厅在总布置设计中的位置,各时代有所不同,定期客船时代餐厅都安排在船体舯部主甲板下靠近船舶浮心附近。现代旅游客船的餐厅移到游步甲板附近,靠近艉部居多,窗口宽敞,乘客可以边用餐,边观赏大海景观,充分展示了现代旅游客船的功能。餐厅装饰设计是比较考究的,在定期客船时代按不同等级划分餐厅,许多定期客船室内装饰都体现着那个时代的建筑艺术风格。(图 7 – 17)。

图 7 – 17 "玛丽女王 2"号的餐厅

欧美人往往把用餐与社交活动联系在一起,对餐桌环境布置与装饰极为考究,许多旅游客船重视餐厅、酒吧与咖啡厅的装饰艺术,也正是为吸引更多的乘客上船旅游。餐厅应保证在有限空间范围内,向全船乘客提供就餐服务。餐厅布置应注意入口处要宽敞,避免人流阻塞,入口应直通服务台,餐桌应有 4 人、6 人、8 人和 10 人等不同类型,面对舱壁的座位不能太靠近舱壁,餐桌间应有足够宽的通道。餐桌排列形式是餐厅布置的重点,大型客船主餐厅餐桌布置有各种形式,餐厅装饰应注意基调的统一,如围壁、地毯与照明的色彩协调性。欧美人习惯在灯光微暗的场合下进餐,而日本人则喜欢在明亮的场合下进餐,所以灯光设计应注意到不同地域人们的生活习惯。餐厅各区域明度标准如表 7 - 10 所示。

表 7 - 10　餐厅各功能区域照度标准(供参考)　　　　　单位:lx

1000	500	200	100
菜样	宴会厅	入口处	走廊
	餐桌	就餐室	
	服务台	厨房	
陈列厨	收款处	洗室	楼梯

一般商船除乘客餐厅外,还有高级船员餐厅、一般船员餐厅、小餐厅和客人餐厅,以提供完美的就餐服务和进餐环境。

7.3.3　酒吧间设计

酒吧间为公共休闲娱乐与餐饮相结合的场所,空间处理应尽量轻松随意。空间布局一般分为台席和座席两大部分,也可适当设置站席。按照酒吧的性质,空间处理宜把空间分成小尺度的部分,使乘客感到亲切,应该根据面积决定席位数,一般每席间隔 1.1～1.7 m,服务员通道为 0.75 m,酒吧间应设有酒类储存库。"海洋绿洲"号设有可以在 1 至 3 层间移动的酒吧。(图 7 - 18 至图 7 - 20)

图 7 - 18　"海洋绿洲"号内的酒吧

图 7 - 19 "辉煌"号内的酒吧

图 7 - 20 "世纪宝石"号内的酒吧

7.3.4 娱乐休息室设计

娱乐休息室是融休息、社交、观看演出、欣赏音乐等各项功能为一体的公共活动场所。大型旅游客船都设计有几种形式不同的休息室,其中最大的休息室至少应容纳全船定员总数的一半以上。近年来,世界旅游客船普遍用休息室进行各种演出,它不仅方便了乘客之间的交流,而且安排通俗、短小的节目让乘客观看。休息室从早到晚都有咖啡和酒类供应服务,主休息室舞台设置在乘客都能看清楚的地方,大有取代剧场舞台的趋势。

在船上最高处,烟囱或上层建筑艏部、艉部都设置有观赏休息室。人们到船的最高处,都有眺望观赏远处景观的愿望。乘客在观赏休息室内边休息边欣赏窗外景观,也是一种精神享受,因此观赏休息室受到游客的欢迎。"辉煌"号的观景休息室,如图 7 - 21 所示。

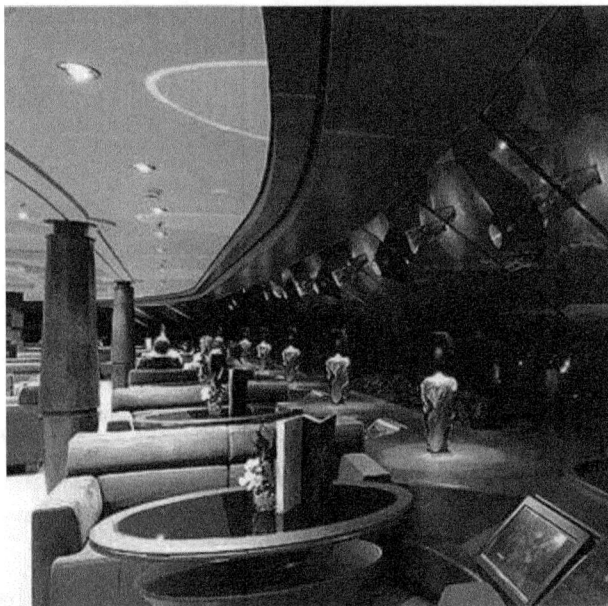

图 7 – 21　"辉煌"号休息室

7.3.5　舞厅设计

舞厅、迪斯科舞厅、夜总会、卡拉 OK 厅是船上动态娱乐场所,通常占有较大空间,以适合年轻游客的需求,同时也为喜欢利用这种环境饮酒消遣的乘客提供服务。在布景时应离居住舱室、图书馆、音乐休息室远些,并要充分考虑舱室隔音、防振动措施,现代旅游客船都采用电动厚型隔音门,几乎不外露一点声音。大型旅游客船航程中都有大型文艺演出和盛大的夜总会活动,因此也极大地吸引乘客进行海上旅游。其他如电子游艺室、棋牌室、赌场也是大型旅游客船重要的娱乐场所。(图 7 – 22 至图 7 – 24)

图 7 – 22　"赛琳娜"号舞厅

图 7 – 23　"海洋绿洲"号娱乐厅

图 7 – 24　"辉煌"号娱乐室

7.3.6　商店区设计

购物是乘客乘船旅游的兴趣之一,商品销售也是旅游船经营的重要收入来源,特别是船上购物免税,所以乘客往往来船上都要购买香烟、酒类和化妆品。现代旅游船不设置小卖部,而是设置各种专营商店,集中构成商店区或称商业街,有餐饮店、照相馆配套,形成村落布置,乘客喜欢在这种气氛中购物。现代商业街有戏剧般的照明,有现代感的布置与装饰,配上激动人心的音乐,创造了一种能使人们在欢乐中购物的环境气氛。如芬兰瓦特西拉造船公司建造的大型客船"诗丽雅·小夜曲"号有长 140 m 的商业街,街道两侧有饭店、咖啡厅、酒吧、商店、健身房、蒸汽浴室、游乐室等场所共 30 多处,街道上空为透明玻璃屋顶,以保证充足的自然光线。(图 7 – 25、图 7 – 26)

图 7 – 25　"海洋绿洲"号商业街一

图 7 – 26　"海洋绿洲"号商业街二

7.3.7 游泳池设计

  船上游泳池的设置开始于20世纪30年代,盛行于20世纪80年代。它满足人们在海上旅游时希望享受大海乐趣的愿望,也起到了健身与锻炼的作用。在现代内河旅游船上,如莱茵河旅游船、长江三峡旅游船都设置有小型游泳池。大型旅游客船一般都设两个游泳池,在上层建筑最上层的阳光甲板上,与烟囱处观赏休息室相呼应,游泳池外围甲板铺有木地板,并与周围透明玻璃舷墙构成日光浴的宽敞舒适的空间,乘客可以穿着泳装去自助餐厅、酒吧进餐。这里餐厅椅子都是全塑的,穿着湿的泳装坐在上面也无妨。游泳池形式多种多样,"海王"号设计成有海滩斜坡式的游泳池,有些船上游泳池还安装有可移动的透明风雨棚。在游泳池附近应设置更衣室、室内大浴室、桑拿浴室等。(图7-27、图7-28)

图7-27 "蓝宝石公主"号游泳池

图7-28 "海洋绿洲"号露天泳池

7.3.8　其他公共舱室设计

1. 健身房

现代旅游客船都设置有健身房,它为喜欢锻炼的人提供了一个运动场所。健身房开始在美国和北欧的船上设置,现在也普及起来。健身房主要设备有固定自行车、滑行轨、杠铃、拳击吊袋等,室内设有良好的空调设施。(图7-29)

图7-29　游船健身房

2. 图书室

在定期客船时期,大型客船都设有相当大的图书馆。"伊丽莎白二世"号客船图书馆不仅有专门图书管理员,还引进计算机管理检索系统。但是现代旅游客船图书馆功能逐渐演变为图书阅览室,开架阅览。图书馆功能的演变是因为旅游客船安排了丰富多彩的娱乐活动,乘客不必只用读书的方式消磨时光。(图7-30)

图7-30　图书室

3. 剧场与电影院

在现代旅游客船上,剧场、电影院也正在缩小,其功能被主休息室、放映室所代替。由于客舱都设有电视和录像系统,甚至有的旅游客船还有出租录像带业务,这些都反映了现

代客船娱乐场所的变革趋势。(图7-31、图7-32)

图7-31 "玛丽女王2"号的电影院

图7-32 "海洋绿洲"号露天剧场

任务四　工作舱室设计

船舶工作舱室包括驾驶室、海图室、报务室、集控室、会议室、办公室、厨房、播音室等，其功能都是船员工作场所。它创造了为保证船舶正常航运的工作条件，其特点是舱室有严肃、明快、平静、淡雅、和谐的气氛。

7.4.1　会议室设计

国内商船会议室设置大会议室和小会议室，有开会和接待用途。其设计应以严谨的手法，运用形式美的原则，设计出严肃、明快、平静的室内空间，使船员体会到会议具有协商、集中、决策的气氛，体现出会议室是船员集会和船长接待全体船员的场所。（图7-33）

图7-33　会议室

1. 会议室的布置方式

（1）对称式布置

对称式布置是会议室的传统布置手法。其特点是严肃、庄重，但缺乏活泼。布置形式，其一是中间长条会议桌，两边排列数量对等的扶手椅或沙发椅，两头分别布置茶具柜和沙发，两扇自由门也是对称设在两侧；其二是在上面的基础上增加一个屏风，设置在窗口对面。此类设计布置多采用在国内20世纪60~70年代的船上。

（2）隔挡式布置

此种布置也是会议室经常采用的一种形式，即用隔挡空间方法，把室内空间划分为两部分，使空间具有多功能和变化性。如在会议室1/3处设以隔断（盆景、拉门、软隔断等），并在隔断处设置装饰品（壁画、垫挂、镶嵌玻璃等），布置绿化、工艺品（船模等）都能使室内增辉，充满生机。

（3）组围式布置

该布置是现代船舶多采用的布置方法，即将室内家具、设备、物品分组，并围合成几个具有同一用途和具有不同用途的空间，并形成统一整体。其特点是布置生动、活泼，组合性强。其组合具体形式可以以茶几为中心，周围布置沙发，形成O形和U形几种形式，紧凑集中，谈话气氛亲切安静。

（4）散点式布置

表现出会议室的现代感和自由式。其布置形式是把家具设备和陈设布置成几个集中点，使其各具特点，又有高度统一性。其特点是形式活泼别致。

2.会议室效果设计

会议室设计思想应体现出雅、静、活三个字，即造型色彩处理体现雅致；家具、设备处体现宁静；陈设（摆设品、灯具）处理体现活泼。为此要充分利用材料色彩道具，为艺术效果服务。

7.4.2 办公室设计

1.设计原则

船舶办公室有专用办公室和专业办公室两类。专用办公室有船长、轮机长、大副、大管轮专用办公室；专业办公室有甲板部、轮机部公用日常办公室。其中专用办公室都与居室布置在一起，设计风格应尽量突出业务特点，以使用价值为设计宗旨。专业办公室应保证在大风大浪天气时能坚持办公，所以设计应突出安、静二字，即安全、沉静，使船员集中精神工作。舱室色彩要淡雅，花纹、图案与底色要协调，灯光要柔和、明亮，家具应坚固耐用，空间布置要紧凑。通常家具设备有文件柜、写字台、打字机、储存柜和扶手椅等。（图7-34）

图7-34 办公室

2.布置形式

（1）排列式：办公桌两个一组，每组采用并列或对列形式。这种布置工作方便，人际关系亲切和谐。

（2）面对式：办公桌面对围壁形式。这种布置便于精力集中，干扰较少，效率较高。

（3）合拢式：办公桌围成一个中心，便于商讨，有集体感。

（4）分散式：按工作性质和具体业务范围的区别，把办公桌分散几个部分。这种布置便于减少干扰，方便不同业务独自工作。

7.4.3　厨房设计

厨房是餐饮后方工作舱室，主要功能有食品准备、洗涤清理、烹饪和发送。从食品储存、加工、使用工艺流程考虑，厨房布置应靠近冰库、粮库、杂品库，以及餐厅、酒吧等舱室。如在同一甲板，应设置输送专用窗、门；如不在同一层甲板，应配置专用输送电梯。

厨房内部表面处理应遵循的原则：首先要满足功能要求，即不沾染油污，易清洗，有利于室内柔光，材料容重不能大，同时考虑局部质量分配；其次是结构上易于建造；再次是防火、防漏、防潮。（图7-35）

图7-35　厨房

1.厨房界面处理

(1)地面:采用防滑陶砖或防滑地砖为宜,应设置环形明沟或暗沟。

(2)壁面:镀锌铁皮外贴耐火贴面材料,或采用柔光不锈钢薄板,内衬硅酸铝陶瓷或岩棉等绝缘材料,应在防火处理后固定于防烧材料上。

(3)天棚:采用耐潮、隔热材料,加强排气和通风。

2.厨房设备用具

(1)生食品准备用具。

(2)餐具及调味品用具。

(3)熟食品配发用具。

(4)污物处理用具。

(5)西餐厨房及配菜间用具。

3.厨房设备用具的布置原则

(1)满足食品准备区、洗涤区、烹调区和发配区功能要求。

(2)便于操作。

(3)生熟分开。

(4)流程合理。

(5)布置紧凑。

(6)便于清洁。

厨房设计应符合人机工程学要求,对于厨房内设备、设施的尺寸和布置位置,如台子高度、吊柜高度、搁架深度,以及通道宽度都应考虑操作人员各种作业姿势的方便与舒适程度。

【项目测试】

1.定期客船的布置方面有哪些特点?

2.居住性设计可以从哪几方面考虑?

3.高级船员居室的设计特点是什么?

4.乘客居室的设计基础原则是什么?

5.入口大厅的功能作用有哪些?

6.会议室的布置方式有哪些种?

7.办公室的布置形式有哪些?

项目八　船 艇 设 计

【项目导入】
　　随着社会经济的发展以及国民生活水平的不断提高,游艇逐渐走入了人们的视野。游艇作为一种水上娱乐的奢华消费品,集航海、休闲、运动等功能于一体。游艇产业作为海洋产业的一部分,具有巨大的经济效益,中国的游艇产业同样拥有较大的发展空间。
　　游艇产业快速发展的同时,对游艇质量的要求也随之提高。高质量游艇的性能指标要求和复杂的舾装设计,给设计带来了很多困难。针对同一艘游艇的居住舱室设计,不同的设计者可能会给出不同的设计方案。对一艘高品质的游艇来说,其外观造型和功能要求是相辅相成的,同时还要掌握游艇保养的基本知识,延长游艇的使用寿命。

⚙ 知识要求

1. 理解和掌握游艇的分类及特点。
2. 理解和掌握游艇的发展历史和现状。
3. 分析我国现有的游艇制造水平及前景。
4. 运用游艇设计的基本原理进行设计。

◎ 能力要求

1. 具有对游艇基础知识的理解能力。
2. 具有对游艇保养知识的理解能力。
3. 具有根据游艇室内布局对游艇进行室内设计的能力。
4. 具有根据游艇室内布局对游艇内家居进行布置的能力。

★ 素质要求

1. 具有发现问题、分析问题、解决实际问题的能力。
2. 具有对游艇设计基础知识的熟练掌握能力。
3. 具有对游艇保养的客观认知和理解能力。
4. 具有获取新知识、新技能的学习能力。
5. 具有空间想象力、创造力和创新思维能力。

任务一　船艇概述

民用船一般称为船,军用船称为舰,小型船称为艇或舟,其总称为舰船或船艇。艇,原意为轻快小船,现一般指小型的船,如游艇、救生艇等,也有习惯上称艇的大船,如潜艇等。用机器推进且速度快的叫快艇,水面船只排水量500 t以下的军用船舶统称舰艇,一般把排水量为500 t以上的水面舰艇称为舰,而把排水量为500 t以下的水面舰艇称为艇,潜艇无论吨位大小均称为艇。

8.1.1　船艇分类

1. 按用途分

民船方面习惯上将体积较小、航速较高的一类船舶称之为艇,按用途分类如下。

(1)工作艇和工程船类

渡轮、渔船、拖船、近海供给船、养殖作业艇、挖泥船、普通工作艇、环境保护船、港作工程艇、巡逻缉私艇、消防救生艇、引航船、高速客船、橡皮艇、气垫船、专用船、特种船等。

(2)游艇类

游艇、摩托艇、个人小艇、喷水推进艇、冲浪艇、划艇、橡皮艇、赛艇、电力推进艇、水陆两栖艇、多体船、钓艇、体育运动艇、气翼艇、帆船、机帆艇、游览观光船艇、旅游潜艇、脚踏艇、水上娱乐设施等。

2. 按材料分

船艇按制作材料可分为木制艇、钢质艇、合金艇、复合材料艇等。其中复合材料艇最为常见,典型的复合材料是玻璃纤维增强塑料,即玻璃钢(Glass Fiber Reinforced Plastics,简称GFRP)。

船用玻璃钢具有下列优点:

(1)质轻、高强;

(2)耐腐蚀,抗海生物附着;

(3)无磁性;

(4)介电性和微波穿透性好;

(5)能吸收高能量,冲击韧性好;

(6)导热系数低,隔热性好;

(7)船体表面能达到镜面光滑,并可具有各种色彩;

(8)可设计性好;

(9)整体性好,船体无接缝和缝隙;

(10)成型简便,能够批量生产;

(11)维修保养方便,全寿命期的经济性能好。

8.1.2　船艇特点

以玻璃钢为主要材料制成的船艇具有如下特点。

航速快。玻璃钢船船体整体一次成型,船体表面光滑、阻力小,与同马力、同尺度钢质渔船相比,航速可提高 0.5 ~ 1 n mile 左右。

稳性好、抗风能力强。玻璃钢密度 1.5 ~ 2.0,只是钢材的 1/4 左右。玻璃钢船压载质量重心低,再加上密度的差异,使得玻璃钢渔船与同类型钢质船相比,在其他参数不变的情况下,玻璃钢船的横摇周期可比钢质船缩短 2 ~ 3 s,在风浪中起伏性好,回复能力强,相对而言抗风能力增强。

使用寿命长,维修费用低。钢质渔船易锈蚀,要保证使用 20 年,钢质船每年必须要加强维护保养、去锈涂漆,每三年还需进行一次大修。玻璃钢船由于具有良好的耐腐蚀性,船体永不锈蚀,使用寿命可达 50 年之久,而且如无损伤,不需像钢质船那样每年进行维护。

节能效果好。由于玻璃钢船表面光滑,阻力小,可缩短航行时间,也可达到节油的目的。

对于玻璃钢船舶而言,其船体材料、结构设计与建造工艺这三者之间是密不可分的。玻璃钢原材料品种很多,可供选择和组合的方案则更多。玻璃钢与木材和金属的根本差异在于其结构材料和船体结构是同时形成的,结构形式的选择及设计技巧的发挥对船体性能有至关重要的影响,而它们又都与建造方法、工艺过程、操作水平及环境条件等有关。船艇设计师的任务是充分利用各种玻璃钢原材料和结构形式的优点,扬长避短,有选择地将它们应用于各种特定的舰船,使之各得其所;也可根据特定船艇的不同要求,在同一艘船上混杂地采用几种结构形式。

8.1.3 船艇发展历史现状

自 20 世纪 40 年代中期第一艘玻璃钢船问世以来,世界各国相继开始研制各种玻璃钢船舶,短短 20 余年玻璃钢船舶的开发业绩超过了钢质船舶近一个世纪的发展历程,尤其是美、英、日、意等国迄今仍保持强劲的势头。美国的玻璃钢船造船量居世界首位;日本 1993 年玻璃钢渔船的数量已超过 32 万艘,玻璃钢游艇则超过了 20 万艘;据统计,英国 20 m 以下的船有 80% 是采用玻璃钢制造,而且还批量建造了当时世界上最大的玻璃钢反水雷舰;意大利和瑞典也分别建成了各具特色的新颖硬壳式和夹层结构的大型玻璃钢扫雷舰。中国从 1958 年开始试制玻璃钢船,迄今已制造了数以万计的各种玻璃钢船艇。下面对一些主要国家玻璃钢船艇产品的研制和开发情况作一概述。

1. 美国

美国是使用玻璃钢最早和最多的国家,20 世纪 40 年代初就宣告玻璃钢研制成功。1946 年,美国海军建成了长 8.53 m 的世界第一艘聚酯玻璃钢艇,拉开了玻璃钢造船的序幕。1954 年前后,美国的手糊成型工艺日趋成熟,即开始开发玻璃钢游艇,次年就大量生产游艇、帆船等船艇。1956 年,美国建造了 2 艘不同结构形式的小型扫雷艇,开始了玻璃钢在扫雷艇中的应用研究。美国还造了许多玻璃钢游艇,最大的长达 44 m。

2. 英国

英国是较早使用玻璃钢造船的国家之一,1962 年英国船舶登记局颁布了劳氏船级社关于 6 ~ 36 m 长玻璃钢船的技术规范。英国不仅是大型玻璃钢反水雷舰艇的先驱国家,在玻璃钢高速艇的研制方面也属世界一流水平,建造了不少军用高速艇,还研制了航速很快的轻型气垫船和横渡英吉利海峡的 HM – 2 型气垫渡船。

3. 意大利

意大利的玻璃钢游艇工业不仅发展较早,而且技术非常先进。它是欧洲制造 35 m 以上大型豪华游艇的中心之一,除了采用玻璃纤维外,还使用芳纶纤维和碳纤维以提高游艇的性能。

4. 瑞典

瑞典也很注重玻璃钢在船艇中的应用。应该指出的是,瑞典的夹层结构玻璃钢技术堪称世界一流。20 世纪 80 年代中期,澳大利亚的 2 艘 Bay 级双体猎雷艇就是引进瑞典夹层结构技术建成的。瑞典的夹层结构技术还建造了不少高速军用艇和巡逻艇,如 TV171、TV172 和 CG27 型海岸巡逻艇。值得一提的是,瑞典在 1991 年研制成世界第一艘玻璃钢隐形试验艇"斯迈杰"号,该艇集先进玻璃钢技术、夹层结构技术、隐身技术及双体气垫技术于一体,实属舰船中的高科技产品。

5. 日本

日本的玻璃钢工业始于 20 世纪 50 年代,经 40 多年的发展,其玻璃钢产量已跃居世界第 2 位。在船艇方面,玻璃钢主要用于渔船,仅海洋机动渔船的用量就占 76.3%。日本高性能碳纤维的研制水平及生产能力均居世界前列,主要用于高性能船舶、赛艇及豪华游艇。日本第一艘玻璃钢船建于 1953 年,20 世纪 60 年代初玻璃钢游艇得到很大发展,成为美国游艇承包建造基地,为建造玻璃钢渔船和大型艇奠定了基础。20 世纪 60 年代末开始大量生产 16 ~ 18 m 高速作业船、装载船、救生艇、渔业监督船及高速客船。整个 20 世纪 70 年代是日本玻璃钢渔船大发展的时期,平均每年增加 1.8 万艘,且向大型化发展,吨位达到 99 t。

8.1.4 我国的现有水平

玻璃钢在中国出现后不久,第一艘聚酯玻璃钢工作艇于 1958 年在上海诞生。次年,北京也研制出环氧玻璃钢汽艇。这两条艇分别从南方和北方拉开了中国玻璃钢造船的序幕。经过五十多年的研制和开发,我国已建造了大小不一的百余种型号玻璃钢船艇。

据不完全统计,中国玻璃钢的年产量约为 23.5 万吨,已形成数百家玻璃钢造船厂和制品厂,玻璃钢船艇的年生产能力为 7 000 ~ 8 000 艘。值得注意的是,在这众多的玻璃钢船舶中,近年来已出现一批尺度较大、技术要求较高的高性能船舶。

随着中国经济的快速发展和人民生活水平的不断提高,人们旅游意识和对游艇等高端旅游产品的需求日益增强,特别是北京奥运会、上海世博会以及广州亚运会的成功举办,更为中国游艇业的发展注入了强大动力,并将推动休闲游艇基础设施和综合功能齐全的国际游轮城、国际游艇俱乐部的建设。

1. 充满美好前景的产业

业内人士指出,游艇产业是一个充满美好前景的产业。目前欧美发达国家平均每 171 人便拥有一艘私人游艇,挪威、新西兰等国家人均拥有游艇的比例高达 8∶1,美国为 14∶1,内陆国家瑞士,人均拥有游艇也达到 69∶1。中国的香港目前已有游艇 2 000 ~ 3 000 艘,每年私人游艇产业带来的产值达40亿港元。而长江三角洲及珠江三角洲地区所拥有的百万美元级富豪数量远远超过香港，预测这两个地区游艇业是一个数倍于40亿港元的产业，而这仅仅是中国两个经济发达地区的私人游艇产业的最低规模，其潜力可能会超出人们的想象。

然而，中国经济最发达的长三角地区，目前拥有私人游艇的人数不过区区百人，这既反映了我国游艇业发展的滞后性，也揭示了游艇产业在中国的巨大潜能。目前全世界的游艇产业发展已经处于一个相对静止的状态，每年的增量十分有限。尽管中国游艇业尚处于起步阶段，但市场前景十分广阔，并将成为中国新的经济增长点。

伴随着游艇业的兴起，我国各地政府纷纷规划区域内的游艇业发展蓝图。广东成立了游艇竞争力调研小组；珠海加大对平沙游艇产业区的政策支持力度；深圳市政府多次与国外游艇巨头探讨游艇产业的发展；上海要将奉贤的游艇工业园区建成上海游艇产业的"母港"；江苏正全力打造两个中国最佳游艇俱乐部；青岛在成功举办奥运帆船赛后，后续建设的顶级配套设施大大提升了青岛游艇、帆船及俱乐部的档次；浙江在温州规划建设12万平方米的游艇产业园区，涉及整艇的制造、工业园区和游艇配套产业。各地不约而同采取一系列举措让人们看到了游艇产业发展的广阔前景。

行业对游艇业发展的积极响应尤其表现在游艇展会上。除上海、厦门、青岛等地纷纷举办了游艇展外，广州也积极筹备国际性的游艇展览会，广州首个国际性的游艇展会获得了来自游艇制造商、代理商以及游艇买家的热情支持，超过80艘大小船艇参加广州国际游艇展，其中不乏"国际品牌"，如圣汐、宾士域和欧尼尔等。

2. 游艇政策瓶颈逐步破解

在西方国家，人们开游艇就像开小汽车一样。但这些在中国还没办法实现，因为目前中国还没有针对游艇行业的法律法规，从而限制了中国游艇产业的发展，我国游艇业的发展在市场化和行政管理方面还存在一些难题。

游艇检验登记难。游艇拥有者必须向中国船级社和海事部门办理所有权证、船舶检验合格证、国籍证等，这些证件齐全了才能购买保险并取得航行权。但一般游艇生产厂家出于知识产权和专利保护方面的考虑，不会向购买者提供游艇设计图。然而依据我国目前的相关规定，没有设计图就不能办理这些证件。

考私人游艇驾照难。很多游艇因为买主没有游艇驾照而闲置。目前，无论是珠三角地区还是长三角地区，拥有游艇驾照的多数为船舶公司和游艇俱乐部工作人员，市民中拥有私人游艇驾照者寥寥无几。

境外游艇运至国内需要交纳巨额税费。国外富豪携带游艇来中国游玩，往往选用货船将游艇运至我国，但从我国现行法律的规定来看，这艘游艇就属于货物进口，需要交纳巨额税费。

可喜的是，中华人民共和国海事局制定的《游艇安全管理条例》和《游艇法定检验暂行规定》已正式实施，表明我国政府对游艇业开始给予政策引导和支持。而国务院颁布的《关于加快发展旅游业的意见》明确提出：要培育新的旅游消费热点，支持有条件的地区发展邮轮、游艇等新兴旅游项目；积极推进游艇码头建设；培育发展游艇、轻型水上飞机等旅游装备制造业等。破解游艇产业发展的政策性难题指日可待。

3.游艇产业发展全面提速

游艇产业是融合生产制造业和商贸服务业的产业群。一条较完整的游艇产业链,涵盖从游艇制造到游艇俱乐部的服务,再到与游艇相关的休闲及各种商务活动,包括游艇制造、游艇运输、游艇驾照培训和考核,专用码头建设、游艇销售、游艇维修保养、俱乐部建设和管理、零配件制造、内部环境装修、专业保险等许多环节。

目前,广东省在游艇产业中已走在全国前列,其中珠海工业园区是国内最早也是最大的游艇工业园区,现有游艇制造及生产配套企业21家,分别来自中国、美国、澳大利亚、德国、意大利和加拿大。全球最大的游艇制造企业——美国宾士域集团已在平沙设厂。中船集团在广州南沙投资43亿元打造了中国南方最大的造船基地。造艇技术的日趋成熟,让游艇制造业拥有了得天独厚的优势和基础。

任务二 船艇赏析

8.2.1 典型国外船艇赏析(图8-1至图8-9)

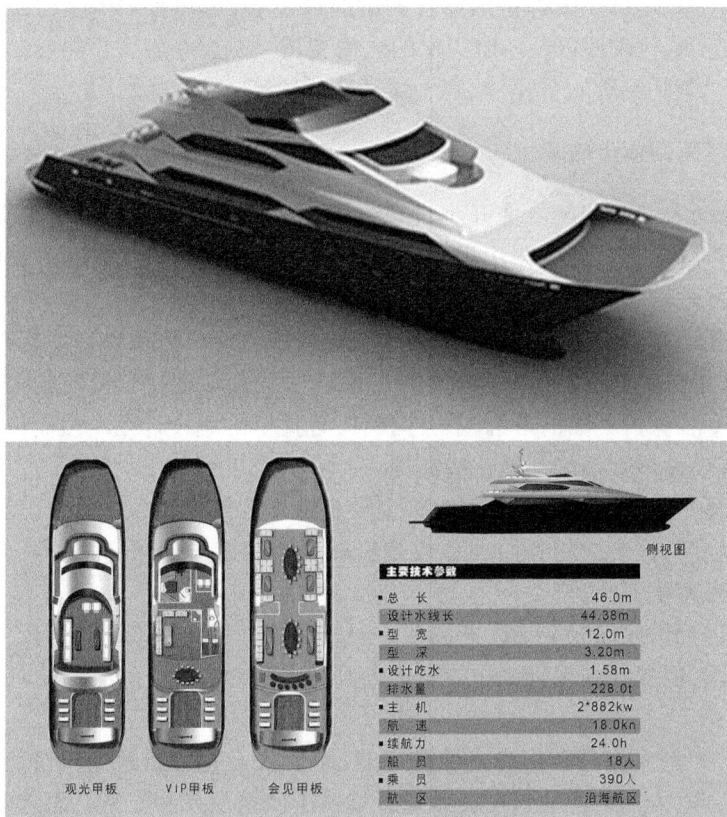

图8-1 151英尺①游艇

---

① 1英尺=0.304 8 m

图 8 - 2　95 英尺游艇

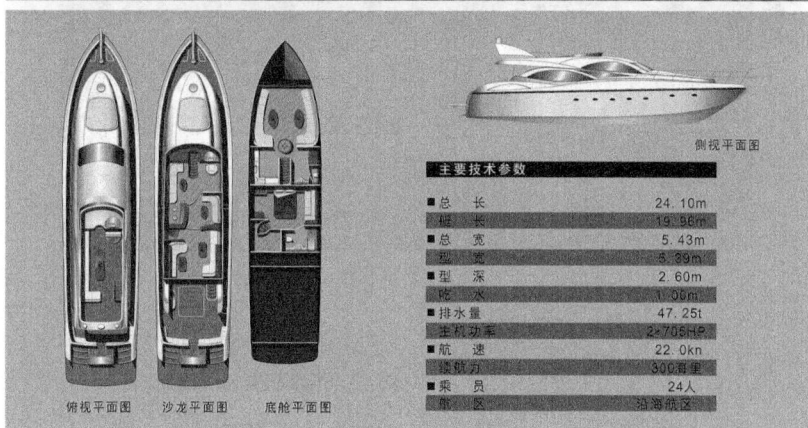

主要技术参数	
■ 总　长	24.10m
模　长	19.56m
■ 总　宽	5.43m
型　宽	5.39m
■ 型　深	2.60m
吃　水	1.06m
■ 排水量	47.25t
主机功率	2×705HP
■ 航　速	22.0kn
续航力	300海里
■ 乘　员	24人
航　区	沿海航区

侧视平面图

俯视平面图　　沙龙平面图　　底舱平面图

图 8 - 3　82 英尺游艇

主要技术参数	
■ 总　长（含钓鱼平台）	23.88m
船体长（不含钓鱼平台）	22.38m
■ 水线长	20.00m
■ 总　宽	5.43m
■ 型　宽	5.39m
■ 型　深	2.60m
■ 吃　水	1.00m
排水量	45.00t
■ 主　机	2×452kw
■ 航　速	21.0km/h
■ 续航力	200海里
■ 乘　员	24人
■ 航　区	沿海海区

顶甲板平面图　主沙龙平面图　底甲板平面图

图 8 – 4　80 英尺游艇

主要技术参数	
■ 总　长	23.50m
■ 总　宽	5.50m
■ 型　宽	5.24m
■ 型　深	2.80m
■ 吃　水	1.00m
■ 乘　员	22人
■ 排水量	42.00t
■ 主　机	2×650HP
■ 航　速	20.0kn
■ 航　区	沿海航区

舱室平面图　底层舱室平面图

图 8 – 5　78 英尺游艇

图 8-6 68 英尺游艇

图 8-7 60 英尺游艇

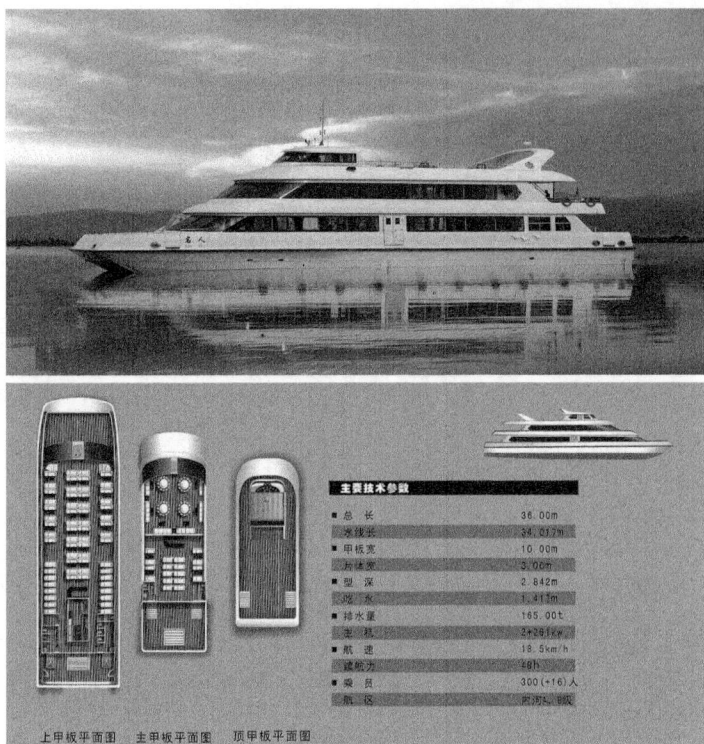

图 8 - 8　3600 双体商务艇

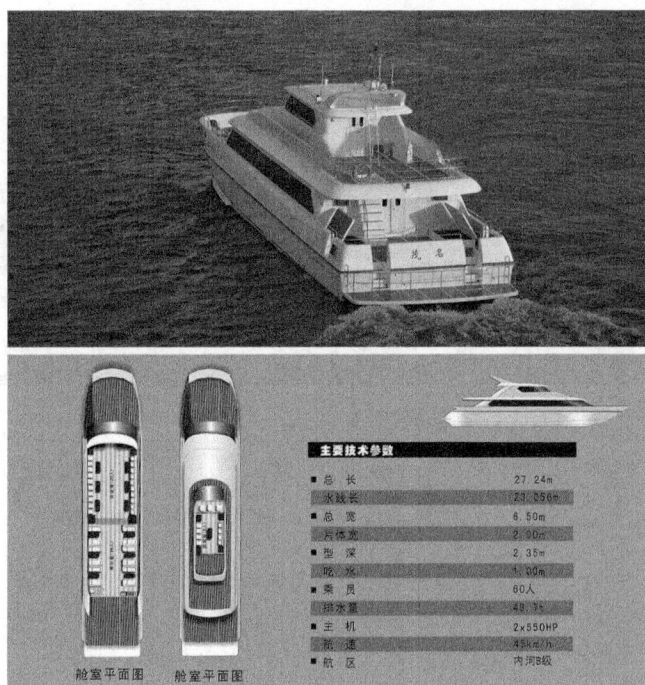

图 8 - 9　2800 双体商务艇

8.2.2　典型国内船艇赏析(图8-10至图8-14)

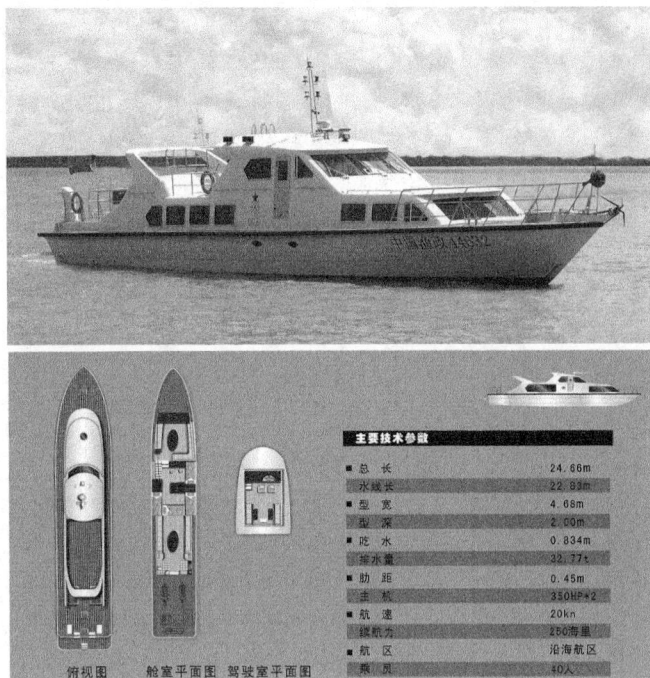

俯视图　　舱室平面图　驾驶室平面图

主要技术参数	
■ 总　长	24.66m
■ 水线长	22.93m
■ 型　宽	4.68m
■ 型　深	2.00m
■ 吃　水	0.834m
■ 排水量	32.77t
■ 肋　距	0.45m
■ 主　机	350HP*2
■ 航　速	20kn
■ 续航力	250海里
■ 航　区	沿海航区
■ 乘　员	40人

图8-10　2500商务艇

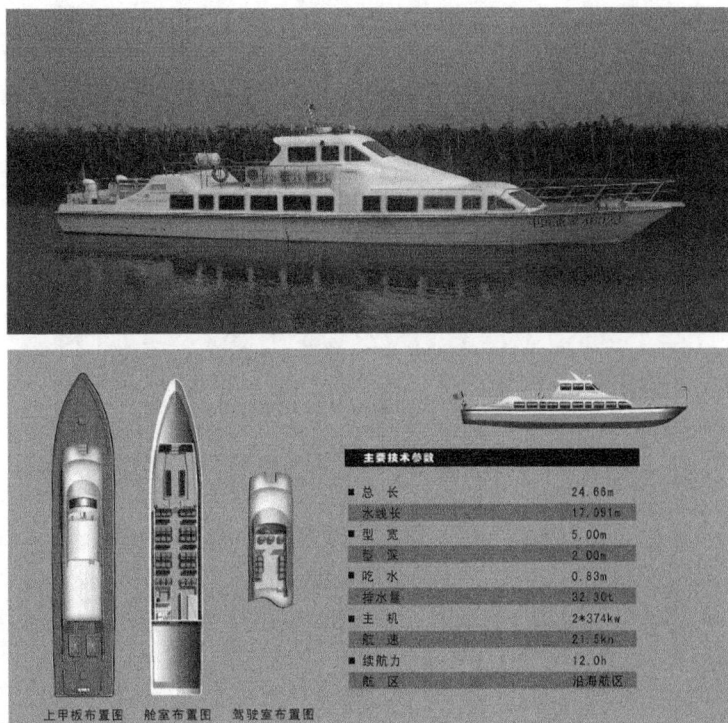

上甲板布置图　舱室布置图　驾驶室布置图

主要技术参数	
■ 总　长	24.66m
■ 水线长	17.091m
■ 型　宽	5.00m
■ 型　深	2.00m
■ 吃　水	0.83m
■ 排水量	32.30t
■ 主　机	2*374kw
■ 航　速	21.5kn
■ 续航力	12.0h
■ 航　区	沿海航区

图8-11　2480商务艇

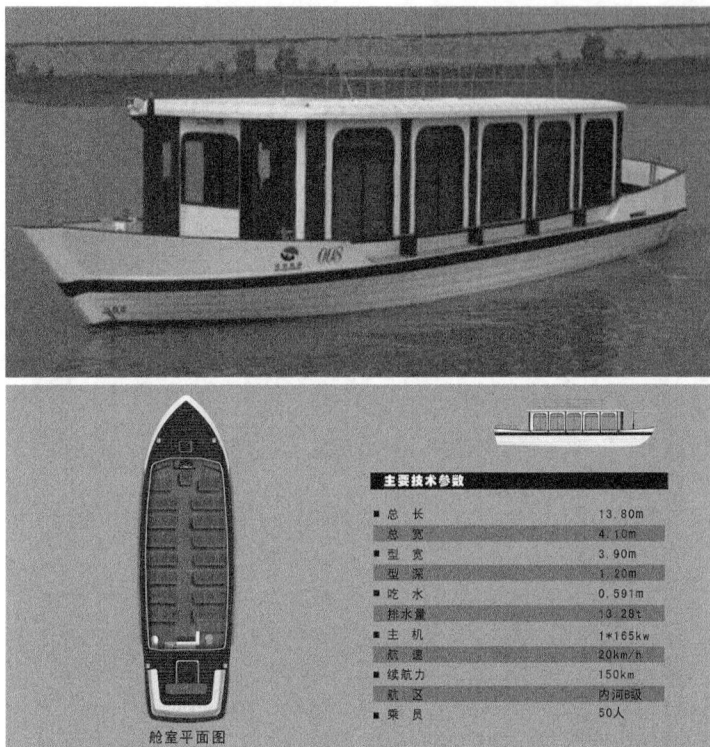

主要技术参数

■ 总 长	13.80m
总 宽	4.10m
■ 型 宽	3.90m
型 深	1.20m
■ 吃 水	0.591m
排水量	10.29t
■ 主 机	1*165kw
航 速	20km/h
■ 续航力	150km
航 区	内河B级
■ 乘 员	50人

舱室平面图

图 8 – 12　1388 商务艇

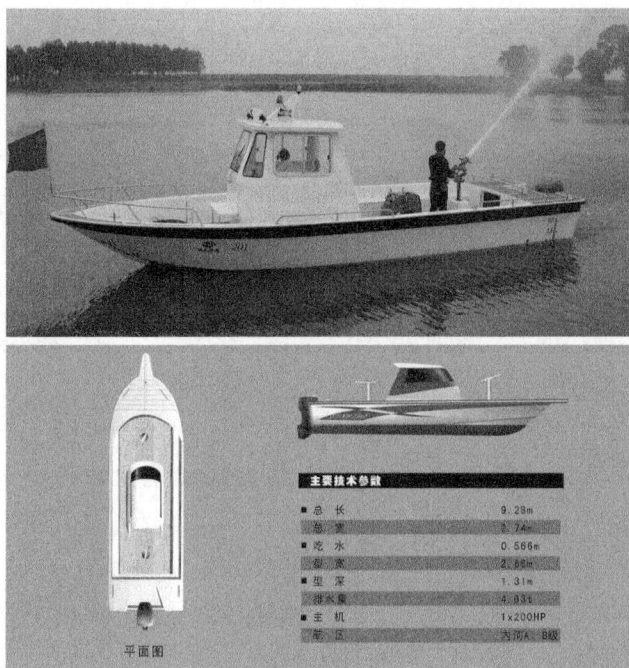

主要技术参数

■ 总 长	9.28m
总 宽	2.74m
■ 吃 水	0.566m
船 高	2.68m
■ 型 深	1.31m
排水量	4.83t
■ 主 机	1×200HP
航 区	内河A、B级

平面图

图 8 – 13　900 消防艇

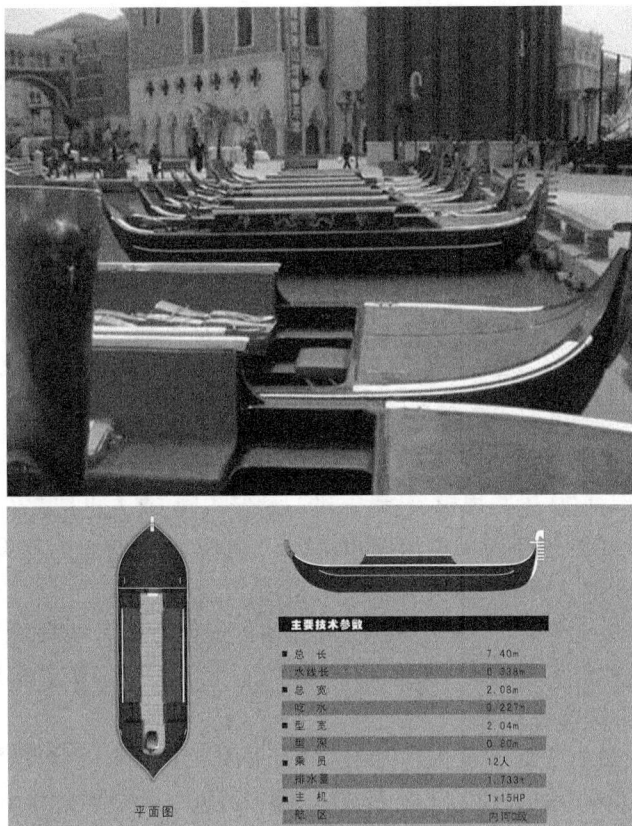

平面图

主要技术参数	
■ 总　长	7.40m
■ 水线长	6.338m
■ 总　宽	2.08m
■ 吃　水	0.227m
■ 型　宽	2.04m
■ 型　深	0.80m
■ 乘　员	12人
■ 排水量	1.733t
■ 主　机	1×15HP
■ 航　区	内河水域

图 8 – 14　730 贡多拉

任务三　船艇设计步骤

8.3.1　游艇概念

游艇是一种水上娱乐用高级耐用消费品,它集航海、运动、娱乐、休闲等功能于一体,满足个人及家庭享受生活的需要。在发达国家,游艇像轿车一样多为私人拥有,而在发展中国家,游艇多作为公园、旅游景点的经营项目供人们消费,少量也为港监、公安、边防所使用。游艇是一种娱乐工具这一本质特征,使它区别于作为运输工具的高速船和旅游客船。

8.3.2　游艇的种类

1. 按大小分类

依国际标准,游艇的规格是以英尺计算的,从尺寸大小上分为三种:36 英尺以下为小型游艇、36 ~ 60 英尺为中型游艇、60 英尺以上为大型豪华游艇。小型艇 6 m 以下,小型游艇 6 ~ 10.5 m,中型游艇 10.5 ~ 18 m,大型游艇 18 m 以上。大型豪华游艇在尺度上分 35 ~ 40 m、41 ~ 44 m、45 ~ 49 m、50 ~ 54 m 和 55 ~ 60 m 五个等级。

2. 按产地分类

意大利、克罗地亚:设计体现浪漫风格,豪华、典雅代表着现代游艇的潮流。

美国:体现个人品位,注意自我个性化设计。

英国:英国的游艇具有浓郁的古典贵族气息。

日本:注重空间、配置及功能等的人性化设计。

其他还有法国的,在国内数量比较少,知名度也不是很高。此外国内的游艇厂家,大多是一些外资企业在中国的生产基地,而且目前都没有一定的规模,也还没有形成品牌,但从长久的角度考虑,国内的游艇生产厂家必然会形成自己的品牌。

3. 按功能分类

有休闲艇、商务交际艇、赛艇、钓鱼艇、缉私艇、公安巡逻艇、港监艇等。严格地讲,后三种与游艇的性质相悖,但从建造规模、技术上讲与游艇相同,有人也把它们归入游艇类。

运动型游艇,此类游艇都为小型游艇也可称为快艇,此类游艇一般设计时以速度作为卖点,而且价格较低,所以在年轻人中间非常有市场。

休闲型游艇,此类游艇大多为家庭购买,作为家庭度假所用。一般以 30 英尺到 45 英尺左右的游艇为主,设计时也考虑到家庭使用的方便性,装潢时也以烘托家庭氛围为卖点,市场上游艇的种类也是以此类为主。

商务游艇,这类游艇一般都是大尺寸的游艇,里面装潢豪华,也可以说是豪华游艇,一般由大型企业集团法人、老总们购买,大多被用于商务会议、公司聚会和小型 PARTY。

4. 按品质划分

有高档豪华游艇、家庭型豪华游艇、中档普通游艇及廉价游艇。高档豪华游艇,艇长在 35 m 以上,艇上装备有最现代化的通信和导航等系统,舱室内配有高级材料如柚木、皮革、镀金小五金件、不锈钢扶手、高级地毯、高档家具、现代化的电气设备、古董、字画、特殊的灯光装置等设施,从里到外衬托着豪华的气氛。这种游艇不仅供家族成员享乐,而且是艇主从事商务、处理日常工作及社交活动的理想场所,同时也是艇主向贵宾或对手显示其经济实力的王牌。这种豪华游艇的价格在数百万美元不等,有的高达上千万美元。消费者主要是贵族、巨商。家族型豪华游艇尺度一般为 13.5 m 以上,它设计新颖,选材上等,结构与制造工艺精度高,选用名牌设备设施,布置舒适,单价在 30 万美元以上。中档普通游艇尺度一般为 9~13.5 m,单艇售价在 5 万~20 万美元,这种游艇质量适中,消费市场广阔。

5. 按动力类型划分

有无动力艇、帆艇和机动艇。帆艇又分为无辅助动力帆艇和辅助动力帆艇。机动艇又分为舷外挂机艇和艇内装机艇。艇内装机艇还可分为小汽艇和豪华艇两个档次。

6. 按材质划分

有木质艇、玻璃钢艇、凯芙拉纤维增强的复合材料艇、铝质艇和钢质艇。目前,玻璃钢艇占绝大多数,赛艇、帆艇、豪华艇使用凯芙拉纤维增强材料的较多;铝质艇在舷外挂机艇和大型豪华游艇中占一定比例;钢质艇在 35 m 以上远洋大型豪华游艇中占比较多。

7. 按艇上结构划分

有小型敞开艇、小汽艇、滑水艇、半舱棚游艇、住舱游艇、帆艇和个人用小艇(又称水上摩托)。小型敞开艇具有狭窄甲板,可乘坐 1～6 人,备有桨和桨叉,或用舷外挂机推进,长度在 1.8～5 m 之间。小汽艇也为敞开式,有一个小的前甲板、挡风玻璃、操舵轮,可坐 4～6 人的座椅,以舷外挂机或喷水推进装置为动力,长度在 3.7～7.3 m 之间。滑水艇与小汽艇相似,专为滑水运动设计和装备,外形光顺、艏部尖瘦、艇身狭小、干舷低,长度为 4.3～8.5 m。半舱棚游艇,有一个后部敞开的固定小舱棚,可在船上住宿,舷外挂机或船内机驱动,长度在 4.3～8.5 m。住舱游艇,具有全封闭住舱,艇型较大,按艇主需要可配置各种档次的设备设施,如厨房、卧具、酒吧、盥洗室,采用船内机为动力,长度在 5.5 m 以上。帆艇设计有足够面积的帆装备作为推进用,艇长 5.8～38 m。水上摩托这种个人用小艇又分为坐式和站式两种,购买者多为年轻人,产销量很大。

8.3.3　游艇的配套设施

游艇的配套设施一般都是根据游艇主人自己需求而定制的,特别是中小型游艇,更是如此,而通常所说的游艇的配套设施一般都是以游艇的功能来设计配套设施。游艇根据种类与功能的不同,里面的配套设施也不尽相同,大致有以下几种分类。

中小级的游艇一般设置了以下功能:下层的室内空间,有一间主人房、客房、卫生间;中层有客厅、驾驶舱和厨房,尾门路甲板平台;上层有露天瞭望台和驾驶台,为了防晒和防雨,一般还设置了软篷;在动力和技术方面,配置了发动机、发电机、雷达、专业的仪器仪表,电话通信设备、冷气设备、家用电器,甚至卫星导航系统。从整体上看游艇就是一个融现代办公与家庭休闲为一体的海上流动的公寓,它在海上有着整体的功能特征,既可用于家庭休闲生活,又可在朋友聚会或宴请朋友客户时使用,这充分体现了现代生活的高质量与人的高品位格调。根据功能不同,里面的设施也略有不同。

运动型游艇一般都配套大功率的发动机,而里面的设施可能要简单一些;休闲型的游艇则会更加注重家庭生活,如:厨房、客房、卡拉 OK 设备、电子游戏房、加长的钓鱼船尾等以满足休闲时的家庭氛围。

大型游艇内装潢十分高档豪华,更注重在通信设备、会议设备、办公设备上的配套安装,充分体现出现代企业办公的需要。

8.3.4　游艇的价格

游艇的价格从几十万到几千万不等,大型豪华游艇价格一般都上千万元,中型游艇在二百万以上,小型游艇价格在几十万到二百万之间。随着游艇的尺寸、装潢豪华程度的增加,价格也随之增长。不同游艇产地的价格区别,一般说来中国台湾产的游艇是美国产的游艇价格的 2/3,是意大利的 1/2,英国的游艇价格更高。

8.3.5　基本尺度的规划

游艇的尺度一般都不是很大,十几米到二十几米的最为常见,而小的娱乐艇只有几米长。设计时需发挥其的速度优势,体现经济性和舒适性。

要设计好一艘游艇,必须具有丰富的经验,这些经验既可以从实践中来,也可以利用已知的船模系列试验资料和实艇资料。关键是将收集到的众多数据转换成特征参数(函数或自变量),然后拟合成曲线或回归公式,成为设计新艇的指南。

8.3.6 游艇设计

游艇通常尺度和排水量较小,但相对速度较高,根据相对速度的大小,可分为两种基本型,即高速排水量型和高速滑行艇型。高速排水量型的艇体质量主要由浮力支承,高速时,部分艇体抬出水面,但动举力不占主导地位。该艇型一般采用高速圆舭型,适合的长度傅氏数范围在 $Fr = 0.35 \sim 1.0$ 之间。高速滑行艇型的艇体质量主要由滑行面的动举力支承,艇体排水浮力占有一定比例,但不占主导地位。其一般采用折角型(又称尖舭型),由于艇体抬出水面较多,长度傅氏数已不适用,相对速度一般用体积傅氏数来表征。适合的体积傅氏数范围在 $Fr_\nabla = 3$ 以上。下面对高速排水量艇的设计过程进行介绍。

高速排水量艇的主尺度主要从快速性考虑,并结合艇的布置、稳性等加以确定。影响快速性最重要的两个参数是排水体积长度系数 C_∇ 和长度傅氏数 Fr。图 8 – 15 是荷兰水池试验圆舭型快艇的结果。

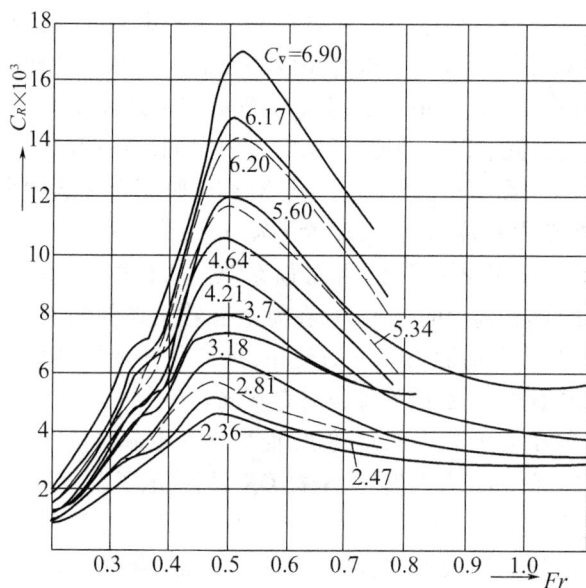

图 8 – 15 荷兰水池试验圆舭型快艇结果

从图 8 – 15 中可以看出,$Fr = 0.35 \sim 0.36$ 时,阻力曲线出现"第一谷",大部分的经济实用艇均设计在这一相对速率范围内。当 $Fr > 0.40$ 之后,剩余阻力系数 C_R 随 C_∇ 增加而急剧增加,因此快艇设计者应特别注意减轻艇的质量;另外,在 $Fr = 0.5$ 附近出现剩余阻力峰,设计者应尽量避免设计在此傅氏数附近。

1. 水线长度

艇的水线长度应力求避开阻力峰区,也就是要避开 $Fr = 0.5$ 附近。在 $Fr = 0.40 \sim 0.48$ 范围内,C_R 值处于爬坡段,增加艇长,Fr 下降,C_R 急速下降;另外,排水体积长度系数 C_∇ 也因艇长增加而减小。因此,在这傅氏数范围内,增加艇长,使阻力大大下降。在 $Fr = 0.52 \sim 0.60$ 区域内，C_R 处于下坡段。增加艇长使 Fr 更接近阻力主峰区，但 C_∇ 因艇长增加而减小，C_R 仍有所下降，由于此时剩余阻力占总阻力的百分比较大，增加艇长仍能使总阻力下降，但效果不及爬坡段明显。在 $Fr > 0.8$ 的高速段，C_R 变化缓慢，而且此时剩余阻力成分和摩擦阻力成分比较接近，增加艇长从剩余阻力得到的收益被摩擦阻力的增加抵消一部分，效果不甚明显。增加艇长会引起空船质量增加，也即排水体积增加，但 C_∇ 总是能减小。因为空船质量和艇长是一次方正比关系，而 C_∇ 和艇长是 3 次方反比关系。但艇长增加会引起造价上升，型线变瘦，施工不便，因此设计时应全面加以考虑。

2. 排水量

如前所述，C_∇ 对阻力影响很大，尤其是在阻力峰区域更为显著。因此减轻质量对高速排水量艇特别重要。

选用轻型设备，采用铝合金或玻璃钢艇体，或者采用铝合金建造上层建筑，这些都是改善排水量艇快速性的有效措施。但采取这些措施后，会使工程造价大幅度上升。

3. 艇宽

艇宽主要从稳性和布置两方面加以考虑，特别是双机或多机动力装置，艇宽要考虑机舱的需要，留有必要的维修空间。但艇宽过大又会导致宽度吃水比增大，湿表面积增加而引起阻力增加；艇宽过大还会引起初稳性值过大而横摇周期过小，使得艇在水面上摇摆剧烈。

4. 型深

型深主要从布置方面并结合艇的造型和干舷等方面确定。但应注意，型深增加会导致空船质量增加，影响艇的快速性能。

5. 艇体形状

根据船模试验结果，高速排水量快艇为圆舭型时阻力性能最好。一般的圆舭型艇体，如图 8 – 16 所示。

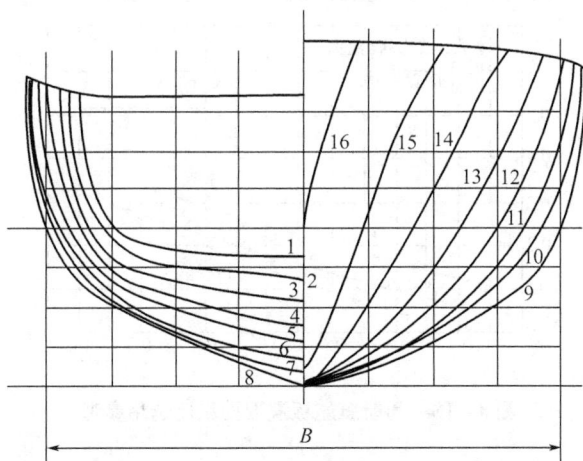

图 8 – 16　圆舭型艇体

由于圆舭型横摇阻尼小,因此必须在舭部设置舭龙骨,以改善艇在海上的横摇性能,但舭龙骨的增加会使阻力也增加。为此有时也采用混合型艇体(图8-17),即前体为圆舭型,后体接近尾端部分为尖舭型,中间逐步过渡。尖舭部分起到舭龙骨的作用,因此可以取消舭龙骨来抵消尾端尖舭型所增加的阻力。

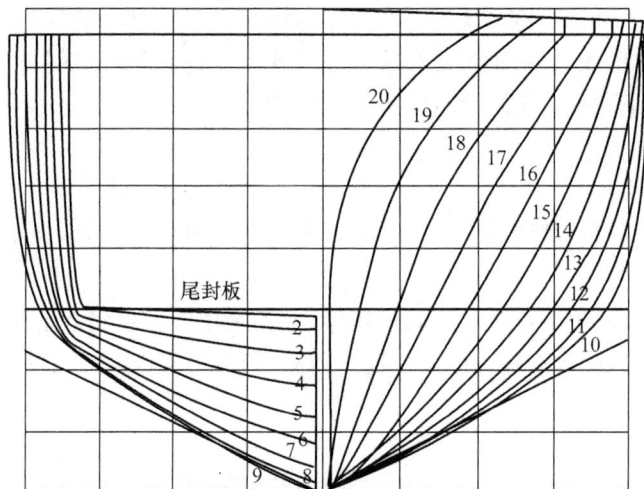

图8-17　混合型艇体

6. 尾封板浸湿面积比 At/AX

At/AX 是圆舭型快艇中很重要的参数。低速段的圆舭艇,At 通常接近于零,如瑞典的诺思聪船模,$At/AX=0$。随着 Fr 的增加,加大 At 有利于形成艇尾的"虚长度",对减小阻力有利,如英国 NPL 系列的 At/AX 值就比较大,高达 0.52。但尾封板浸深过大时会影响尾部螺旋桨的布置。为照顾高速艇低速时的阻力,At/AX 值也不宜过大。At/AX 值还可以表征快艇后体纵剖线的斜率,At/AX 愈大,纵剖线愈平直。当浮心纵向位置在舯后 $2.5\%L \sim 4.5\%L$ 范围内,建议根据设计速度的傅氏数按图8-18阴影线区域选取 At/AX 值。图8-19中还标有一些国外专家的建议值和一些系列船模的 At/AX 值供参考。

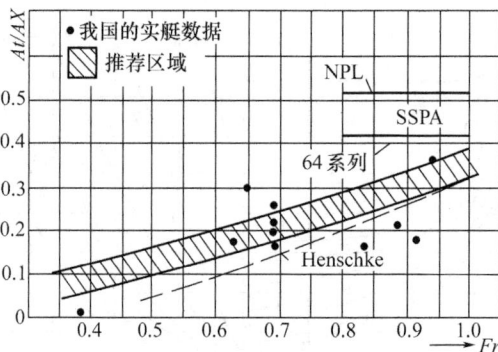

图8-18　圆舭艇尾板浸湿面积比选用参考

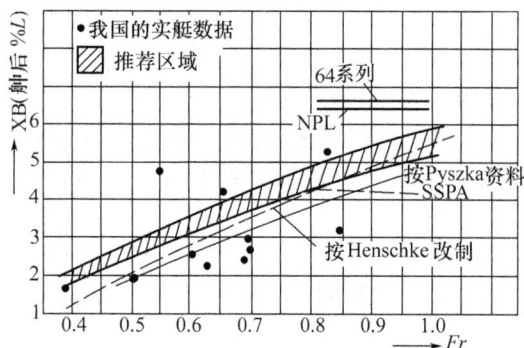

图 8-19　圆舭艇浮心位置选用参考

7. 浮心纵向位置 XB

圆舭快艇的 XB 一般都在舯后。在低速快艇上 XB 应位于舯后的 1.5% L ~ 2.5% L 处；高速快艇上 XB 应随 Fr 增加而后移。图 8-19 是浮心纵向位置选用参考图，其中有两条浮心位置推荐曲线，上面一条是按 Henschke 推荐的横剖面面积曲线改制的，下面一条是按 Pyszka 建议改制的。圆舭快艇在高速段的浮心位置可以在这两条线之间选取。但为了与较大的尾封板浸湿面积配合，也可按图 8-19 中的阴影区域选取。

8. 方形系数 C_B

国内外圆舭快艇方形系数 C_B 很少有超过 0.50 的，大多数都在 0.40 ~ 0.45 范围内，还有不少的艇 $C_B < 0.40$。C_B 对剩余阻力系数影响较小，但对湿表面积影响较大。图 8-20 是湿表面积系数 C_S 与 $\left(Cp = \dfrac{B}{D} \right)^{0.5}$ 的关系曲线图，从图中可以看出 C_B 对湿表面积的影响。

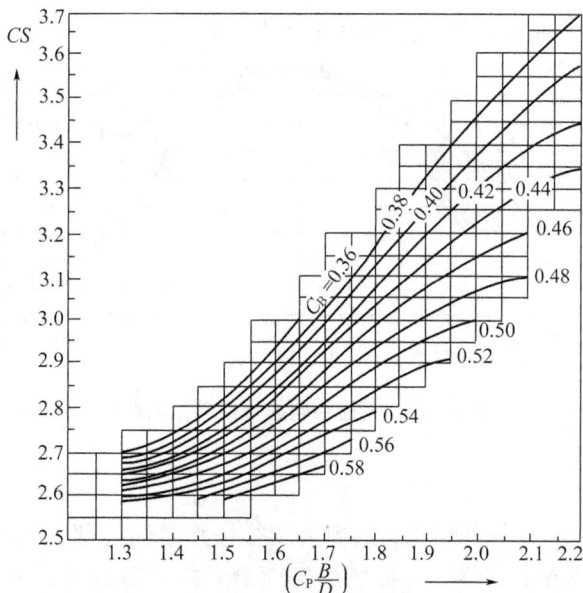

图 8-20　圆舭快艇的湿表面积系数

9. 棱形系数 C_P

在 $Fr = 0.35 \sim 0.40$ 的速度范围内，圆舭艇的 C_P 不宜过大，一般在 $0.56 \sim 0.60$ 之间。高速段由于兴波剧烈，在整个进流段都会激起波浪，所以横剖面面积曲线应平缓过渡，使排水体积较均匀地向艏艉分布。Baker 曾建议 C_P 取 $0.61 \sim 0.65$，设计者可按图 8-21 的阴影区域选取 C_P 值。

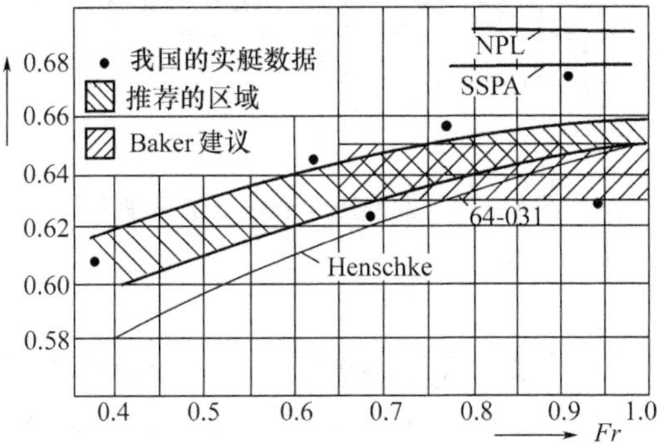

图 8-21　圆舭艇棱形系数选用参考

10. 横剖面面积曲线

低速段的横剖面面积曲线前端微凹，最大剖面在舯部略后处，尾端凹下，At 为零或接近零。高速段的横剖面面积曲线前端微凹或稍直，最大横剖面位置应在舯后，并随 Fr 加大而逐渐后移，但最大不超过舯后 $7.5\% L$。这样就增加了前体的长度，使进流段更加光顺。保证去流段的光顺也要兼顾，因此艉部横剖面面积不能收缩过快，在方艉处应保持相当大的水线宽度和 At。Henschke 曾为不同傅氏数的圆舭快艇绘制了横剖面面积曲线（图 8-22）可供设计者参考。这些曲线的尾端坐标值即是 At/AX 值。

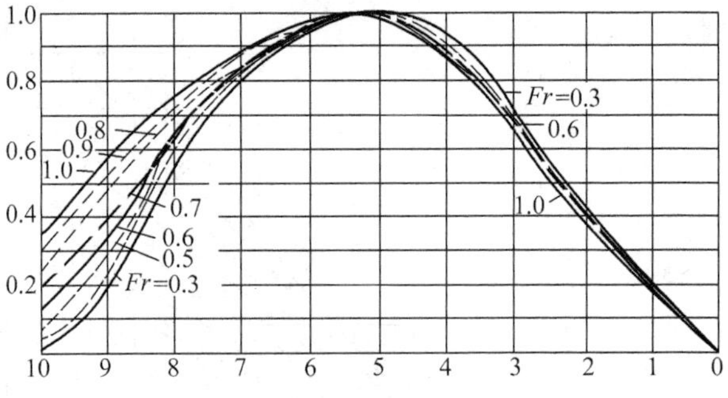

图 8-22　圆舭快艇的横剖面面积曲线

11. 甲板边线

为配合造型的需要，快艇的甲板边线侧视图往往不是艏艉部上翘的曲线或平行于水线的平直线，而是斜直线或上凸线。这样艇的侧面给人以昂首前进的动感，这是快艇型线比较特殊的地方。

12. 艉部升力板

圆舭快艇航行时通常出现艉纵倾角 τ。在中、高速段，τ 随 Fr 的加大而增加，过大的纵倾角对阻力不利。但如果在快艇艉部加装艉部升力板，减小过大的 τ，对阻力有好处。

从图 8–23 中可见，加装不同角度的艉升力板，τ 减小的程度也不同。通常艉升力板角度越大，τ 的减少越多，但并非 τ 减小越多越好，最佳阻力在 $\tau = 1° \sim 1.5°$ 之间。而使用于低速段的艇无须加装艉升力板。

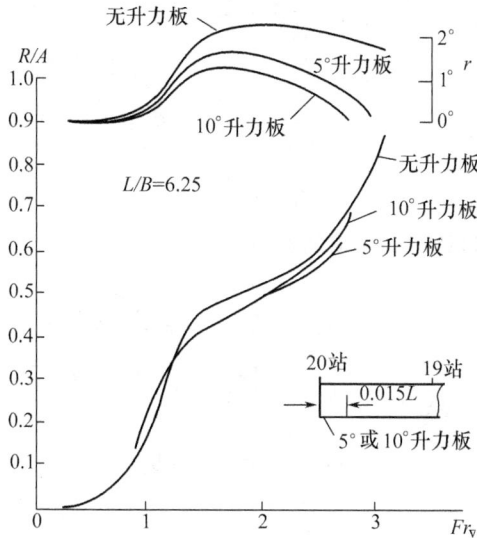

图 8–23　艉升力板的作用

艉升力板有两种安装方法：一种是安装在距艉 0.015 L 处的底部；另一种是安装在艉封板的下缘，并向艉端伸出。后一种方法比较简单，调整艉升力板的角度也比较方便，国内多采用这种方法。

13. 防溅条的设置

圆舭快艇在 $Fr > 0.8$ 以后，首波波峰逐渐增高，飞溅增加，甲板上浪，引起阻力增加。为改善高速时的快速性，常在快艇前端两舷水线以上设置防溅条，以减少甲板上浪和飞溅，从而减少溅湿表面积，使阻力下降。（图 8–24）

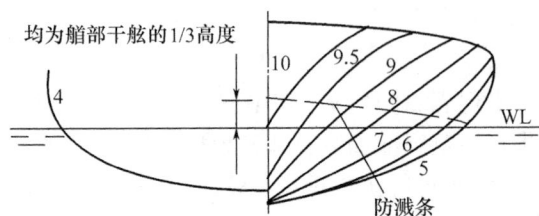

防溅条可用下面的一种
(a) 艏部 4 站以前加棱状防溅条

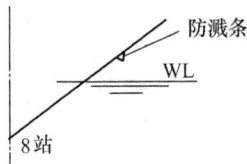

(b) 艏部艇体做成台阶形

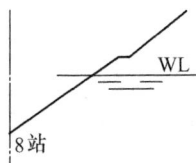

图 8 - 24 防溅条的设置

任务四 某玻璃钢小游艇设计实例

玻璃钢小游艇的艇长一般都在 10 m 以下;傅氏数均属滑行快艇范围;动力以舷外挂机为主,舷内装机舷外驱动方式次之;以载客观光旅游为主,使用经济性要求较高。

8.4.1 主尺度选择

艇长的选择主要取决于乘员舱的布置。小艇用于载人,总布置比较简洁,乘员舱长度一般占艇长的 55% 以上。考虑乘坐舒适及视野,座椅宜向前顺向排列。座椅间距不应小于 0.75 m。根据乘员定额要求,合理布置其舱室后就不难选定合适的艇长。以一艘 4.5 m 玻璃钢小游艇典型的总布置为例。艉部为机器安装空间,为了保护机器并增强造型的美观,可增设一定长度的假尾。艇宽的选择主要是满足总体布置及稳性要求。高速游艇的安全性十分重要,稳性要求较高,一般初稳性高度不宜小于 0.5 m。应根据不同航区的要求来决定艇宽。型深的选取主要取决于稳性、主机的安装空间以及造型的需要。

国内小游艇主尺度比大致如下。

长宽比:$L/B \approx 3$,略大于国外艇(国外艇 $L/B < 2.8$)。选取较大的 L/B 值对快速性较为有利。但 L/B 值过大,将影响艇的刚性,增加艇的造价。

长深比:$L/D = 7 \sim 8$,也较国外艇的统计值略大(国外艇 $L/D = 6 \sim 7$)。

宽深比:$B/D \approx 2.3$,与国外艇相接近。

8.4.2　线型设计

玻璃钢小游艇因相对航速要求都很高,均属滑行艇范围。线型以折角型为主,也有为消除飞溅影响而产生的 W 型,以及在折角线型基础上增设"隧道"的槽道型。但无论何种线型都必须确保艇底有足够的滑行面使艇产生足够的升力,突破滑行艇阻力峰值使艇进入滑行状态。这对延长机器使用寿命,提高航速,产生足够的营运经济性是必不可少的。如果艇达不到滑行状态,主机长期处于重负荷,则对工作百害无一利。所以线型设计应以快速性为主,兼顾适航性要求。

1. 艇底斜升角

艇底斜升角的大小对滑行艇升力面的效率起到决定性的作用。选取合适的艇底斜升角是线型设计的关键。原则上讲,艇底斜升角越小,升力作用越大,滑行面效率(升阻比)越高。但过小的斜升角将导致波浪中拍击加重,艏部拍击导致产生严重的纵摇,艇像脱缰的野马,使驾驶员难于驾驭。乘员也不堪承受重力加速度产生的不适。为了解决快速性与适航性这一对矛盾。建议小型游艇艇底斜升角艏部取 18° ~ 22°;艉部取 10° ~ 16°。

2. 横剖面形式

艇横剖面形式大致有如图 8 – 25 所示五种。

对于玻璃钢艇,考虑到其材料刚性差的特点,在设计艇横剖面时,应在顾及施工工艺的前提下尽量增加其刚性。一般玻璃钢艇在满足刚度的同时,强度也容易满足。艇的破坏大都因刚度不足,产生过度变形后发生。因此,玻璃钢艇不像钢质艇那样采用如图 8 – 25(a)所示的标准折角线型,而以图 8 – 25 中(b)和(c)两种剖面形式较常用。其共同点是增加艇底板的折皱,产生数个小滑行平面,在增加滑行效果的同时增加了艇底板的刚性。如果这些小折角线很光顺,对艇阻力的增加是可以忽略不计的。在舷侧板上增设折筋,对增加舷侧刚性极为理想。国外有些艇在舷侧不设肋骨就是基于这一措施,它可使艇内装潢简易化,值得借鉴。另外,舷侧板应尽量避免大平板式,因为玻璃钢艇通过模具来制作,而大平面对模具制作极为不利,不仅增加制模难度,而且产品在大平面处易产生折痕,影响产品的美观、光顺。因此舷侧板宜带有一定曲度,特别是在艏部。

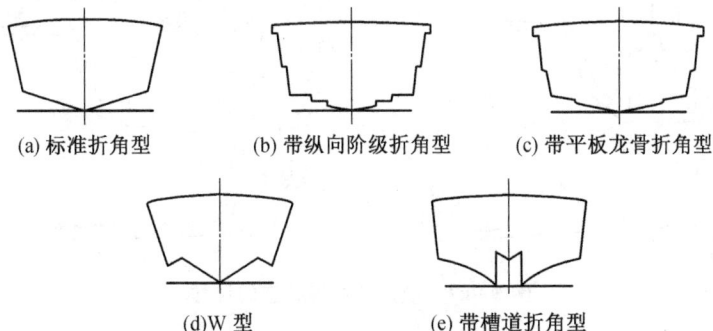

(a) 标准折角型　　　(b) 带纵向阶级折角型　　　(c) 带平板龙骨折角型

(d)W 型　　　(e) 带槽道折角型

图 8 – 25　玻璃钢游艇横剖面形式

3. 几个船型特征参数

如图 8 - 26 所示,折角线与水线交点距艉距离与水线长之比 $X_f/L_{WL} > 20\%$,如此值过小,飞溅波浪可能上甲板。

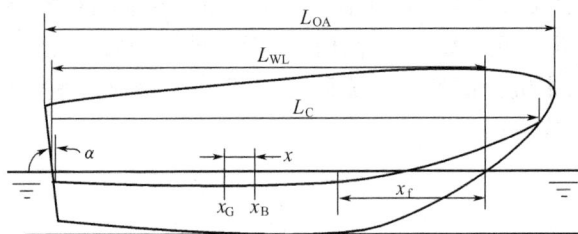

图 8 - 26   船型特征参数

艇尾板后倾角 $\alpha \approx 12°$ 可谓标准倾角,它与舷外挂机的安装要求相适应。

最大折角线宽与型宽之比 $B_P/B \approx 1.1$ 。

总长与折角线长度之比 $L_{OA}/L_C \approx 1.05$ 。

质量重心与浮心的间距与艇总长之比 $X/L_{OA} < 5\%$ 。如此值过大,初始纵倾角大于 $2°$ 。当重心在浮心后时,艇显艉重。艇起滑时间长,所需动力将增大,滑行前进时昂艏过高,艇速将受影响。当重心在浮心前时,艇将产生埋首现象,特别是当沉首幅度过大时,航速也将受影响。一般滑行艇在进入滑行状态前有一个沉艉→抬起的过程,正常情况历时 $2 \sim 3 \ s$,然后保持一定的尾倾攻角滑行前进,比较理想的尾倾角为 $2° \sim 3°$,此角过大,航速将受影响。

敞篷艇挡风玻璃倾角不宜大于 $45°$ 。倾角小,迎风阻力小。国外艇最小采用 $30°$,国内艇一般采用 $35°$ 和 $40°$ 两种倾角。

对于玻璃钢小艇,主机均采用舷外挂机,少数采用舷内外机。对于标准轴长的这两种机型,其安装的最小空间尺寸和要求如图 8 - 27、图 8 - 28 所示。

图 8 - 28 中 z 值为开孔中心(轴中心)至艇底板的距离,根据艉封板后倾角 α 值选取如表 8 - 1 所示。

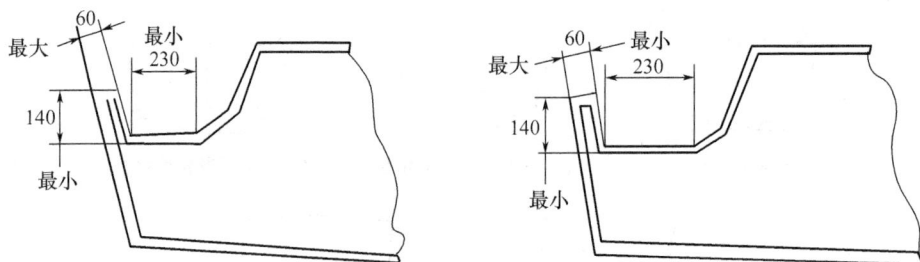

图 8 - 27   舷外挂机安装空间尺寸

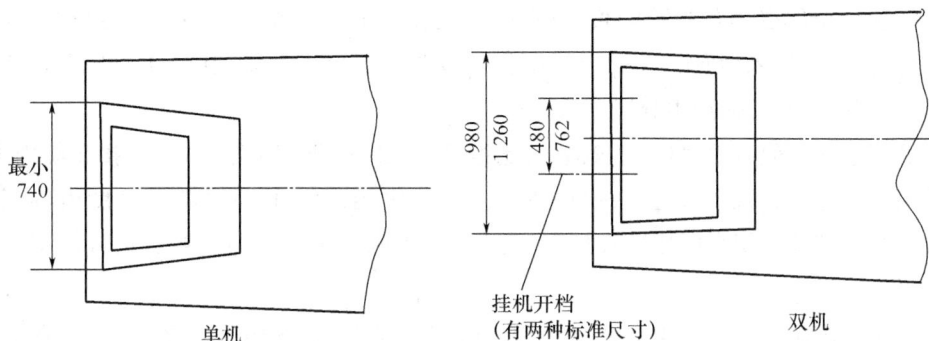

图 8 - 27（续）

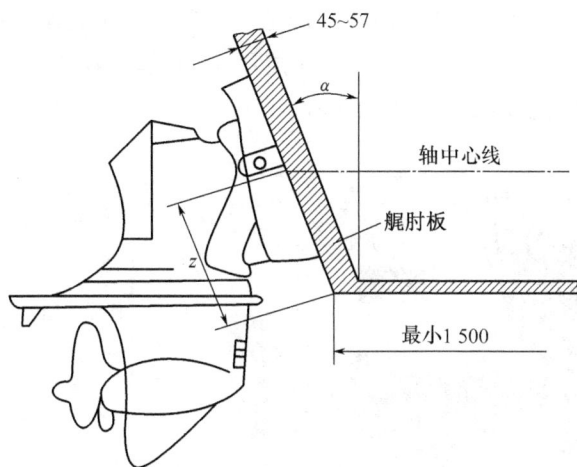

图 8 - 28　舷内机舷外驱动装置安装尺寸

表 8 - 1　舷内机舷外驱动装置安装尺寸表

α	单机 z/mm	双机 z/mm
10°	351	339
11°	354	342
12°	357	345
13°	360	348
14°	363	351
15°	366	354

8.4.3　结构

玻璃钢游艇的结构由于艇在波浪中滑行前进,艇底板受力非常大。一般受力最大区域为艉封板前 1 m 左右以及舯前 1 m 左右。前者为滑行水动力作用区,后者为波浪中拍击最严重区域。艇的破坏也大都发生在这两个区域。因此这两部分艇底板需特别加强。

　　艉封板是全艇受力最严重的板,它承受主机作用的推力和弯矩,并需以绝对刚性保证动力的传递,一般应采用厚防水胶合板作芯材包覆于艉封板玻璃钢中,此胶合板必须有效地与玻璃钢黏合,绝不能产生分层现象。

　　玻璃钢小艇一般有内底板(地舱板),此板可以采用玻璃钢预制,也可直接在艇内糊制。其高度值应根据总布置要求决定,艇底骨架也应与之相适应,因此产生高实肋板的艇底骨架特点。为了解决骨架高厚比过大易产生失稳的问题,实肋板也应用胶合板或木板为芯材包覆玻璃钢。

　　玻璃钢艇由于滑行时产生纵摇,对艇纵向刚性要求较高,艇体构架宜采用纵骨架式。

8.4.4　布置

　　豪华游艇造型美观大方,内部装饰高档舒适。游艇集水上运动、娱乐及休闲度假为一体。一般情况下,艇长在 20 m 以上的为 3 ~ 4 层甲板,而艇长在 20 m 以下的为 1 ~ 2 层甲板。游艇的甲板布置如图 8 - 29、图 8 - 30 所示。

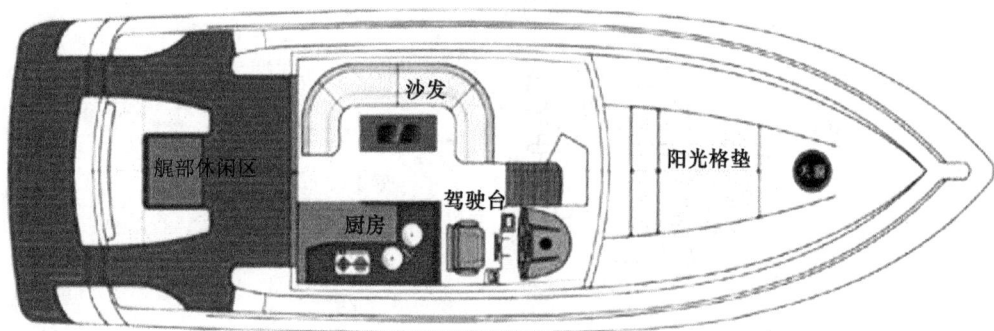

图 8 - 29　主甲板布置图

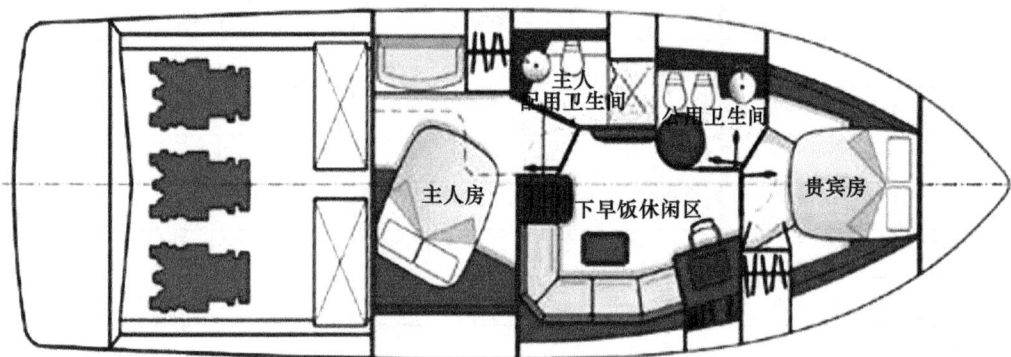

图 8 - 30　下甲板布置图

　　主船体一般设有艏尖舱、高档客舱区、机舱、船员舱以及艉尖舱(兼舵机舱)。艏尖舱至艉尖舱之间设双层底。在水线以上附近艇体艉部探出 1.2 ~ 1.5 m 可作为跳水用的一个小平台,平台上铺柚木地板,设有冷、热水淋浴。在艉部一侧装有通向水面的梯子,供上下艇和游泳时使用。平台上常常放置一个用于水上游玩的气囊皮筏。主甲板上设有宽敞的餐厅并兼作娱乐室,环绕式沙发围绕着可折叠的餐桌、小型吧台及各种餐饮陶瓷器具。舱室内配有高档彩电和立体声系统。厨房内电冰箱、雪糕机、微波炉、烧烤炉、锅灶、餐具、洗碗机等俱全。餐厅的前方是驾驶台和驾驶沙发。游艇的室内装饰如图8-31所示。

图8-31 游艇室内装饰

游艇上配备的主要航海仪器有电子控制舵系统、水动力舵轮、雷达/海图绘制仪、GPS航海仪、自动导航仪、电子速度测程仪、测深仪、舵指示器、淡水、燃油指示器、高频无线电双重配置开关电力操纵板及罗盘、操纵杆等。一般还装有安全报警系统、摄像和对主舵监控中央TV系统、机舱灭火系统、制淡水机等。

任务五 游艇室内设计

游艇布置要合理、有序、舒适、美观,游艇室内布局是关键。游艇不仅仅只是暂时居住、供游玩娱乐的地方,同时要给人以愉悦的心理感受。现代的游艇室内设计逐步强调重陈设轻装修,家具陈设是游艇室内设计中不可或缺的组成要素,它能更好地适应不规则平面形状和特殊空间类型与结构的限制。易与界面的造型形成统一感,对地面、墙面和顶棚有着重要的影响和补充作用,常利用材质和色彩的变化,配合灯饰表现,结合陈设点缀,与室内环境的艺术格调形成一致效果。游艇室内设计如图8-32、图8-33所示。

图 8 – 32　游艇室内设计(一)

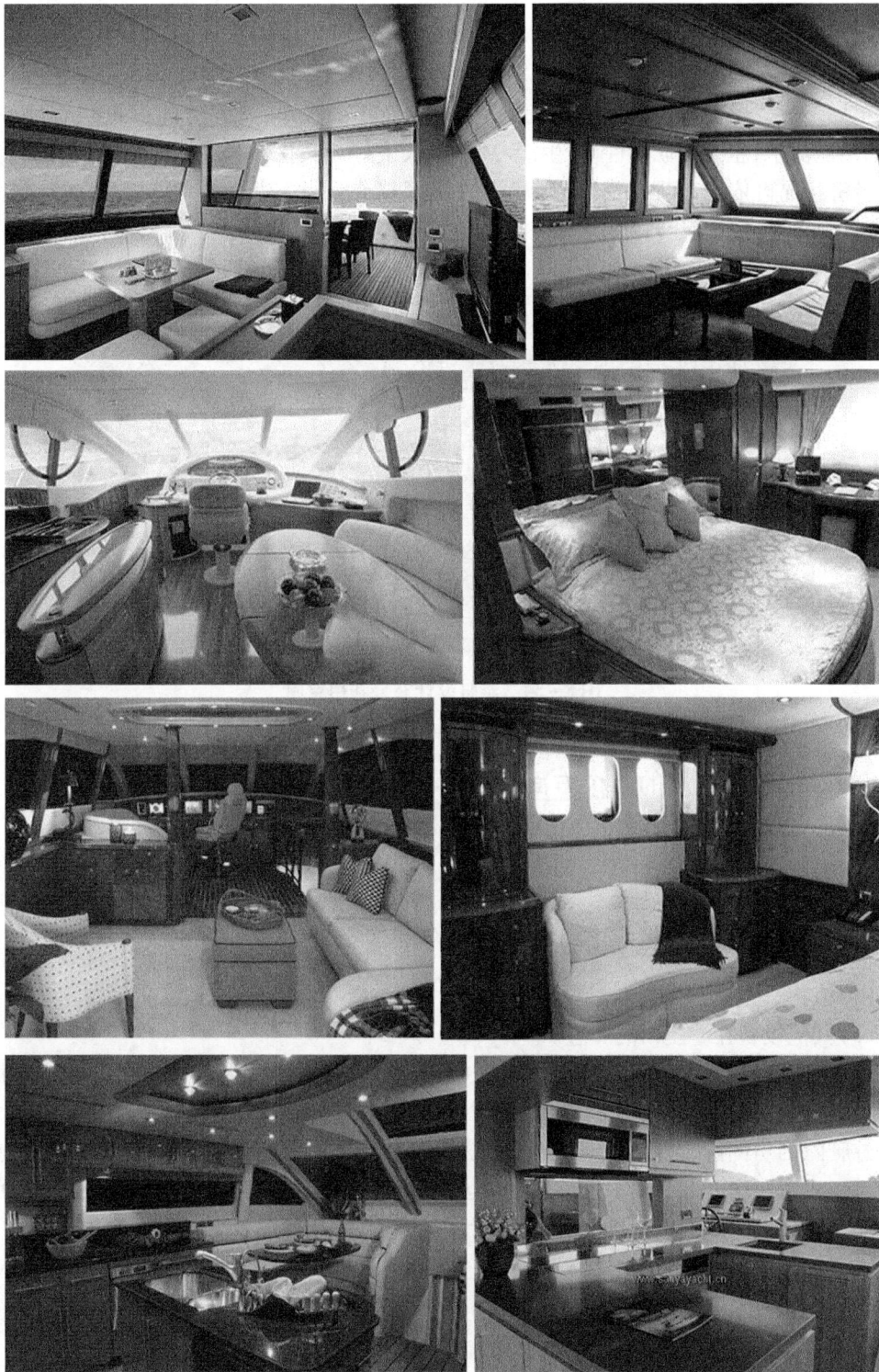

图 8 - 33 游艇室内设计(二)

8.5.1　游艇布局的三要素

好的游艇室内布局主要的因素有功能因素、经济因素和心理因素。

布局一般会根据游艇具体情况而定,如游艇面积的大小,不同房间(卧室、客厅、厨房等)的功能需求,主人的职业性质、生活习惯、个人爱好与文化修养等。应根据功能的需求,结合经济状况再依据心理的需求,因艇因人统筹精心设计安排。这样会避免在装修完工后,家具布局得过重会让人觉得压抑、沉闷;过轻又会让人觉得轻浮、毛躁,总是有些不满意或是不必要的遗憾,如图 8 – 34 所示。

图 8 – 34　游艇设计充分利用空间

8.5.2　游艇布局的几个方面

一般舱室内布置,可以分为 5 个方面:

(1)家具布置;

(2)游艇平面结构布置;

(3)陈设布置;

(4)植物布置;

(5)其他设备在游艇内的布置。

通常安排和布置家具是游艇室内布局工作中的首要步骤,家具布局方案要先定于游艇平面结构布置之前。

游艇内的房间除了作为交通性的通道等空间外,绝大多数的空间在家具未布置前,是难以付诸使用和难以识别其功能性质的,也谈不上其功能的实际效应,因而首先考虑的就是根据一些功能的划分进行布置家具,然后进行隔墙的敞开区域。

家具在房间中占较大的平面和空间,一般原则是家具约占居室面积的 40% ~ 50%,室内活动区不应小于全室面积的 40%,这样布置家具就会合理,同时不显空旷或拥挤,否则会影响人的正常活动,影响通风和采光。

布局时先需要考虑家具位置和行动的通道,排列时要注意家具的数量、尺寸以及它所占据的空间与房间的空间尺度、形状空间是否合理,这决定了居室布置的美观与否。家具摆放得好,可以有长短相接、大小相配、高低错落有致的韵律,使人感受到舒适。游艇室内空间布置实例如图 8 – 35 所示。

图 8 – 35 游艇室内空间布置

8.5.3 游艇内家具的布置方式

家具布置会给人不同的印象。如过多的家具布置,会使人产生一种压迫的感觉,如同人气短一样。而少量的家具布置,也会使人感到空荡无依。家具合理搭配,布局恰到好处,则给人一种安适的感觉。好的家具布局,可以使不平衡的房间获得平衡,从而使气流通畅,使居住者健康、愉悦,如图 8 – 36 所示。

图 8 – 36 游艇卫生间布置

第一,家具形状要与房间大小的比例适合,不能过大或过小。

第二,家具的色彩一定要取中性,避免寒冷,否则缺乏生气。另外,也要与室内装饰色调相吻合。

第三,各种家具在室内占有空间不能超过 50%,否则会影响室内正常空气的流通。

游艇内家具的布置方式有以下几种。

1. 线条流畅

家具布置的流动美,是通过家具的排列组合、线条连接来体现的。

直线线条流动较慢,给人以庄严感。性格沉静的人,可以将家具的排列尽量整齐一致,形成直线的变化,使人感觉居室典雅、沉稳。曲线线条流动较快,给人以活跃感。性格活泼的人,可以将家具搭配的变化多一些,形成明显的起伏变化,使人感到游艇舱内活泼、热烈。

家具的线条还要与游艇的线条相适应。如果游艇较窄,可起将家具由高到低排列,以造成视觉上的变化,从而房间就会显得宽敞了。

2. 环境和谐

家具的大小和数量应与游艇室内空间协调。

游艇面积大的,可以选择较大的家具,数量也可适当增加一些。家具太少,容易造成室内空荡荡的感觉,且增加人的寂寞感;游艇面积小的,应选择一些精致、轻巧的家具。家具太多太大,会使人产生一种窒息感与压迫感。注意数量更应根据居室面积而定,切忌盲目追求家具的件数与套数。

家具与游艇的档次也应协调。高级的豪华游艇,应配置时尚的家具;古老的有年代感的游艇,应配置古色古香的硬木家具;一般的小型游艇,应选与之相适应的家具。游艇较大的,除选用主要家具外,还可选一些小的茶几、衣柜等,以填补角落空白;游艇较小的,宜选用组合家具、折叠家具或多用途家具。家具与住房匹配合适了,就会产生一种视觉上的美,如图 8 - 37 所示。

图 8 - 37 游艇舱内空间布置

3. 风格统一

家具最好配套,以达到家具的大小、颜色、风格和谐统一,以及线条优美造型美观。家具与其他设备及装饰物也应风格统一,有机地结合在一起。如窗帘、灯罩、床罩、台布等装饰物的用料、式样、图案、颜色也应与家具及设备相呼应。如果组合不好,即使是高档家具也会显不出特色,失去应有的光彩。

4. 色彩调和

游艇室内家具与墙壁、屋顶、饰物的色彩要调和，游艇内外的色彩也要调和。

色彩的搭配应使人感到愉快，一般以浅色、淡色为宜，尽可能不要超过两种颜色。如果墙壁是浅色调，家具也应是浅色的，床罩、窗帘最好也选用淡雅、明快的图案，这样看起来比较舒服。如果选用较热烈的颜色，如房顶是茶色，墙面是红色，地面是棕色的居室，就应选用黑色的家具，红色的装饰物或金黄色的织物等，以显得吉利而富有刺激性。布置时，还要注意简洁卫生，给人以光洁明亮、一尘不染之感。

5. 布局合理

游艇中家具的空间布局必须合理。

摆放家具时要考虑游艇室内人流路线，使人的出入活动快捷方便，不能曲折迂回，更不能造成使用家具的不方便。摆放时还要考虑采光、通风等因素，不要影响光线的照入和空气流通。床的摆放位置一般是游艇内安排的关键，要放在光线较弱处。房间较小的，可以使一面或两面靠墙，以减少占用面积；房间较大的，可以安置成能两边上下床的。

6. 摆放均衡

家具布置最好做到均衡对称。如床的两边摆放同样规格的床头柜，茶几两边摆放同样大小的沙发等，以求得协调和舒畅。

当然也可以做到高低配合、错落有致，使人有动感和变化的感觉。此外，平面布置和立面布置要有机地结合，家具应均衡地布置于室内，不要一边或一角放置过多的家具，而另一角或一边比较空荡。也不要将高大的家具集中并列在一起，以免和低矮家具形成强烈的反差。要尽可能做到家具的高低相接、大小相配。还要在平淡的角落和地方配置装饰用的花卉、盆景、字画和装饰物。这样既可弥补布置上的缺陷和平淡，又可增加居室的温馨和审美情趣。

根据以上的原则，在具体布置时，首先要看游艇房间的形状和大小，以及室内的通风和自然采光条件、行路和活动的需要，因地制宜。沙发等低矮家具应放在室内光线最佳的窗口附近。高大橱柜应靠墙摆放，不要影响通风及行路。家具的高低大小应搭配均衡，不要杂乱无章地摆放，使人产生轻重不均、失去平衡的感觉。总之，家具布置要多思考多实践，不断地创造出既有变化又符合美学规律的安排形式，给人以新鲜活泼、轻松亲切的感觉。

8.5.4　游艇内家具

家具应力求少而精、多功能、款式新颖、色调清新。

一般游艇内配置沙发、双人床、单人床、书桌、餐桌、衣柜、书柜、低柜、茶几、椅子、化妆台、橱柜等。

1. 双人床

双人床应放在较大面积的主卧室内，床头靠内墙，三面临空，床头两侧各放一个床头柜，床头不宜对着门。双人床宜靠近外窗或在房间中间部位，不宜在进门处，如图 8 - 38 所示。

图 8 - 38　双人床布置

2. 单人床

单人床应放在较小面积的次卧室内,床头宜靠内墙。单人床应两面临空,床头一侧放床头柜,如图 8 - 39 所示。

图 8 - 39　单人床布置

3. 沙发

空间面积较大的,应配置一个三人沙发及一对单人沙发。面积较小的,应配置一对单人沙发。三人沙发配条形长茶几;单人间配小型茶几。沙发应放在客厅内,靠无门无窗的内墙面前。

4. 书桌

书桌靠窗台放最好,放在其他位置时,必须是左侧自然采光,如图 8 - 40 所示。

5. 餐桌

餐桌应放在餐厅内,无餐厅时可放在客厅一角。游艇内一般游玩的人较少的,餐桌宜用长方形。若多于 6 个人,宜用圆形餐桌。按来客数配置相应椅子数。长方形餐桌至多配6 个椅子,圆形餐桌至多配 8 个椅子。

图 8 - 40　书桌布置

6. 低柜

低柜应放在沙发对面，低柜上可放彩色电视机。低柜内可放酒、饮料类食品。

7. 橱柜

橱柜应放在厨房，橱柜位置应随设计的管道而定。橱柜上灶具应靠近外窗，这样排油烟机的排气管道就短。洗涤池应放在给水龙头的下方。

8. 卫生间布置（图 8 - 41）

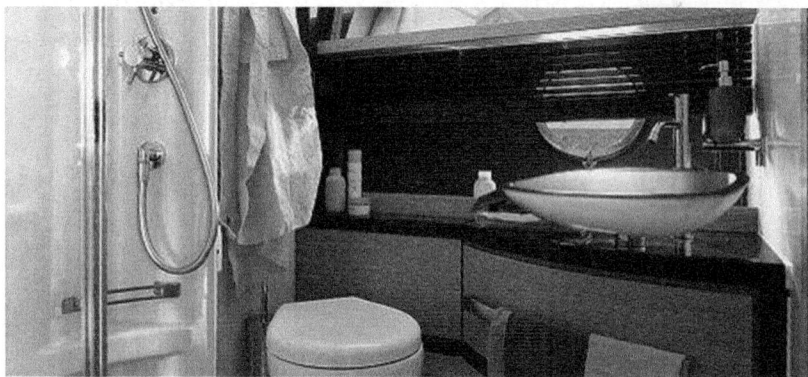

图 8 - 41　卫生间布置

（1）主卫

主卫通常为靠近主卧或在主卧里的卫生间，私密性很强，主卫与客卫最大的区别在于风格。

①干湿混合型"一字"布局节省空间

如果主卧中的卫生间空间不大，那么混合型浴室是最佳的设计方案。干湿混合型的卫浴间功能性较强，坐厕区、洗漱区、淋浴区和收纳区都在其中。首先，要从位置的摆放开始，在整体布局上，首先要把区域划分清晰，简洁的坐厕、功能强大的洗漱空间和泡澡浴缸一字排开,这种格局不仅不占用各浴具的空间,而且非常符合使用的走位顺序,且比较适合瘦长型的卫生间。在混合型浴室中,一般要先确定好龙头款式,再确定面盆、浴柜的款式,然后逐步把其他洁具也安排就位。

②运用灯光营造气氛

主卫在装修时更注重浪漫的氛围,所以暖色系是首选;房间的整体照明尽量选择点光源,如化妆镜旁可设置独立的局部光源,主卫中要放置浴缸。

为营造气氛,后期软饰的应用和整体色调的搭配必不可少。颜色的最佳搭配为两种,除主色调外只加一种配色,不然会有乱的感觉。

③通透型

将浴室做成透明空间,以钢化玻璃与卧室象征性间隔,就算躺在浴缸里也能看到主卧的电视,享受到窗外的阳光,让洗浴变得更加休闲。

运用玻璃隔断卫生间和卧室,可以使不大的空间显得更加宽敞。如果是不带窗的卫生间,通透式卫生间最怕将水汽带到卧室,影响卧室家具的寿命,所以要做好防水、防潮、防汽处理。

(2)客卫

客卫是公共卫生区,与主卫相比,除了供主人及其家人、客人使用外,客卫还担负着洗衣房、收纳杂物等重任。因此,在设计上要更注重它的多功能性。

①淋浴房方便卫生易打理

在客卫中,淋浴房必不可少。在客卫设置一个简洁的淋浴房,不仅节约空间,还易于清理打扫,使用非常方便,多人使用也比较卫生。在淋浴房的样式选择上,还应依据浴室的布局而定。一般来说,采用转角式淋浴房相对较节省空间,如果是长条的格局,最好将淋浴房设置在卫生间的尽头,最好选择框架少的玻璃推拉门,这样可以避免空间拥堵。

安装淋浴房之前,要注意先安排好浴室中各卫浴设施的位置,然后再安装淋浴设备及淋浴门,这样更能合理地利用空间。

②干湿分离布局合理且美观

对于客卫来说,干湿分离不但是一种合理的客卫布局,也是目前比较流行的设计方案。客卫干湿分区,就是把洗漱区与沐浴区单独间隔出来,让这两个区域在功能上有一个明确的划分。这样,沐浴区不仅更私密,在冬季更加保暖,且更易于打扫,这种格局可以满足两个区域同时使用。

8.5.5 游艇室内的人机工程

1. 确定人在室内活动所需空间的主要依据

根据人机工程学中的有关计测数据,从人的尺度、动作域、心理空间以及人际交往的空间等确定空间范围。

2. 确定家具设施的形体、尺度及其使用范围的主要依据

家具设施为人所使用,因此它们的形体、尺度必须以人体尺度为主要依据;同时,人们为了使用这些家具和设施,其周围必须留有活动和使用的最小余地,这些要求都由人机工程科学地予以解决。室内空间越小,停留时间越长,对这方面内容的测试要求也越高。例如车厢、船舱、机舱等交通工具内部空间的设计,在满足使用功能的基础上,同时巧妙而充分地利用舱内空间。

3. 提供适应人体的室内物理环境的最佳参数

室内物理环境主要有室内热环境、声环境、光环境、重力环境、辐射环境等,室内设计时有了上述要求的科学的参数后,在设计时就有可能有正确的决策。

4. 游艇室内尺寸图例

游艇室内尺寸图例如图 8 - 42 至图 8 - 44 所示。

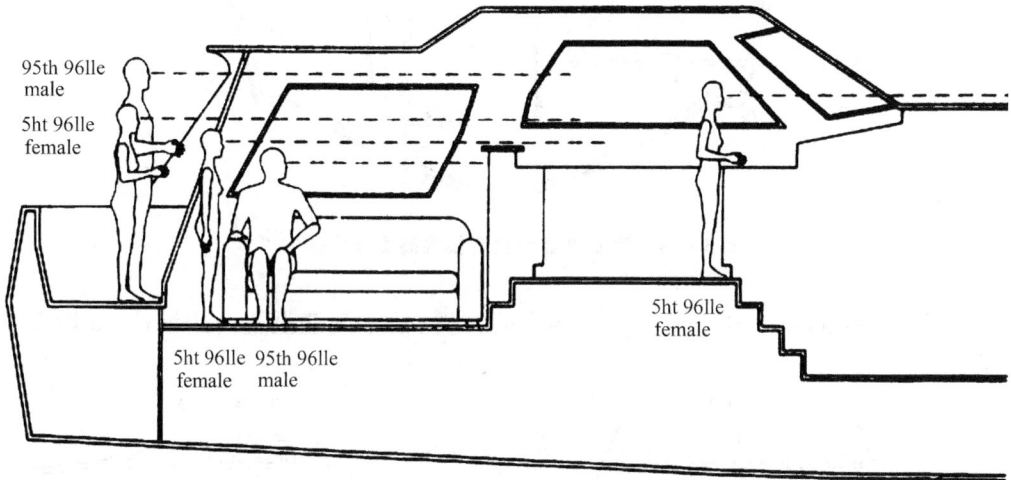

图 8 - 42　游艇不同空间视线高度与窗位置

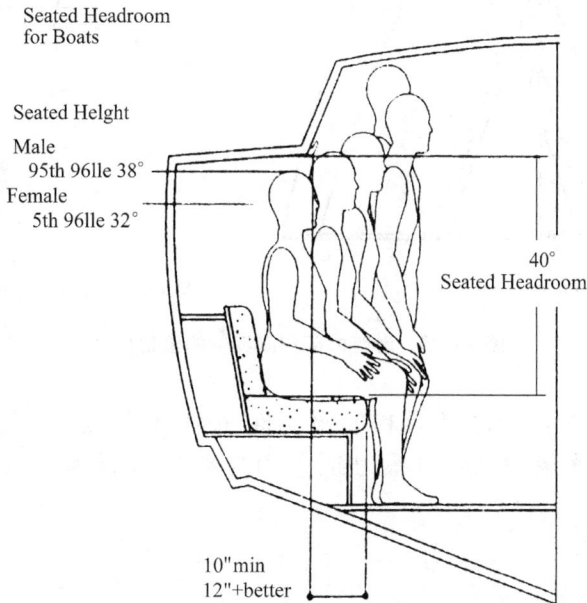

图 8 - 43　游艇坐面以上空间尺度

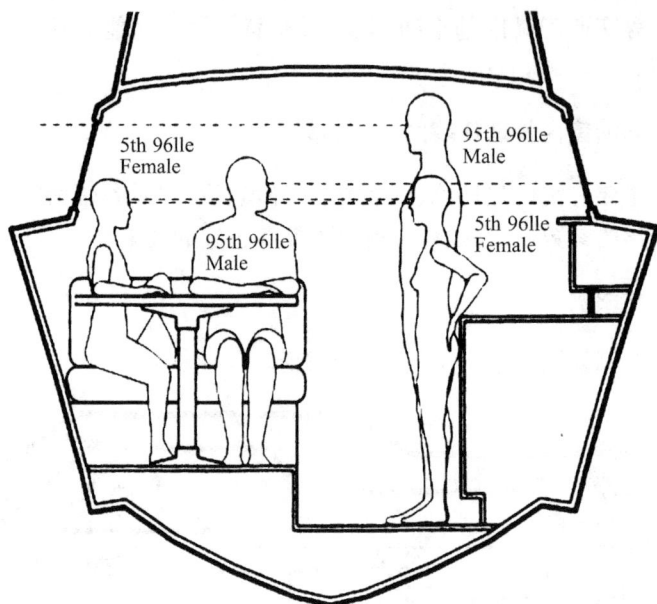

图 8 - 44　游艇坐姿与立姿视线高度与窗的位置

　　游艇内部空间充分利用偏移铺位的空间位置,使空间能设置两个铺位,如图 8 - 45 所示。

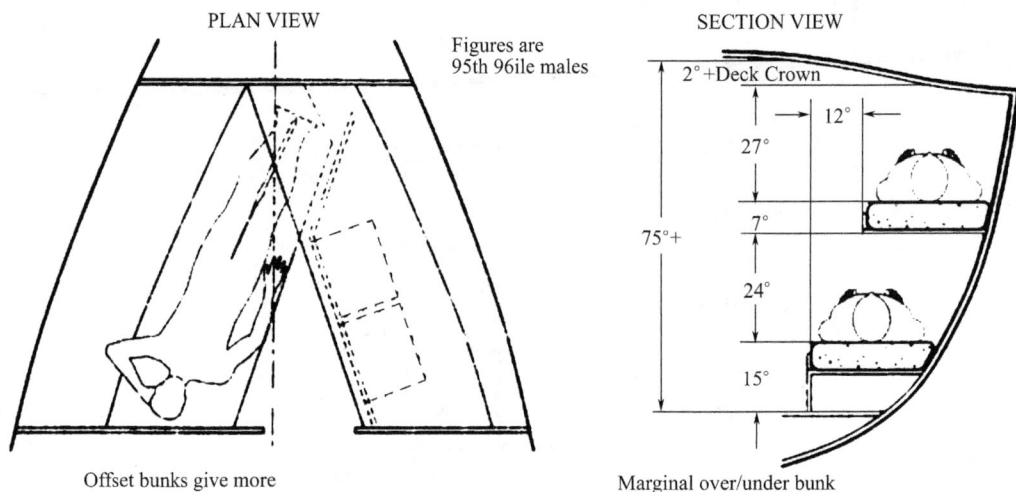

图 8 - 45　游艇内部空间铺位的位置尺度

　　舒适的镜像位置包括5%的女性和95 %男性,虚线显示上层(较高的人)和较低的(较矮的人)区段的反射影像,10 英寸①最为舒适,因为要剃须和化妆,如图 8 - 46 至图 8 - 50 所示。

―――――――――

　　①　1 英寸 =0.025 4 m。

图 8 - 46 游艇设计充分利用空间

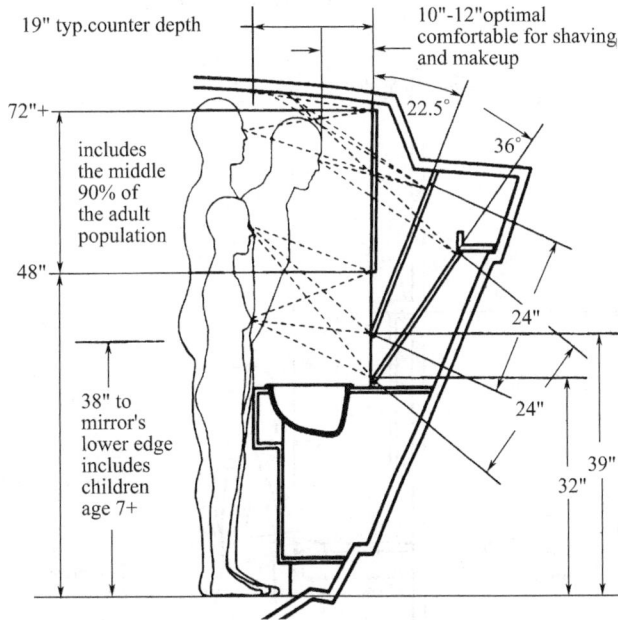

图 8 - 47 游艇内部镜子位置

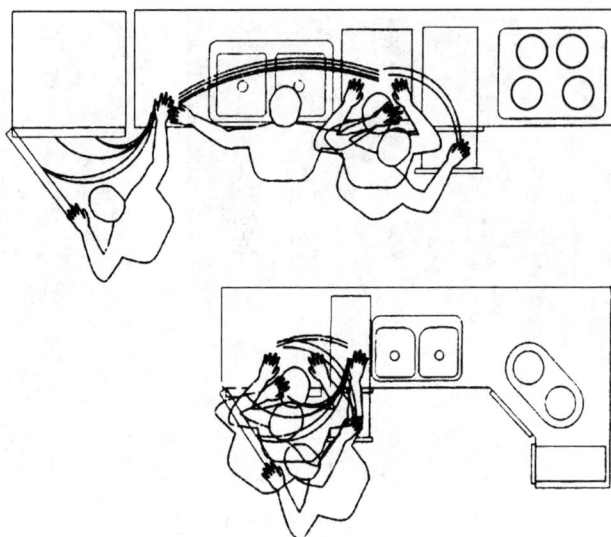

图 8－48 游艇内厨房橱柜布置

Vanity Side View

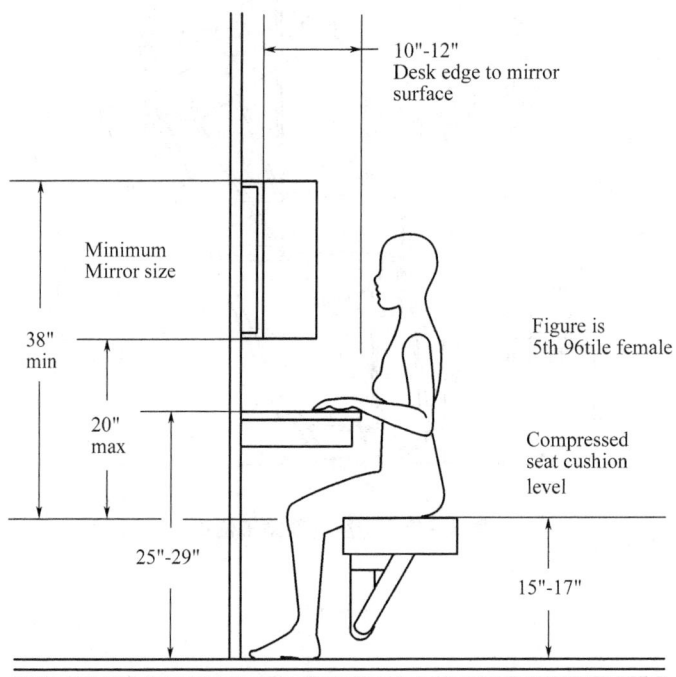

10"-12"
Desk edge to mirror surface

Minimum
Mirror size

38"
min

20"
max

25"-29"

Figure is
5th 96tile female

Compressed
seat cushion
level

15"-17"

The seat and work furface on a vanity can be sized
for women.The mirror is sized for the middle 90%
of both the female and male populations.

图 8－49 游艇书桌和桌边镜设置

Electric Tollet Sizes

16.5

11.5"-14.5"

10.5"-11.5"
to the seat

Compact models   14.5"Width

19.5"-20"

16.5"-18.75"

14.75"-16.75"
to the seat

Standard size models   14.5"-15" Width

21.5"

17.25"

15"-15.5"
to the seat

Full size seat
(also available in compat height)   15.25" Width

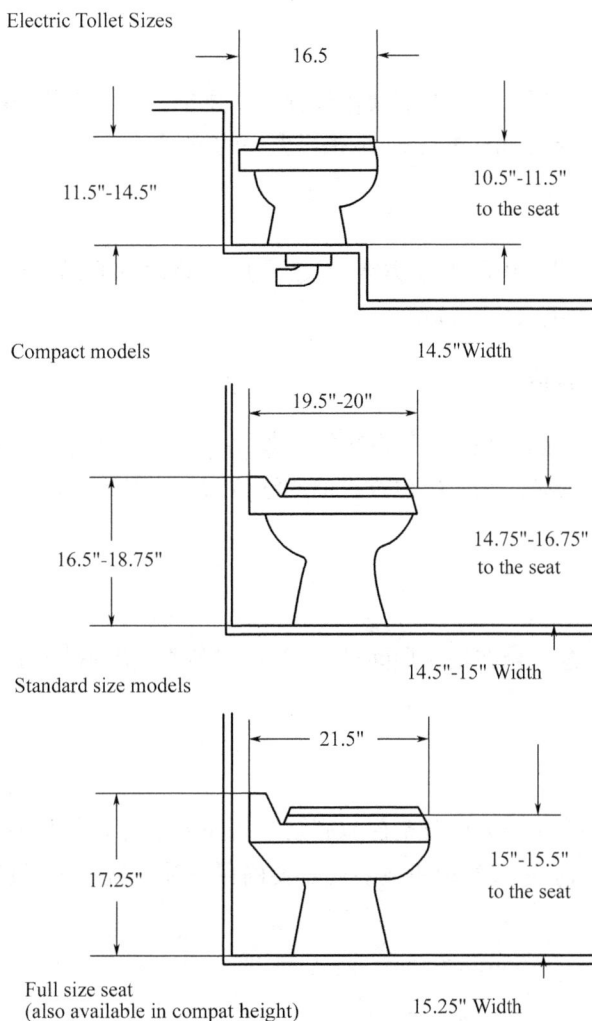

图 8 - 50　紧凑/标准/全尺寸坐便器所占空间

任务六　游艇的维护

8.6.1　游艇保养

保养好游艇是确保游艇安全的最有效途径,而且能够延长游艇的使用寿命。游艇保养的基本知识,是维护游艇最为切实有效的方法。

1.清洗及护理

定期清洗游艇是游艇保养的一个简单且重要的方法。日常的清洗不但可以保持游艇的清洁与美观,而且可以减少游艇表面长期的磨损及痕的产生。水线面以上,可以使用打蜡的方法来保养游艇,而水线以下,则需要防污漆。清洗游艇的过程中尽可能考虑到不要污染水域。

2. 正确的系泊

很多船体表面的划痕并不是在船使用过程中产生的,而是停靠在码头上被磨损的。所以,正确的停靠码头,合适的缆绳松紧,是相当重要的事。

3. 电池保养

电池保养取决于船使用的电池类型,对于常规铅酸蓄电池,需要经常检查蓄电池的电池液位,最好让电池远离灰尘及潮湿。

4. 游艇发动机的维护

不管是舷内机还是舷外机,一定要在每次外出后冲洗发动机,并检查油箱,看有无生锈、损坏或腐蚀燃料管路等情况,要检查机油的液位,最后检查发动机的冷却仪表是否正常工作。

5. 防寒

游艇的维护不仅意味着在使用期间进行,而且在冬季,特别是停放在水中过冬时,需要关注艇的状态。

6. 舱底泵

游艇维护的另一个重要方面是确保舱底泵是否正常工作。如果舱底泵不正常工作,未能及时将舱底水排出,会造成沉船事故。还需要确保电池系统有足够的电量来支持长时间运行泵。

7. 船罩

船罩可以帮助保持清洁,让水及灰尘不会破坏游艇部件,同是船罩也可以解决日晒造成的软管破裂或地毯褪色、装饰布变色等问题。

8.6.2 游艇日常保养细则

1. 玻璃钢船体

失去光泽、污渍严重时每年一次定期使用研磨剂[聚乙烯研磨用研磨剂 NO.90890—70035(雅马哈零件号)等]或类似产品进行抛光将会更有效。由于研磨剂会导致褪色,因此避免集中在一处长期研磨。

表面出现轻微瑕疵和破痕可用软布蘸取少量研磨剂进行研磨。即使这样也无法修复的情况下,请使用600号耐水砂纸轻微研磨后,再使用研磨剂涂抹。

破损严重时,请联系生产公司或代理商委托维修。

2. 发动机

发动机为精密设备,一般厂家均有详细的随机说明书,请参阅说明书。

3. 航行前准备工作

燃油系统运行前,必须按照表8-2所列项目,按照说明,进行逐个检查。

航行前准备工作,按照表8-3所列项目,逐一检查。

船舶专用名词中英文对照表,如表8-4所示。

表8-2 燃油系统准备工作

顺序	项目	操作检查要点
①	燃油箱	是否加满油
②	加油口	加油口确定是否关上
③	燃油滤清器	是否残留有垃圾
④	油管	油管是否与燃油箱连接油管是否弯曲或裂开
⑤	机油	是否加满机油
⑥	燃油开关	燃油是否泄漏。发动机启动前,开关是否打开
⑦	手油泵	连续压手油泵,给发动机输燃油

表8-3 航行前准备工作

顺序	操作检查要点
1	法定安全备品是否准备就绪
2	船体各部是否有损伤
3	船内是否有漏水情况
4	各处地板下检查一下,有积水要排出
5	排水塞是否旋紧
6	蓄电池的液面是否在标准范围内
7	蓄电池的端子是否固定
8	机油是否加满
9	燃料过滤器内是否积有垃圾
10	燃料过滤器的开关调至(O)——全开状态
11	燃料开关调至全开
12	挤压燃料输送油管泵,直至变硬,将燃料送至发动机
13	检查燃料箱、燃料输送管和连接部分是否有渗漏
14	主要总开关开至(ON)
15	燃料表是否正常工作,燃料补充是否充足
16	灯是否完好,有无损坏或"咔哒"声
17	操舵系统转向是否正常

表 8-3（续）

顺序	操作检查要点
18	发动机是否在船体上固定好
19	船外机的纵倾装置是否完全放下
20	停止开关的延长线是否连在停止开关上
21	延长线是否连在驾船者的身体（救生衣或皮带等）上
22	发动机遥控盒置于空挡位置
23	发动机开关在(ON)的位置按入，使各类能让发动机工作起来的部件动作
24	发动机开关转到(START)的位置上，发动机工作

表 8-4　船舶专用名词中英文对照表

英文	中文	英文	中文
Boat	船/艇	Passenger ship	客轮/客船
Ferry/Ferry craft	渡船	Steamer	汽船/轮船
Launch	汽艇	River Launch	内河小船
Punt	方头（方尾）船	Salvage boat	救助船/救捞船
Pontoon	趸船/平底船	Runner	快速船/走私船
Excursion ship	游览船	Motor boat	摩托艇
Hydrofoil craft	水翼船	Custom(high speed) Patrol boat	海关（高速）巡逻艇
Sail boat	帆船（美）	Dragon boat	龙舟/龙船
Fishing boat	渔船	Hovercraft	气垫船
Canoe	独木舟/皮艇	Sampan	舢板
Revenue cutter	缉私艇	Catamaran	双体船
Life boat	救生艇	Pleasure boat/Yacht	游艇
Small craft	小艇	Inflatable boat	充气艇
Sailing boat	帆船（英）	Planing boat	滑行艇
Hard-chine hull	尖舭（折角）艇型	Round-bilge hull	圆舭艇型
Double hard-chine hull	双折角艇型	Board side	船舷
Hull	船体	Starboard	右舷
Port side	左舷	Scuttle/Porthole	舷窗
Sheer	舷弧	Prow/Bow	船首
Hull frame	船肋	Keel son	边龙骨
Keel	龙骨	Skin of ship/Shell	外壳
Plate/Shell plate	外板/船壳板	Amid-ship	舯部

表 8 - 4（续）

Ensign staff/Flag staff	旗杆	Deck	甲板
Stern	船尾	Sky light	天窗
Bulk head	隔壁/仓壁	Draught/Draft	吃水、水尺
Screw/Propeller	车叶/螺旋转桨	Marina	小艇基地/游艇俱乐部/游艇会
Wharf/Quay	码头	Mast	桅杆
Trial/Trial run	试航	Anchor	锚
Readily accessible	易达性/易接近性	Motor boat wharf	摩托艇码头
Permanently installed	永久性安装	Static floating position	静浮状态
Clear waters	开敞(安全)水域	Sheltered waters	遮蔽水域
Fetch	风程/风区范围	Reasonable weather	适宜气候
Overall length	总长	Waterline length	水线长
Scanting length	结构长度	Breadth	船宽
Depth	船深/型深	Speed	航速
Planing	滑行状态	Motor boat wharf	摩托艇码头
Transom plate/Stern trimming flap	艉板	Chine strip	舭板/颌部防溅条
Engine space	机舱	Fuel space	燃油舱
Galley	厨房	Cockpit sole	艉阱底板
Coastal waters	沿海水域	Shallow	浅水水域

【项目测试】

1. 游艇的分类有哪些？
2. 游艇上配备的主要航海仪器有哪些？
3. 游艇布局的三要素是什么？
4. 游艇舱室内家居的布置有哪些方面？
5. 游艇内家具的布置方式是什么？
6. 游艇的保养需要注意哪些方面？

参 考 文 献

[1] 李树范,纪卓尚,王世连. 船舶设计原理[M]. 大连:大连理工大学出版社,1988.

[2] 于建中. 船舶美学与艺术设计[M]. 大连:大连理工大学出版社,1994.

[3] 满朝兴. TNF 岩棉复合板系统在船舶内装中的设计与应用[J]. 大连船研,1989(1):36-47.

[4] 王朝闻. 美学概论[M]. 北京:人民出版社,1981.

[5] 史春珊. 室内设计基本知识[M]. 沈阳:辽宁科学技术出版社,1989.

[6] 黄积荣,万国朝. 工业美学及造型设计[M]. 北京:新时代出版社,1986.

[7] 许喜华. 工业造型设计[M]. 杭州:浙江大学出版社,1986.

[8] 朱小平. 室内设计[M]. 天津:天津人民美术出版社,1990.

[9] 杨公侠. 视觉与视觉环境[M]. 2 版. 上海:同济大学出版社,2002.